会计与财务管理专业实务操作系列教材

KUAIJI YU CAIWU GUANLI ZHUANYE
SHIWU CAOZUO XILIE JIAOCAI

会计基础与应用

KUAIJI JICHU YU YINGYONG

（第二版）

主　编◎张　笑　盛　洁
副主编◎龙凤好　赵　燕　梁　乔

首都经济贸易大学出版社
Capital University of Economics and Business Press
·北京·

图书在版编目(CIP)数据

会计基础与应用/张笑,盛洁主编. —2 版. — 北京:首都经济贸易大学出版社,2019.9

ISBN 978 – 7 – 5638 – 2962 – 0

Ⅰ.①会… Ⅱ.①张… ②盛… Ⅲ.①会计学 Ⅳ.①F230

中国版本图书馆 CIP 数据核字(2019)第 153252 号

会计基础与应用(第二版)
主　编　张笑　盛洁
副主编　龙凤好　赵燕　梁乔

责任编辑	薛晓红
封面设计	砚祥志远·激光照排 TEL:010-65976003
出版发行	首都经济贸易大学出版社
地　　址	北京市朝阳区红庙(邮编100026)
电　　话	(010)65976483　65065761　65071505(传真)
网　　址	http://www.sjmcb.com
E – mail	publish@cueb.edu.cn
经　　销	全国新华书店
照　　排	北京砚祥志远激光照排技术有限公司
印　　刷	人民日报印刷厂
开　　本	710 毫米×1000 毫米　1/16
字　　数	356 千字
印　　张	20.25
版　　次	2016 年 9 月第 1 版　**2019 年 9 月第 2 版** 2020 年 5 月第 4 次印刷
书　　号	ISBN 978 – 7 – 5638 – 2962 – 0/F·1616
定　　价	39.00 元

图书印装若有质量问题,本社负责调换
版权所有　侵权必究

第二版前言

《会计基础与应用》(第一版)自 2016 年出版以来,广大师生评价本书好用、实用,同时,也提出了一些宝贵的修改建议。为此,我们秉承第一版的主要内容、框架与编写风格,结合近几年会计准则的最新修订内容与税收制度的变革,对教材及时进行了全面的修订,使图文更加准确,内容更加全面、实用,与时俱进,更好地服务于会计基础教学。《会计基础与应用》(第二版)主要对以下方面做了修订:

第一,充分体现了税收政策的变化。根据 2019 年增值税改革事项,将教材中一般纳税人发生增值税应税销售行为原适用的 16% 增值税税率统一调整为 13%,并且使用 13% 税率计算增值税额。

第二,与近几年修订的企业会计准则相对接。按照财政部近几年修订的企业会计准则,更新了会计科目表、资产负债表、利润表,对新变化的"职工薪酬""税金及附加""收入"等核算内容的变化进行了阐述。

第三,更新了课后实训任务和章节习题。结合最新税收政策和企业会计准则,删除了陈旧的习题,补充和更新了实训任务和章节习题。

希望本书的修订再版能够对广大读者的学习有所帮助。尽管我们对本次修订付出了较多的时间与精力,但鉴于作者的水平所限,不妥之处在所难免,恳请读者和同行专家多提宝贵意见和建议。

编者
2019 年 6 月

第一版前言

"会计基础"不但是一门专业基础理论课,而且具有很强的实践性和应用性。本课程的许多概念和方法比较抽象,不易理解和掌握,而传统教材不能很好地辅助教学,不能实现教、学、做的统一,不利于学生对会计基本理论与方法的学习和掌握,不利于学生会计职业能力的培养。为了体现"会计基础"课程教学的实践性,培养学生完成会计工作的职业能力,我们编写了这本具有较强职业特色的《会计基础与应用》教材。

本指导教材具有以下显著特点:

一是教材结构设计具有新颖性。本教材紧扣高职教育培养技能型专业人才的目标,打破了传统的以理论知识为核心,将按会计核算方法构造的教学内容体系,转为基于实际会计工作过程,以实际会计工作任务为主线,根据实际会计循环的工作流程,按实际工作步骤来组织教学内容,突出会计工作的全过程以及各步骤的工作内容和操作方法。从而将割裂的会计核算方法融于实际工作需求中,既突出了理论知识的应用性,同时,为学生搭建了更为清晰的全盘账务处理框架。

二是仿真效果强,突出了职业能力的培养。本教材打破了传统的理论教学加实践教学的教学模式,将理论与实践有机结合,实现了教学与实践的零距离对接。全书内容分为8章,前面三章内容分别对会计基本知识、借贷记账法原理、借贷记账法的应用的知识点进行详细讲解,后面五章内容以一套模拟企业的账务资料为案例,采用真实的账证资料,指导学生按实际工作流程和步骤,从建账→日常业务处理→期末账务处理→编制报表,完成一个完整会计循环的各项会计工作,并在操作过程中引入必需、够用的理论知识,教、学、做相结合,体现了教学过程的实践性、开放性和职业性,突出了职业能力的培养,让学生掌握应在何时、做何事及如何操作的账务处理能力,满足实际会计工作岗位的基本能力需求。

三是紧扣考试大纲,有利于备考会计从业资格考试。本教材理论部分的内容结合2014年启用的最新企业会计准则和2014最新会计从业资格考试大纲编写,每章后面附有与所学内容相配套的实训任务,在第八章后面附有与各章内容相匹配的课证对接测试题,有利于巩固学生的专业基础知识,为获得会计从业资格证书做好铺垫。

由于作者水平有限,书中的不足之处和遗漏之处在所难免,恳请广大师生、读者、同仁和专家批评指正,以便再版时加以完善,在此深表谢意!

编者

2016年6月

目 录

第一章 会计基本知识 ... 1
- 第一节 会计概述 ... 1
- 第二节 会计核算基础和会计核算基本假设 ... 7
- 第三节 会计核算方法和会计信息质量要求 ... 10
- 第四节 会计要素 ... 13
- 第五节 会计等式 ... 24
- 实训任务 ... 31

第二章 借贷记账法原理 ... 37
- 第一节 会计科目和会计账户 ... 37
- 第二节 借贷记账法 ... 45
- 第三节 总分类账与明细分类账的平行登记 ... 60
- 实训任务 ... 65

第三章 借贷记账法应用 ... 69
- 第一节 借贷记账法应用概述 ... 69
- 第二节 资金筹集业务的核算 ... 70
- 第三节 供应过程业务的核算 ... 76
- 第四节 生产过程业务的核算 ... 83
- 第五节 销售过程业务的核算 ... 93
- 第六节 财务成果业务的核算 ... 100
- 实训任务 ... 108

第四章 建立账簿 ... 114
- 第一节 会计循环 ... 114
- 第二节 账簿的意义和种类 ... 115
- 第三节 会计账簿的设置 ... 121
- 实训任务 ... 131

第五章 日常业务处理——会计凭证填制 ... 135
- 第一节 会计凭证的概念及分类 ... 135
- 第二节 原始凭证的填制和审核 ... 141
- 第三节 记账凭证的填制与审核 ... 149
- 第四节 会计凭证的传递和保管 ... 157
- 实训任务 ... 162

第六章 日常业务处理——会计账簿登记 ········· 183
第一节 会计账簿登记的基本要求 ········· 183
第二节 日记账的登记方法 ········· 185
第三节 明细分类账的登记方法 ········· 187
第四节 总分类账的登记方法 ········· 192
第五节 错账更正 ········· 204
实训任务 ········· 206

第七章 期末账项处理 ········· 212
第一节 期末账务处理 ········· 212
第二节 对账 ········· 218
第三节 结账 ········· 231
第四节 会计账簿的更换和保管 ········· 234
实训任务 ········· 234

第八章 编制财务报告 ········· 240
第一节 财务报告的概述 ········· 240
第二节 资产负债表 ········· 242
第三节 利润表 ········· 252
第四节 现金流量表 ········· 257
实训任务 ········· 260

章节习题 ········· 267
第一章同步练习 ········· 267
第二章同步练习 ········· 272
第三章同步练习 ········· 277
第四章同步练习 ········· 285
第五章同步练习 ········· 288
第六章同步练习 ········· 292
第七章同步练习 ········· 298
第八章同步练习 ········· 305

总复习题 ········· 310

参考文献 ········· 317

第一章 会计基本知识

【教学目标】
1. 了解会计的概念、对象与目标。
2. 熟悉会计的特征与职能。
3. 了解会计核算的基本前提。
4. 掌握会计核算基础。
5. 掌握会计核算方法与会计信息质量要求。
6. 掌握六大会计要素。
7. 掌握会计等式及其恒等性。
8. 掌握经济业务对会计等式的影响。

第一节 会计概述

一、会计的产生和发展

会计是适应人类生产实践和经济管理的客观需要而产生的,并随着生产的不断发展而发展。其中,会计的发展可划分为古代会计、近代会计和现代会计三个阶段。

(一)古代会计

在人类历史发展的初期阶段,会计工作只是生产职能的一种附带性的管理工作。随着生产的发展,生产规模不断扩大和社会化,生产过程与生产关系逐渐复杂化,人们为了掌握生产过程和安排好生产,就必须对生产过程中人力、物力和财力的耗费以及取得的成果作出必要的记录,以便更有效地组织生产和管理经济活动。这种记录和计算生产过程中的耗费与所取得成果的会计工作,也就应运而生。根据马克思考证,远在印度太古时期的共同体中,就已经有了农业记账员,在那里,簿记独立地成为一个公社官员的专职。由此可见,会计是人类社会发展到一定历史阶段的产物,它起源于生产实践,是为管理生产活动而产生的。

会计在我国有着悠久的历史。考察我国会计的历史,最早可以追溯到伏羲时代。当时,随着剩余物品的出现、私有财产制度的产生、数学的萌芽及社会生产的发展,出现了"结绳记事"和"刻契记数"。据史籍记载,早在西周时代就设有专门核算官方财赋收支的官职——司会,并对财物收支采取了"月计岁会"(零星算之为计,总合算之为会)的办法。在西汉还出现了名为"计簿"或"簿书"的账册,用以登记会计事项。以后各朝各代都设有官史,管理钱粮、赋税和财物的收支。宋代官厅中办理钱粮报销或移交,要编造"四柱清册",通过"旧管(期初结存)+新收(本期收入)=开除(本期支出)+实在(期末结存)"的平衡公式进行结账,结算本期财产物资增减变化及其结果。这是我国会计学科发展过程中的一个重大成就。明末清初,随着手工业和商业的发展,出现了以四柱为基础的"龙门账",它把全部账目划分为"进"(各项收入)、"缴"(各项支出)、"存"(各项资产)、"该"(各项负债)四大类,运用"进-缴=存-该"的平衡公式进行核算,设总账进行"分类记录",并编制"进缴表"(即利润表)和"存该表"(即资产负债表),实行双轨计算盈亏。在两表上计算得出的盈亏数应当相等,称为"合龙门",以此核对全部账目的对错。在资本主义萌芽阶段,又产生了"四脚账"(也称"天地合账"),在这种方法下,对每一笔账项既登记"来账",又登记"去账",以反映同一账项的来龙去脉。"四柱清册"、"龙门账"和"四脚账"反映了我国不同历史时期传统中式簿记的特色。

(二)近代会计

人类会计方法的演进,经历了由单式簿记向复式簿记转化的过程,它是社会经济发展的客观要求。起源于意大利的复式记账原理是近代会计形成的标志。1494年,意大利数学家卢卡·帕乔利(Luca Pacioli)出版了世界第一部关于复式簿记的专著《算术、几何、比与比例概要》,对借贷复式记账做了系统的介绍。它的出版发行,有力地推动了西式复式簿记的传播与发展,为西方会计科学的建立与发展奠定了坚实的理论基础。我国在清朝后期,从国外引进了借贷复式记账法。

(三)现代会计

20世纪以来,特别是第二次世界大战结束后,现代科学技术与经济管理科学的发展突飞猛进,资本主义的生产社会化程度得到了空前发展。受社会政治、经济和技术环境的影响,传统的财务会计不断充实和完善,使财务会计核算更加标准化、通用化和规范化。与此同时,会计学科在20世纪30年代成本会计的基础上,紧密配合现代管理理论和实践的需要,逐步形成了为企业内部经营管理提供信息的管理会计体系,从而使会计工作从传统的事后记账、算账、报账,转为事前的预测与决策、事中的监督与控制、事后的核算与分析。管理会计的产生与发展是会计发展史上的一次伟大变革,从此现代会计形成了财务会计和管理会计两大分支。近三十年来,尤其是中国实行改革开放以来,随着现代化生产的高速发展,经济管理水平的不断提高,电子计算机技术广泛应用于会计核算,使会计信息的搜集、分类、处理、反馈网络等操作程序摆脱了传统的手工操作,大大提高了工作效率。尤其是对于一些大型企事业单位和涉外企业,实现了会计电算化的根本变革,是科学发展观在现代企业管理方面的一项重要体现。

综上所述,会计的产生发展进程就是社会政治环境,经济环境对其影响的结果。会计是在生产实践中产生,并随着社会生产的发展和经济管理的需要而不断发展完善的。凡有经济活动的地方,都需要运用会计来进行管理。生产需要管理,管理需要会计。经济越发展,会计越重要。

二、会计的概念

会计是以货币为主要计量单位,运用专门的方法,连续、系统、完整地核算和监督一个单位经济活动的一种经济管理工作。

单位是国家机关、社会团体、企业、事业单位和其他组织的统称。未特别说明时,本书主要以新《企业会计准则》为依据介绍企业经济业务的会计处理。

三、会计的特征

(一)会计是一种经济管理活动

会计的本质是一项经济活动,它属于管理范畴。会计的基本职能就是对一个单位的经济活动进行核算和监督,为该单位的经济管理提供各种数据,通过各种方式参与事前经营预测、决策,对经济活动进行事中控制、监督,开展事后分析、检查。会计无论是在过去、现在还是将来,都是人类对经济进行管理的一项活动。

(二)会计以货币作为主要计量单位

计量单位是指用来度量事物数量的尺度标准,通常包括三种计量单位:

- 实物量度:以实物数量为单位,如"公斤""件"等。
- 劳动量度:以时间为单位,如"工时""工作日"等。
- 货币量度:以价值量为单位,如"人民币""美元"等。

会计之所以要以货币作为主要计量单位,是因为在经济活动的交易或事项中,只有采取价值的形式才能便于确认、计量和报告。而货币本身具有价值,可以代表财富储存,可以作为支付手段,还可以作为商品交换媒介。

需要说明的是,会计在以货币为主要计量单位的同时,有时还需要辅以其他计量单位,来进一步补充说明货币单位的具体内容,如原材料要用货币量度表示其价值,还需要用实物量度反映其数量。所以,会计以货币为主要计量单位但不是会计的唯一计量单位。

(三)会计具有核算和监督的基本职能

会计的基本职能表现在两个方面:会计核算和会计监督,即对发生的经济业务以会计语言进行描述,并在此基础上对经济业务的真实性、合法性和理性进行审查。

(四)会计采用一系列专门的方法

会计的方法是用来反映和监督会计对象,执行和完成会计任务的手段。

会计的方法包括会计核算方法、会计分析方法和会计检查方法。会计核算方法是会计的基本环节,在会计方法体系中处于基础和核心的地位,是其他各种方法的基础。会计分析方法是会计核算的继续和发展,而会计检查方法是对会计核算的必要的补充。它们是相互配合、密切联系的。

四、会计的职能

会计的职能:是指会计在经济管理过程中所具有的功能。会计职能包括会计核算和会计监督两个基本职能。随着经济社会的发展,会计在原有基本职能的基础上又产生了预测经济前景、参与经济决策、评价经营业绩等拓展职能。

(一) 基本职能

1. 会计核算职能

会计核算职能,又称反映职能,是指会计以货币为主要计量单位,对特定主体的经济活动进行确认、计量和报告。简单地说,就是记账、算账与报账。

会计首先是对原始凭证进行审核,在真实完整的基础上进一步在账簿中进行登记,最后再将账簿记录进行分析汇总,编制会计报表,通过会计报表向单位内部和外部的有关方面提供本单位的财务信息,这就是会计的核算职能。

我国会计法第十条对需要进行核算的会计事项用了明确的规定,主要内容是:

(1) 款项和有价证券的收付;

(2) 财物的收发、增减和使用;

(3) 债权债务的发生和结算;

(4) 资本、基金的增减;

(5) 收入、支出、费用、成本的计算;

(6) 财务成果的计算和处理;

(7) 需要办理会计手续、进行会计核算的其他事项。

2. 会计监督职能

会计监督职能,又称会计控制职能,是指对特定主体经济活动和相关会计核算的真实性、合法性和合理性进行监督检查。

真实性:是指检查各项会计核算是否根据实际发生的经济业务事项进行。

合法性:是指保证各项经济业务符合国家的有关法律法规,遵守财经纪律,执行国家各项方针政策,杜绝违法乱纪。

合理性:是指检查各项财务收支是否符合特定对象的财务收支计划,是否有利于预算目标的实现,是否有奢侈浪费行为,是否有违背内部控制制度等现象。

会计监督是一个过程,它分为事前监督、事中监督和事后监督。

3. 会计核算和监督职能的关系

会计的核算职能和监督职能是相辅相成、辩证统一的关系。会计核算是会计监督的基础,没有核算所提供的各种信息,监督就失去了依据;而会计监督又是会计核算质量的保障,只有核算、没有监督,就难以保证核算所提供信息的真实性、可靠性。

(二)拓展职能

随着经济的发展,对管理的要求也越来越高,这也推动了会计职能的进一步发展,现代会计在原有的核算与监督基本职能的基础上,又进一步在参与管理方面产生了很多新的职能,主要包括预测经济前景、参与经济决策、评价经营业绩。

1. 预测经济前景

预测经济前景是指根据财务会计报告等会计信息,定量或者定性地判断和推测经济活动的发展规律,用以指导或调解经济活动,为企业提高经济效益。

2. 参与经济决策

参与经济决策是指根据财务会计报告等会计信息,采用定量分析或者定性分析的方法,对备选方案进行可行性分析,为企业的生产经营管理与决策提供信息。

3. 评价经营业绩

评价经营业绩是指采用适当的方法,比较、判断经营业绩的大小和经济效益的高低。

五、会计的对象

(一)会计对象

会计对象是指会计核算和监督的内容。因此,凡是特定单位能够以货币表现的经济活动都是会计核算和监督的内容,也就是会计的对象,即以货币表现的经济活动,亦称为价值运动或资金运动。

值得注意的是,企业的经济活动包括能够用货币计量的经济活动和不能用货币计量的经济活动。前者称为经济业务,如用银行存款购买材料、销售产品等;后者称为非经济业务,如制订采购计划、签订购销合同、召开生产会议。因此,只有能用货币计量的经济活动,即经济业务,才构成会计核算的内容。

小知识

经济业务又称会计事项,是指在经济活动中使会计要素发生增减变动的交易或者事项。例如:企业购买土地的支出;租用土地开支;建造厂房、办公楼,买进生产设施、办公用桌椅等低值易耗品开支;购进材料、辅助材料、包装用品等支出以及支付员工工资、水电费、电话费、广告费等。

由于各单位的性质不同,经济活动的内容、资金运动的方式也存在差异,因此,其会计对象的具体内容也不尽相同。如工业企业为了从事生产经营活动,必须拥有一定数量的资金,用于建造厂房、购买机器设备、购买材料、支付薪酬和其他费用。其生产经营活动最终要借助价值形态,以货币形式表现出来。这些以货币形式表现的生产经营活动构成了工业企业的资金运动。资金运动程序可分为资金投入、资金循环与周转(即资金的运用)、资金退出三个基本环节。

下面以工业企业(产品制造业)为例,说明其会计对象的具体内容。

(二)工业企业的资金运动

1. 资金投入

企业只有拥有一定数量的资金,才能进行生产经营活动。例如要购进原材料、辅助材料、低值易耗品、包装物等;同时要支付员工的工资等费用开支。

资金投入主要包括投资人投入的资本和债权人投入的资金。例如从银行获得贷款就是债权人投入的资金。

2. 资金的循环与周转运动

工业企业的日常经营活动主要包括供应、生产、销售三个过程。

(1)供应过程:在日常经营活动中,企业首先需要以现金或银行存款等购买原材料,形成生产储备。这时资金形态由"货币资金"(现金或银行存款)转化为"储备资金"(原材料)。

(2)生产过程:在生产过程中,原材料投入生产中去加工,使之转化为在商品,再继续加工成可供出售的产成品。同时,在生产加工过程中,不仅消耗了原材料,磨损了机器设备,还必须支付生产人员的工资等,这些为生产商品而发生的耗费都应计入商品成本。这时,资金形态由"储备资金"(原材料)转化为"生产资金"(在商品),然后再转化为"成品资金"(产成品)。

(3)销售过程:在销售过程中,企业销售商品,收回货款,资金形态又由"成品资金"转化为"货币资金"。

企业为了继续进行生产经营活动,必须将销售收回的货币资金中的一部分继续投入生产。

综上所述,工业企业的生产经营活动从货币资金开始,经历了供、产、销三个过程。其资金形态依次由货币资金转化为储备资金、生产资金、成品资金,最后又回到货币资金形态上的过程,就称作资金循环,周而复始的资金循环就是资金周转。

3. 资金的退出

在企业进行生产经营活动过程中,必然会有一部分资金退出,如支付税款、支付股利、偿还贷款的本金和利息等。

工业企业的资金运动(循环周转)过程如图 1-1 所示。

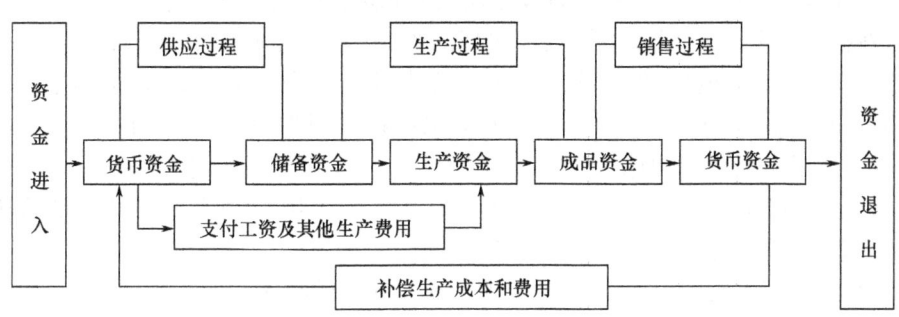

图1-1 工业企业的资金运动

六、会计的目标

会计目标也称会计目的,是要求会计工作完成的任务或达到的标准,即向财务会计报告使用者提供与企业财务状况、经营成果和现金流量等有关的会计信息,反映企业管理层受托责任履行的情况,有助于财务会计报告使用者做出经济决策。会计目标包括以下两层内容:

(一)反映企业管理层受托责任履行情况

在现代企业制度下,所有权与经营权相分离,企业管理当局受委托人之委托管理企业与其资产,有责任妥善保管并合理、有效地运用这些资产。因此,需向投资者及债权人反映企业管理层受托责任的履行情况,以其评价企业经营管理责任和资源使用的有效性。

(二)向财务会计报告使用者提供决策有关的会计信息

财务会计的最终成果是提供财务会计报告,满足财务会计报告使用者的信息需要,帮助使用者做出正确的经济决策。财务会计报告使用者包括投资者、债权人、企业管理者、政府及其有关部门和社会公众等。

第二节 会计核算基础和会计核算基本假设

一、会计核算基础

会计核算基础是指会计确认、计量和报告的基础,包括权责发生制和收付实现制。

(一)权责发生制

权责发生制,也称应计制或应收应付制,是指收入、费用的确认应当以收入和费用的实际发生而非实际收支作为确认的标准,合理确认当期损益的一种会计基础。在我国,企业会计应当以权责发生制为基础进行确认、计量和报告。

在权责发生制下,凡属本期已经实现的收入,无论款项是否收到,都应作为本期的收入;凡属本期已经发生或应当负担的费用,无论款项是否付出,都应作为本期的费用。凡不属于本期的收入,即使款项已在本期收到,也不应作为本期的收入;凡不属于本期费用,即使款项已在本期付出,也不应作为本期的费用。

【例1-1】肇庆宏达有限责任公司于2019年6月10日销售A产品一批,2019年7月25日收到货款6 000元,存入银行。

分析:在权责发生制下,该笔经济业务属于6月的收入。

【例1-2】肇庆宏达有限责任公司于2019年6月30日用银行存款预付下半年的仓库租金6 000元。

分析:在权责发生制下,该笔经济业务不属于6月的费用。

(二)收付实现制

收付实现制,也称现金制,是以收到或支付现金作为确认收入和费用的标准,是与权责发生制相对应的一种会计基础。

在收付实现制下,凡属本期收到的收入或支出的费用,无论其是否应归属本期,都作为本期的收入和费用。凡本期未收到的收入和未支出的费用,即使应归属本期,也不作为本期的收入和费用。

事业单位会计核算一般采用收付实现制;事业单位部分经济业务或者事项,以及部分行业事业单位的会计核算采用权责发生制核算的,由财政部在相关会计制度中具体规定。

【例1-3】资料沿用例1-1。

分析:在收付实现制下,该笔经济业务属于7月的收入。

【例1-4】资料沿用例1-2。

分析:在收付实现制下,该笔经济业务属于6月的费用。

二、会计核算的基本前提

在会计核算过程中,由于单位进行经济活动的环境具有复杂性和不确定性,就需要对会计核算的范围、时间、空间等做一些必要的假定,即会计核算的基本前提。由于这些限定是以合理推断或人为规定做出,因而也称会计假设。会计核算基本前提有四项:会计主体、持续经营、会计分期和货币计量。

(一)会计主体

会计主体是指企业会计确认、计量和报告的空间范围,即会计核算和监督的特定单位或组织。

一般来说,会计主体应该是有能力拥有经济资源,承担经济义务,实行独立核算的单位或组织。可以是一个企业、一个机关、一个医院、一个社会团体,甚至是一个能独立核算的生产车间。而会计只会对其主体发生的经济业务进行核算和监督,不能超越范围核算和监督其他主体的经济业务。

 小知识

法律主体是法律上承认的可以独立承担义务和享受权利的个体,也可以称为法人。因而法律主体一定是会计主体,而会计主体不一定是法律主体。如合伙企业、分公司不是独立的法律主体,但是它们独立经营、自负盈亏,因而它们是会计主体。

（二）持续经营

持续经营是指在可以预见的未来,企业将会按当前的规模和状态继续经营下去,不会停业,也不会大规模削减业务。即在可预见的未来,该会计主体不会破产清算,所持有的资产将正常营运,所负有的债务将正常偿还。

持续经营前提的意义在于:资产可以按原定用途使用;固定资产的价值将按使用年限摊销转作费用;负债可以到期才予以清偿;跨期收支将按权责发生制确认其归属期,以便正确计算各会计期间的经营成果,提供科学的财务信息。

（三）会计分期

会计分期,也称会计期间,是指将一个企业持续经营的经济活动划分为一个个连续的、长短相同的期间,以便分期结算账目和编制财务会计报告。

会计制度规定,应当划分会计期间,分期结算账目和编制财务报告。会计期间分为年度、半年度、季度和月度,且均按公历起讫日期确定(即每年1月1日至12月31日)。半年度、季度和月度称为会计中期。

正是由于有了会计分期这一假设才产生了本期与非本期的区分,才有收付实现制与权责发生制两种不同的会计基础。

（四）货币计量

货币计量是指会计主体在会计确认、计量和报告时以货币作为计量尺度,反映会计主体的经济活动。

在会计核算过程中之所以选择货币作为计量单位,是由货币本身的属性决定的。其他计量单位都不便于将不同会计主体之间的经济信息在量上进行比较。以货币作为统一的计量单位,还可以更全面、更系统、更综合地反映会计主体不同时期的经营成果。

我国会计核算以人民币为记账本位币。业务收支以人民币以外的货币为主的单位,也可以选定其中一种货币作为记账本位币,但编制的财务报表应当折算为人民币反映。在境外设立的中国企业向国内报送的财务报表,也应当折算为人民币反映。

第三节　会计核算方法和会计信息质量要求

为了规范企业会计核算行为,需要对会计核算的方法和会计核算的信息质量做出相关的要求和规定,以保证会计信息的质量。

一、会计核算方法

会计核算方法是指对会计对象进行连续、系统、全面、综合的确认、计量和报告所采用的各种方法。

主要包括设置会计科目和账户、复式记账、填制和审核会计凭证、登记会计账簿、成本计算、财产清查、编制财务会计报告7种方法。

(一)设置会计科目和账户

设置会计科目和账户是对会计对象的具体内容进行归类核算和监督的一种专门方法。它可以对会计对象复杂多样的具体内容进行科学的分类和记录,以便取得各种核算指标,并随时加以分析、检查和监督。

(二)复式记账

复式记账法是指对于每一笔经济业务,都必须用相等的金额在两个或两个以上相互联系的账户中进行登记的一种记账方法。

在经济活动中,任何一项经济业务都会引起资金的双重变化。例如:以银行存款购买机器设备,这项经济业务一方面会引起银行存款减少,另一方面会引起企业的固定资产增加。为了全面反映每一项经济业务所引起的这种双重变化,就必须在两个或两个以上的账户中同时加以记录。采用复式记账可以全面、系统地反映经济业务的来龙去脉,全面反映和监督企业的经济活动过程。

(三)填制和审核会计凭证

记账必须有根有据,这种根据就是凭证。例如:职工报销差旅费,就必须填制报销单,附上车、船票等单据,证明经济业务已经完成。报销单和所附的车、船票就是会计凭证。报销单还必须经过相关人员审核批准,并与所附的车、船票等单据核对无误。报销手续完毕后,这张报销单就作为记账的依据。所以说,填制和审核会计凭证是会计核算工作的起点,只有经过审核并认为正确无误的会计凭证,才能作为登记账簿的依据。同时,正确填制和审核会计凭证,是进行核算和实施监督的基础。

(四)登记会计账簿

登记会计账簿简称记账,是以审核无误的会计凭证为依据,将会计凭证记录的经济业务,分类、连续、完整地记入有关账簿中所开立的账户。账簿记录所提供的各种核算数据,是编制财务报表的直接依据。

（五）成本计算

成本计算是对生产经营过程中发生的各种生产费用,按照一定的成本计算对象进行归集和分配,进而计算商品的总成本和单位成本的一种专门方法。

通过成本计算,可以反映和监督生产经营过程当中发生的各项费用是否节约或超支,以便及时采取措施,挖掘潜力,降低成本。成本计算提供的信息是企业成本管理所需要的主要数据。

（六）财产清查

财产清查是指通过对货币资金、实物资产和往来款项等财产物资进行盘点或核对,确定其实存数,查明账存数与实存数是否相符的一种专门方法。

在实际工作中,必须定期或不定期地对各种财产、物资、货币资金的保管和使用情况,以及往来款项结算情况进行清查,监督各类财产物资的安全完整和合理使用,以保证会计核算指标的正确性和真实性。

（七）编制财务会计报告

编制财务会计报告,是指定期总结和反映经济活动、提供财务状况和经营成果等信息的一种专门的方法。

会计核算的7种方法是相互联系、密切配合的,构成了一个完整的方法体系。以上各种方法间的关系,如图1-2所示。

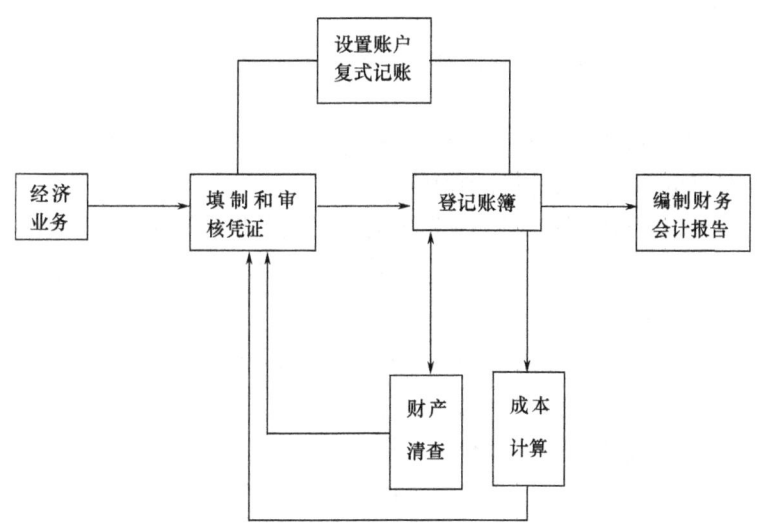

图1-2 会计核算方法体系

二、会计信息质量要求

会计信息质量要求是对企业财务会计报告中所提供高质量会计信息的基本规

范,是使财务会计报告中所提供的会计信息对投资者等会计信息使用者决策有用应具备的基本特征。我国《企业会计准则——基本准则》规定了八项会计信息质量要求,主要包括可靠性、相关性、可理解性、可比性、实质重于形式、重要性、谨慎性和及时性。

（一）可靠性

可靠性要求企业应当以实际发生的交易或者事项为依据进行确认、计量和报告,如实反映符合确认和计量要求的各项会计要素及其他相关信息,保证会计信息真实可靠、内容完整。

（二）相关性

相关性,又称有用性。要求企业提供的会计信息应当与财务会计报告使用者的经济决策需要相关,有助于财务会计报告使用者对企业过去和现在的情况作出评价,对未来的情况作出预测。

要注意的是,相关性是以可靠性为前提的,即会计信息在可靠性的前提下,应尽可能相关。

（三）可理解性

可理解性,又称明晰性,要求企业提供的会计信息应当清晰明了,便于财务会计报告使用者理解和使用。

（四）可比性

可比性要求企业提供的会计信息应当相互可比,保证同一企业不同时期可比、不同企业相同会计期间可比。

同一企业纵向可比,即同一企业会计核算处理方法前后各期应当一致,不得随意变更,如有变更,要在财务报告中说明。

不同企业横向可比,即不同企业发生的相同或者相似的交易或者事项,应当采用规定的会计政策,确保会计信息口径一致,相互可比,以便于比较、分析和汇总。

（五）实质重于形式

实质重于形式要求企业应当按照交易或者事项的经济实质进行会计确认、计量和报告,不应仅以交易或者事项的法律形式为依据。

企业发生的交易或事项在多数情况下其经济实质和法律形式是一致的,但在有些情况下也会出现不一致。例如融资租赁固定资产。

（六）重要性

重要性要求企业提供的会计信息应当反映与企业财务状况、经营成果和现金流量有关的所有重要交易或者事项。

重要性的应用需要依赖职业判断,企业应当根据其所处环境和实际情况,从项目的性质和金额大小两方面加以判断。

（七）谨慎性

谨慎性要求企业对交易或者事项进行会计确认、计量和报告时保持应有的谨慎，不应高估资产或者收益、低估负债或者费用。

（八）及时性

及时性要求企业对于已经发生的交易或者事项，应当及时进行确认、计量和报告，不得提前或者延后。

在会计确认、计量和报告过程中贯彻及时性，一是要求及时收集会计信息；二是要求及时处理会计信息；三是要求及时传递会计信息，便于其及时使用和决策。

第四节 会计要素

会计对象是单位的资金运动，为了系统、完整地核算和监督单位经济活动的发生情况及结果，为经济管理提供有用的会计信息，在明确会计对象是资金运动后，还必须对纷繁复杂的资金运动加以进一步的细分和科学分类，这样便有了会计要素的产生。

一、会计要素的概念

会计要素是对会计对象按其经济特征归类的项目，是对会计对象的基本分类。它是会计对象的具体化，是设置账户的基本依据，是构成会计报表的基本因素。

根据我国《会计企业准则——基本准则》规定，会计要素主要包括资产、负债、所有者权益、收入、费用和利润六大要素。其中，资产、负债和所有者权益是组成资产负债表的会计要素，称为资产负债表要素，同时这三大要素也是反映企业在一定日期的财务状况的会计要素，属于静态要素；收入、费用和利润是组成利润表的会计要素，称为利润表要素，这三大要素也是反映企业在一定时期内的经营成果的会计要素，属于动态要素。

二、会计要素的内容

（一）资产

资产是指企业过去的交易或者事项形成的、由企业拥有或控制的、预期会给企业带来经济利益的资源。拥有或控制一定数量的资产，是企业进行生产经营的前提条件。没有资产，企业就无法正常经营。而企业的资产在存在形式上是多种多样的，例如存放在企业保险柜中的库存现金、存入企业开户银行的银行存款、存放在企业仓库中的原材料，产成品、厂房、机器设备等。这些都是企业的资产。那么，企业的资产，必须具备哪些特征呢？

1. 资产的特征

(1)资产是由企业过去的交易或者事项形成的。企业的资产必须是现实的资产,是过去已经发生的交易或事项的结果,而不能是预期的资产。也就是说,未来的交易或事项可能产生的结果,不属于现在的资产。例如企业预计在1年后将要购买一台设备,因其相关的交易或事项未发生,该设备就不能作为企业的资产。

(2)资产是企业拥有或者控制的资源。资产作为一项资源,应当由企业拥有或者控制,具体是指企业享有某项资源的所有权,或者虽然不享有某项资源的所有权,但该资源能被企业所控制。

企业享有资产的所有权,通常表明企业能够排他性地从资产中获取经济利益。一般而言,在判断资产是否存在时,所有权是考虑的首要因素。有些情况下,资产虽然不为企业所拥有,即企业并不享有其所有权,但企业控制了这些资产,同样表明企业能够从这些资产中获取经济利益,符合会计上对资产的定义。例如,某企业以融资租赁方式租入一项固定资产,尽管企业并不拥有其所有权,但是如果租赁合同规定的租赁期相当长,接近于该资产的使用寿命,表明企业控制了该资产的使用及其所能带来的经济利益,应当将其作为企业资产予以确认、计量和报告。

(3)资产预期会给企业带来经济利益。资产预期会给企业带来经济利益,是指资产直接或者间接导致经济利益流入企业的潜力。例如,一条在技术上早已经被淘汰的生产线,尽管实物形态仍然存在,但实际上却不能再用于生产商品,不能为企业带来经济效益。这样这条生产线就不能确认为该企业的资产。

而资产预期能否为企业带来经济利益是资产的重要特征。例如,企业生产出一批商品,企业可以通过对外出售后收回货款,货款即为企业所获得的经济利益,则这批商品确认为企业的资产。如果这批商品已遭到损毁,没有任何价值了,则这批商品预期不能给企业带来经济利益,那么就不能将其确认为企业的资产。

《会计企业准则》规定,将一项资源确认为资产,需要符合资产的定义,还应同时满足以下两个条件:

(1)与该资源有关的经济利益很可能流入企业;

(2)该资源的成本或者价值能够可靠地计量。

2. 资产的分类

资产按流动性(变现能力)进行分类,可以分为流动资产和非流动资产。

(1)流动资产是指可以在一年或者超过一年的一个营业周期内变现、出售或耗用,或者主要为交易目的而持有的资产,主要包括库存现金、银行存款、交易性金融资产、应收及预付款项、存货等。

①库存现金是指由企业出纳人员保管并存放在企业内部保险柜里的现钞(即钞票),包括人民币和各种外币。库存现金是流动性最强的资产。

②银行存款是指企业存放在银行或者其他金融机构的各种款项。

③交易性金融资产是指企业持有的以公允价值计量且其变动计入当期损益的金融资产,包括为交易目的所持有的债券投资、股票投资、基金投资、权证投资等以及直接指定以公允价值计量且其变动计入当期损益的金融资产。

④应收及预付款项是指企业在日常生产经营活动中发生的各种债权,包括其他应收款、应收账款、预付账款等。

⑤存货是指企业在日常活动中持有的以备出售的产成品或商品,处在生产过程中的在商品,在生产过程或提供劳务过程中消耗的材料和物料等,包括各类原材料、在产品、半成品、产成品、周转材料等。

(2)非流动资产是指流动资产以外的资产,主要包括长期股权投资、固定资产、无形资产等。

①长期股权投资是指准备持有时间超过1年(不含1年)的各种股权性质的长期投资。

②固定资产是生产商品、提供劳务、出租或为管理目的而持有的使用寿命超过1个会计年度的资产,包括房屋、建筑物、机器、机械、运输工具等。

③无形资产是指企业拥有或者控制的没有实物形态的可辨认非货币性资产,包括专利权、非专有技术、商标权、著作权、土地使用权等。

资产的构成如图1-3所示。

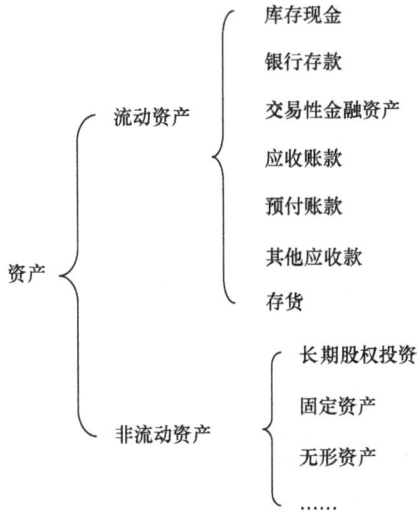

图1-3 资产的构成

（二）负债

负债是指企业过去的交易或者事项形成的，预期会导致经济利益流出企业的现时义务。

企业在进行生产经营活动时，通常都会向企业外部举借债务，如向银行取得借款、向债权人发行债券筹集资金等，这些就会形成企业的负债。通俗来说，负债就是"欠账"。"欠账"的表现形式是多样的，例如企业向银行取得借款，尚未归还，表现为"欠钱"；企业因销售预先收对方一笔钱，但尚未交付商品，表现为"欠货"。

1. 负债的特征

（1）负债是由企业过去的交易或者事项形成的。只有过去的交易或者事项才形成负债，企业在未来发生的承诺、义务不形成负债。例如企业与银行协议1年后向银行借款100万元，则不属于过去的交易或事项，不能确认为负债。

（2）负债是企业承担的现时义务。现时义务是指企业在现行条件下已承担的义务。未来发生的交易或者事项形成的义务，不属于现时义务，不应当确认为负债。例如，企业购买原材料形成应付账款，企业向银行借入款项形成借款，均属于企业承担的现时义务。

（3）负债预期会导致经济利益流出企业。预期会导致经济利益流出企业也是负债的一个本质特征，只有企业在履行义务时会导致经济利益流出企业的，才符合负债的定义，如果不会导致企业经济利益流出，就不符合负债的定义。在履行现时义务清偿负债时，导致经济利益流出企业的形式多种多样，例如，用现金偿还或以实物资产形式偿还；以提供劳务形式偿还等。

 小知识

《会计企业准则》规定，将一项现时义务确认为负债，需要符合负债的定义，还应当同时满足以下两个条件：

（1）与该义务有关的经济利益很可能流出企业；

（2）未来流出的经济利益的金额能够可靠地计量。

2. 负债的分类

按偿还期限的长短，一般将负债分为流动负债和非流动负债。

（1）流动负债是指在1年或者超过1年的一个正常营业周期内偿还的债务，主要包括短期借款、应付账款、应付票据、预收账款、应付职工薪酬、应交税费、应付股利、其他应付款等。

①短期借款指企业向银行或其他金融机构等借入的期限在1年(含1年)以下的各种借款。

②应付账款指企业因购买材料、商品和接受劳务等经营活动应支付的款项。

③应付票据指企业购买材料、商品和接受劳务供应等开出并承兑的商业汇票,包括银行承兑汇票和商业承兑汇票。

④预收账款指按照购销双方协议约定,由购买方预先付给销售方的款项。

⑤应付职工薪酬科目核算企业根据有关规定应付给职工的各种薪酬,包括职工工资、奖金、津贴、补贴、各种保险费、福利费等。

⑥应交税费指企业按照税法等规定计算应交纳的各种税费,包括增值税、消费税、所得税、资源税、土地增值税、城市维护建设税、房产税、土地使用税、车船使用税、教育费附加、矿产资源补偿费及企业代扣代交的个人所得税等。

⑦应付股利指应付给投资者的股利。

⑧其他应付款指企业除应付票据、应付账款、预收账款、应付职工薪酬、应交税费、应付股利等经营活动以外的其他各项应付暂收的款项,如应付租入包装物租金、存入保证金等。

(2)非流动负债是流动负债以外的负债。包括长期借款、应付债券、长期应付款等。

①长期借款指企业向银行或其他金融机构等借入的期限在1年以上的各种借款。

②应付债券指企业为筹集资金而对外发行的期限在一年以上的长期借款性质的书面证明。

③长期应付款指企业除长期借款和应付长期债券以外的其他长期负债,包括应付融资租入固定资产的租赁费等。

负债的构成如图1-4所示。

(三)所有者权益

所有者权益是指企业资产扣除负债后由所有者享有的剩余权益。公司的所有者权益又称为股东权益。

所有者权益在数量上等于企业资产总额扣除债权人权益后的净额,即为企业的净资产,反映所有者(股东)在企业资产中享有的经济利益。

1. 所有者权益的特征

(1)除非发生减资、清算或分派现金股利,企业不需要偿还所有者权益;

(2)企业清算时,只有在清偿所有的负债后,所有者权益才返还给所有者;

(3)所有者凭借所有者权益能够参与企业利润的分配。

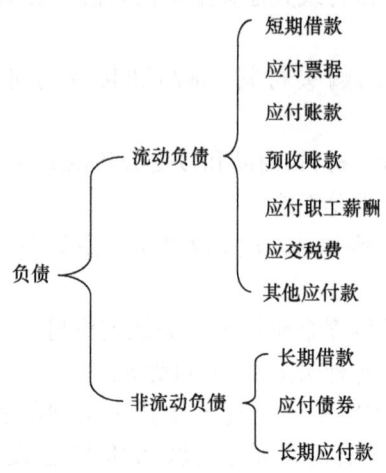

图1-4 负债的构成

2. 所有者权益的内容

(1)实收资本指企业投资者按照企业章程或合同、协议的约定,实际投入企业的资本。它是企业的"本钱",主要来源于投资者对企业的投入。

(2)资本公积,指归所有者共有的,非收益转化而形成的资本。主要包括企业收到投资者出资额超过其在注册资本或股本中所占份额的部分,以及直接计入所有者权益的利得和损失。

(3)其他综合收益,是指企业根据企业会计准则规定未在当期损益中确认的各项利得与损失。

小知识

利得是指由企业非日常活动所形成的、会导致所有者权益增加的、与所有者投入资本无关的经济利益的流入。损失是指由企业非日常活动所发生的、会导致所有者权益减少的、与向所有者分配利润无关的经济利益的流出。利得和损失包括直接计入所有者权益的利得和损失、直接计入当期损益的利得和损失。

(4)盈余公积是指企业按照规定从净利润中提取的各种积累资金,包括法定盈余公积、任意盈余公积等。

(5)未分配利润指企业留待以后年度分配的利润或待分配利润。

其中,盈余公积与未分配利润又可以合称为留存收益。

所有者权益的构成如图1-5所示。

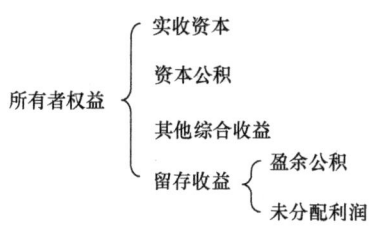

图 1-5 所有者权益的构成

【相关链接】

负债与所有者权益的联系与区别

负债与所有者权益同属权益,两者都是企业资金的提供者,对企业资产都有要求权,但它们是有区别的:

(1)性质不同。负债是对债权人负担的经济责任,企业与债权人之间的关系是债权债务关系;而所有者权益则是企业对投资者负担的经济责任,企业与投资者之间的关系是产权归属关系。

(2)偿还期限不同。负债必须在确定的时期内或特定日期偿还;所有者权益可长期、持续使用于企业。企业在破产清算时,要先偿还负债,剩余资产归还投资者。

(3)享有权利不同。债权人与企业之间只有债权债务关系,无权参与企业管理;而企业投资者则有法定的管理企业或委托他人管理企业的权利。

(4)风险不同。负债必须按事先约定偿还本息,债权人承担风险较小;而所有者权益直接受到企业经营盈亏的影响,无论何种企业组织形式,企业发生亏损总是减少所有者权益。因而,投入资本是一种典型的风险资本,所有者权益是一种剩余权益。

(四)收入

收入是指企业在日常活动中形成的、会导致所有者权益增加的、与所有者投入资本无关的经济利益的总流入。

1. 收入的特征

(1)收入是企业在日常活动中形成的。日常活动是指企业为完成其经营目标所从事的经常性活动以及与之相关的活动。例如,企业销售商品、提供劳务收入均属于企业的日常活动。

小知识

明确界定日常活动是为了将收入与利得相区分,日常活动是确认收入的重要判断标准,凡是日常活动所形成的经济利益的流入应当确认为收入;反之,非日常活动所形成的经济利益的流入不能确认为收入,而应当计入利得。比如,处置固定资产属于非日常活动,所形成的净利益就不应确认为收入,而应当确认为利得。再如,无形资产出租所取得的租金收入属于日常活动所形成的,应当确认为收入。但是处置无形资产属于非日常活动,所形成的净收益,不应当确认为收入,而应当确认为利得。

(2)收入会导致所有者权益的增加。与收入相关的经济利益的流入应当会导致所有者权益的增加,不会导致所有者权益增加的经济利益的流入不符合收入的定义,不应确认为收入。

例如,企业向银行借入款项 30 000 元,该借款尽管也导致了企业经济利益的流入,但该流入并不导致所有者权益的增加,而使企业承担了一项负债。故不应将其确认为收入。

(3)收入是与所有者投入资本无关的经济利益的总流入。收入应当会导致经济利益的流入,从而导致资产的增加。例如,企业销售商品,应当收到现金或者在未来有权收到现金,才表明该交易符合收入的定义。但是,经济利益的流入有时是所有者投入资本的增加所致,所有者投入资本的增加不应当确认为收入,应当将其直接确认为所有者权益。

小知识

《会计企业准则》规定,收入的确认除了应当符合定义外,至少应当符合以下条件:
(1)与收入相关的经济利益应当很可能流入企业;
(2)经济利益流入企业的结果会导致资产的增加或者负债的减少;
(3)经济利益的流入额能够可靠计量。

2. 收入的分类

收入按企业经营业务的主次可分为主营业务收入和其他业务收入。

①主营业务收入:指企业日常活动中主要经营活动获得的收入,通常可以通过营业执照上注明的主营业务范围来确定。包括销售商品、提供劳务、让渡资产使用权等而取得的收入。

②其他业务收入:指通过主营业务外其他经营活动获得的收入,包括出租固定资产、出租无形资产、出租包装物和商品、销售原材料收入等。

(五)费用

费用是指企业在日常活动中发生的、会导致所有者权益减少的、与向所有者分配利润无关的经济利益的总流出。

1. 费用的特征

(1)费用是企业在日常活动中发生的。费用必须是企业在其日常活动中所形成的,而不是偶发的经济业务中产生。因日常活动所产生的费用通常包括销售成本(营业成本)、管理费用等。

将费用界定为日常活动所形成的,目的是为了将其与损失相区分,企业非日常活动所形成的经济利益的流出不能确认为费用,而应当计入损失。例如:企业的罚款支出,是偶发的经济业务,因而不属于费用,而是损失。

(2)费用会导致所有者权益的减少。与费用相关的经济利益的流出应当会导致所有者权益的减少,不会导致所有者权益减少的经济利益的流出不符合费用的定义,不应确认为费用。

例如,企业以银行存款30 000元偿还银行借款。这笔经济业务的发生,导致经济利益流出企业,引起了负债的减少,而不是所有者权益减少,因此这30 000元的经济利益流出不属于费用。

(3)费用是与向所有者分配利润无关的经济利益的总流出。企业向所有者分配利润会导致经济利益的流出,而该经济利益的流出属于投资者投资回报的分配,是所有者权益的直接抵减项目,不应确认为费用,应当将其排除在费用的定义之外。

《会计企业准则》规定,费用的确认除了应当符合定义外,至少应当符合以下条件:
(1)与费用相关的经济利益应当很可能流出企业;
(2)经济利益流出企业的结果会导致资产的减少或者负债的增加;
(3)经济利益的流出额能够可靠计量。

2. 费用的分类

费用按照其是否直接计入产品成本可以分为应计入产品成本的费用和不计入

产品成本的费用。

(1)计入产品成本的费用包括直接材料费、直接人工费、制造费用。

(2)不计入产品成本的费用主要是指计入当期损益的期间费用,主要包括管理费用、财务费用和销售费用。

①管理费用指企业行政管理部门为组织和管理生产经营活动而发生的各项费用。

②财务费用是指企业为筹集生产经营所需资金而发生的费用。

③销售费用是指企业在销售商品过程中发生的各项费用,以及为销售本企业商品而专设的销售机构的费用。

(六)利润

利润是指企业在一定会计期间的经营成果。利润包括收入减去费用后的净额、直接计入当期损益的利得和损失等。利润有营业利润、利润总额、净利润。

1. 营业利润

营业利润是企业利润的主要来源。它是指企业在销售商品、提供劳务等日常活动中所产生的利润。

2. 利润总额

利润总额是指企业在一定时期内实现的利润总和,又称税前利润。

3. 净利润

净利润是指在利润总额中按规定交纳了所得税后公司的利润留成,一般也称为税后利润或净收入。

二、会计要素的计量

会计要素的计量是为了将符合确认条件的会计要素登记入账并列报于财务报表而确定其金额的过程。企业应当按照规定的会计计量属性进行计量,确定相关金额。

会计计量属性是指会计要素的数量特征或外在表现形式,反映了会计要素金额的确定基础,主要包括历史成本、重置成本、可变现净值、现值和公允价值等。

(一)历史成本

历史成本,又称为实际成本,是指为取得或制造某项财产物资实际支付的现金或其他等价物。

(1)在历史成本计量下,资产按照其购置时支付的现金或者现金等价物的金额,或者按照购置时所付出的对价的公允价值计量。

例如,肇庆宏达有限责任公司于2019年6月3日购入原材料一批,价款20 000元以银行存款支付,不考虑其他因素,会计对该批原材料记账时,按历史成本计价,金额为 20 000 元。

(2)在历史成本计量下,负债按照其因承担现时义务而实际收到的款项或者资产的金额,或者承担现时义务的合同金额,或者按照日常活动中为偿还负债预期需要支付的现金或者现金等价物的金额计量。

例如,肇庆宏达有限责任公司(简称宏达公司)于 2019 年 6 月 1 日从银行借入年利率为 6%、期限为 6 个月的借款 40 000 元。不考虑其他因素,会计对该短期借款记账时,按历史成本计价,金额应为 40 000 元。

(二)重置成本

重置成本,又称现行成本,是指按照当前市场条件,重新取得同样一项资产所需要支付的现金或者现金等价物金额。

(1)在重置成本计量下,资产按照现在购买相同或者相似资产所需支付的现金或者现金等价物的金额计量。

例如,在 2019 年 6 月末进行财产清查中,肇庆宏达有限责任公司发现一台全新的未入账的设备(即资产盘盈),其同类设备的市场价格为 50 000 元。该设备按重置成本计价,金额为 50 000 元。

(2)在重置成本计量下,负债按照现在偿付该项债务所需支付的现金或者现金等价物的金额计量。

(三)可变现净值

可变现净值是指在正常的生产经营过程中,以预计售价减去进一步加工成本和预计销售费用以及相关税费后的净值。在可变现净值计量下,资产按照其正常对外销售所能收到现金或者现金等价物的金额扣减该资产至完工时估计将要发生的成本、估计的销售费用以及相关税费后的金额计量。

例如,肇庆宏达有限责任公司于 2019 年 6 月末发现某种库存商品的账面价值为 45 000 元,同期市场售价为 60 000 元。估计销售该种库存商品需要发生销售费用等相关税费 10 000 元。该种库存商品按可变现净值计价,金额为 50 000(60 000 - 10 000)元。

(四)现值

现值是指对未来现金流量以恰当的折现率进行折现后的价值,是考虑货币时间价值的一种计量属性。

(1)在现值计量下,资产按照预计从其持续使用和最终处置中所产生的未来净现金流入量的折现金额计量。

例如,在 2019 年 6 月末肇庆宏达有限责任公司有一项固定资产,其原值为 80 000元,累计折旧 20 000 元,预计未来现金流量的现值为 50 000 元,该固定资产按现值计价,金额为 50 000 元。

(2)在现值计量下,负债按照预计期限内需要偿还的未来净现金流出量的折现金额计量。

（五）公允价值

公允价值是指市场参与者在计量日发生的有序交易中，出售一项资产所能收到或者转移一项负债所需支付的价格。公允价值主要应用于交易性金融资产、交易性金融负债、可供出售金融资产、采用公允价值模式计量的投资性房地产等的计量。

例如，2019年6月10日，肇庆宏达有限责任公司从二级市场购入海洋公司股票50 000股作为交易性金融资产，2019年12月31日，该股票的收盘价为每股4元。该项资产在2019年12月31日按公允价值计价，金额为200 000元。

第五节　会计等式

会计等式，又称会计恒等式、会计方程式或会计平衡公式，它是表明各会计要素之间基本关系的等式。

一、会计等式的表现形式

会计等式的表现形式包括静态会计等式、动态会计等式和扩展会计等式。

（一）静态会计等式

任何企业要从事生产经营活动，必须要有一定数量的资源，例如厂房、设备、材料。这些资源就是企业拥有或控制的资产。对于每一项资产，如果我们一分为二地看，就不难发现：一方面，任何资产只不过是经济资源的一种实际存在或表现形式，或为机器设备，或为现金、银行存款等；另一方面，从价值上看是企业拥有的一定数量的资金，而这些一定数量的资金必有其来源。即企业拥有的这些资产，其资金都是按照一定的管道进入企业的，或由投资者投入，或通过银行借入等，即必定有其提供者。如图1-6所示。

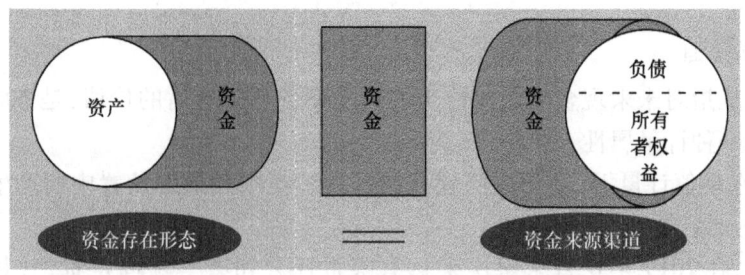

图1-6

显然，人们一般不会无偿地将经济资源（即资产）让渡出去，也就是说，企业中任何资产都有其相应的权益要求,谁提供了资产谁就对资产拥有索偿权,这种索偿权在会计上称为权益。这样就形成了最初的会计等式:

$$资产 = 权益 \qquad (等式1-1)$$

这一等式表明,资产与权益是同一事物的两个不同方面,两者相互依存,不可分割,没有无资产的权益,也没有无权益的资产。因此,资产和权益两者在数量上必然相等,在任一时点都必然保持恒等的关系。

权益又可以进一步分为两种:一是以投资者的身份向企业投入资产而形成的权益,我们称为所有者权益;另一种是以债权人的身份向企业提供资产而形成的权益,我们称之为债权人权益或负债。

这样,上述等式又可表达成:

$$资产 = 负债 + 所有者权益 \qquad (等式1-2)$$

这就是基本会计等式,也称为静态等式。该等式是反映企业在某一特定日期财务状况的会计等式,是复式记账法的理论基础,也是编制资产负债表的依据。

【例1-5】宏达公司开办时的资产是1 000 000元,其中600 000元是投资者投入的,形成所有者权益,另外400 000元是向银行借款来的,形成负债,则:

$$资产(1\ 000\ 000) = 负债(400\ 000) + 所有者权益(600\ 000)$$

(二)动态会计等式

任何企业要想谋求生存与发展,都必然要不间断地开展生产经营活动获取收入,实现盈利。企业在取得收入的同时,必然要发生相应的费用。通过收入与费用的比较,才能确定一定时期的盈利水平,确定实现的利润总额。在不考虑利得和损失的情况下,收入、费用、利润三个要素之间的数量关系形成以下等式:

$$收入 - 费用 = 利润(或亏损) \qquad (等式1-3)$$

这一等式称为动态会计等式,是用以反映企业一定时期收入、费用和利润之间恒等关系的会计等式,反映了利润的实现过程,是编制利润表的依据。

【例1-6】宏达公司开始经营,当月实现收入200 000元,发生了费用120 000元,月末计算实现利润80 000元。则:

$$收入(200\ 000) - 费用(120\ 000) = 利润(80\ 000)$$
$$资产(1\ 080\ 000) = 负债(400\ 000) + 所有者权益(600\ 000) + 利润(80\ 000)$$

(三)扩展会计等式

由于企业是投资者投资的,按照"谁投资谁得利"的原则,企业实现的利润(如未分配利润)归属于投资者,所以利润是所有者权益的一部分;如果企业亏损,只能由投资者承担,则所有者权益减少。因此,如果企业实现的是正利润,则可得到:

$$资产 = 负债 + (所有者权益 + 利润) \qquad (等式1-4)$$

按例1-6可得:

$$资产(1\ 080\ 000) = 负债(400\ 000) + 所有者权益(600\ 000) + 利润(80\ 000)$$

等式(1-3)和等式(1-4)联合,又可以得到:

$$资产 = 负债 + 所有者权益 + 收入 - 费用 \quad (等式1-5)$$

按例1-6可得:

资产(1 080 000) = 负债(400 000) + 所有者权益(600 000) + 收入(200 000) - 费用(120 000)

企业在会计企业结账时,将收入和费用配比,计算出利润,并进行利润分配,转入所有者权益中,则等式(1-5)又恢复为等式(1-2):

$$资产 = 负债 + 所有者权益$$

上述实例在会计期末结算结果如下:

【例1-7】宏达公司月末实现利润由公司的所有者共享,80 000元为增加的所有者权益。则:

$$资产(1 080 000) = 负债(400 000) + 所有者权益(680 000)$$

二、经济业务对会计等式的影响

(一)经济业务的类型

经济业务又称会计事项,是指在经济活动中使会计要素发生增减变动的交易或者事项。企业在生产经营过程中发生的经济业务是纷繁复杂、多种多样的。但从其对资产和权益的影响方式来分,不外乎以下四种基本类型:

其一,资产和权益同时等额增加。

其二,资产和权益同时等额减少。

其三,资产内部有增有减,增减金额相等。

其四,权益内部有增有减,增减金额相等。

上述四种基本类型又可具体分为九种类型:①一项资产增加、一项负债等额增加;②一项资产增加、一项所有者权益等额增加;③一项资产减少、一项负债等额减少;④一项资产减少、一项所有者权益等额减少;⑤一项资产增加、另一项资产等额减少;⑥一项负债增加、另一项负债等额减少;⑦一项负债增加、一项所有者权益等额减少;⑧一项所有者权益增加、一项负债等额减少;⑨一项所有者权益增加、另一项所有者权益等额减少。

(二)经济业务对会计等式的影响

以下举例说明经济业务的发生,对会计等式产生的影响。

【例1-8】假设宏达公司2018年12月1日的资产、负债及所有者权益的简要情况如表1-1所示。

表1-1　　　　　　资产、负债、所有者权益情况　　　　　　单位:元

资产	金额	负债及所有者权益	金额
库存现金	8 000	短期借款	40 000
银行存款	90 000	应付账款	58 000

续表

资产	金额	负债及所有者权益	金额
原材料	50 000	长期借款	60 000
固定资产	160 000	实收资本	100 000
		盈余公积	50 000
总计	308 000	总计	308 000

(1)12月3日,该公司向供应单位购入原材料10 000元,货款未付。

分析:这笔经济业务的发生,使原材料(资产)增加10 000元,同时使应付账款(负债)增加10 000元。即一项资产(原材料)和一项负债(应付账款)同时等额增加,结果双方总额仍然相等,保持平衡。12月3日,企业的资产和负债及所有者权益情况如表1-2所示。

表1-2　　　　　　　资产、负债、所有者权益情况　　　　　　单位:元

资产	金额	负债及所有者权益	金额
库存现金	8 000	短期借款	40 000
银行存款	90 000	应付账款	68 000
原材料	60 000	长期借款	60 000
固定资产	160 000	实收资本	100 000
		盈余公积	50 000
总计	318 000	总计	318 000

(2)12月5日,该公司收到投资者投入的设备一台,价值40 000元。

分析:这笔经济业务的发生,使固定资产(资产)增加40 000元,同时使实收资本(所有者权益)增加40 000元。即一项资产(固定资产)和一项所有者权益(实收资本)同时等额增加,结果双方总额仍然相等,保持平衡。12月5日,企业的资产和负债及所有者权益情况如表1-3所示。

表1-3　　　　　　　资产、负债、所有者权益情况　　　　　　单位:元

资产	金额	负债及所有者权益	金额
库存现金	8 000	短期借款	40 000
银行存款	90 000	应付账款	68 000
原材料	60 000	长期借款	60 000
固定资产	200 000	实收资本	140 000
		盈余公积	50 000
总计	358 000	总计	358 000

(3)12月10日,该公司以银行存款归还短期借款40 000元。

分析:这笔经济业务的发生,使银行存款(资产)减少40 000元,同时使短期借款(负债)减少40 000元。即一项资产(银行存款)和一项负债(短期借款)同时等额减少,结果双方总额仍然相等,保持平衡。12月10日,企业的资产和负债及所有者权益情况如表1-4所示。

表1-4　　　　　　　　资产、负债、所有者权益情况　　　　　　　　单位:元

资产	金额	负债及所有者权益	金额
库存现金	8 000	短期借款	0
银行存款	50 000	应付账款	68 000
原材料	60 000	长期借款	60 000
固定资产	200 000	实收资本	140 000
		盈余公积	50 000
总计	318 000	总计	318 000

(4)12月15日,股东大会决定减少注册资本30 000元,以银行存款向投资者退回其相应投入资本。

分析:这笔经济业务的发生,使银行存款(资产)减少30 000元,同时使实收资本(所有者权益)减少30 000元。即一项资产(银行存款)和一项所有者权益(实收资本)同时等额减少,结果双方总额仍然相等,保持平衡。12月15日,企业的资产和负债及所有者权益情况如表1-5所示。

表1-5　　　　　　　　资产、负债、所有者权益情况　　　　　　　　单位:元

资产	金额	负债及所有者权益	金额
库存现金	8 000	短期借款	0
银行存款	20 000	应付账款	68 000
原材料	60 000	长期借款	60 000
固定资产	200 000	实收资本	110 000
		盈余公积	50 000
总计	288 000	总计	288 000

(5)12月15日,该公司将现金5 000元存入银行。

分析:这笔经济业务的发生,使银行存款(资产)增加5 000元,同时使库存现金(资产)减少5 000元。即一项资产(银行存款)增加,另一项资产(库存现金)同时等额减少,结果双方总额仍然相等,保持平衡。12月15日,企业的资产和负债及所有者权益情况如表1-6所示。

表1-6　　　　　　　　　资产、负债、所有者权益情况　　　　　　　　单位:元

资产	金额	负债及所有者权益	金额
库存现金	3 000	短期借款	0
银行存款	25 000	应付账款	68 000
原材料	60 000	长期借款	60 000
固定资产	200 000	实收资本	110 000
		盈余公积	50 000
总计	288 000	总计	288 000

(6)12月18日,该公司从银行借入短期借款偿还前欠甲企业货款48 000元。

分析:这笔经济业务的发生,使短期借款(负债)增加48 000元,同时使应付账款(负债)减少48 000元。即一项负债(短期借款)增加,另一项负债(应付账款)同时等额减少,结果双方总额仍然相等,保持平衡。12月18日,企业的资产和负债及所有者权益情况如表1-7所示。

表1-7　　　　　　　　　资产、负债、所有者权益情况　　　　　　　　单位:元

资产	金额	负债及所有者权益	金额
库存现金	3 000	短期借款	48 000
银行存款	25 000	应付账款	20 000
原材料	60 000	长期借款	60 000
固定资产	200 000	实收资本	110 000
		盈余公积	50 000
总计	288 000	总计	288 000

(7)12月30日,经批准,该企业用盈余公积10 000元分配利润。

分析:这笔经济业务的发生,使应付股利(负债)增加10 000元,同时使盈余公积(所有者权益)减少10 000元。即一项负债(应付股利)增加,一项所有者权益债(盈余公积)同时等额减少,结果双方总额仍然相等,保持平衡。12月30日,企业的资产和负债及所有者权益情况如表1-8所示。

表1-8　　　　　　　　　资产、负债、所有者权益情况　　　　　　　　单位:元

资产	金额	负债及所有者权益	金额
库存现金	3 000	短期借款	48 000
银行存款	25 000	应付账款	20 000
原材料	60 000	应付股利	10 000
固定资产	200 000	长期借款	60 000
		实收资本	110 000
		盈余公积	40 000
总计	288 000	总计	288 000

(8) 12月30日,经批准,该企业将长期借款30 000元转作实收资本。

分析:这笔经济业务的发生,使实收资本(所有者权益)增加30 000元,同时使长期借款(负债)减少30 000元。即一项所有者权益(实收资本)增加,一项负债(长期借款)同时等额减少,结果双方总额仍然相等,保持平衡。12月30日,企业的资产和负债及所有者权益情况如表1-9所示。

表1-9　　　　　　　　　资产、负债、所有者权益情况　　　　　　单位:元

资产	金额	负债及所有者权益	金额
库存现金	3 000	短期借款	48 000
银行存款	25 000	应付账款	20 000
原材料	60 000	应付股利	10 000
固定资产	200 000	长期借款	30 000
		实收资本	140 000
		盈余公积	40 000
总计	288 000	总计	288 000

(9) 12月31日,经批准,该企业用盈余公积10 000元转作实收资本。

分析:这笔经济业务的发生,使实收资本(所有者权益)增加10 000元,同时使盈余公积(所有者权益)减少10 000元。即一项所有者权益(实收资本)增加,另一项所有者权益(盈余公积)同时等额减少,结果双方总额仍然相等,保持平衡。12月31日,企业的资产和负债及所有者权益情况如表1-10所示。

表1-10　　　　　　　　　资产、负债、所有者权益情况　　　　　　单位:元

资产	金额	负债及所有者权益	金额
库存现金	3 000	短期借款	48 000
银行存款	25 000	应付账款	20 000
原材料	60 000	应付股利	10 000
固定资产	200 000	长期借款	30 000
		实收资本	150 000
		盈余公积	30 000
总计	288 000	总计	288 000

从以上的举例可以看出,经济业务的发生会引起基本会计等式左右两边发生等额增加或减少,或引起基本会计等式的左边或右边内部要素的等额增减,前者会

使基本等式的总额发生增加或减少,后者会使基本会计等式一边的组成内容发生变动而两边总额不变。经济业务的发生不会破坏基本等式"资产 = 负债 + 所有者权益"的平衡关系。同时,基本会计等式是复式记账、账户试算平衡和编制资产负债表的基础。

【相关链接】

会计准则体系

会计准则是反映经济活动、确认产权关系、规范收益分配的会计技术标准,是生成和提供会计信息的重要依据,也是政府调控经济活动、规范经济秩序和开展国际经济交往等的重要手段。会计准则具有严密和完整的体系。我国已颁布的会计准则有《企业会计准则》《小企业会计准则》《事业单位会计准则》。

一、企业会计准则

我国的企业会计准则体系包括基本准则、具体准则、应用指南和解释公告等。2006年2月15日,财政部发布了《企业会计准则》,自2007年1月1日起在上市公司范围内施行,并鼓励其他企业执行。

二、小企业会计准则

2011年10月18日,财政部发布了《小企业会计准则》,要求符合适用条件的小企业自2013年1月1日起执行,并鼓励提前执行。《小企业会计准则》一般适用于在我国境内依法设立、经济规模较小的企业,具体标准参见《小企业会计准则》和《中小企业划型标准规定》。

三、事业单位会计准则

2012年12月6日,财政部修订发布了《事业单位会计准则》,自2013年1月1日起在各级各类事业单位施行。该准则对我国事业单位的会计工作予以规范。

实训任务

实训任务一:基础书写训练

1. 金额大写数字书写训练(正楷字写)

表1-11　　　　　　　　金额大写数字参考字体

壹	贰	叁	肆	伍	陆	柒	捌	玖	拾	零	佰	仟	万	亿	元	角	分	整

表1-12　　　　　　　　金额大写数位练习用纸

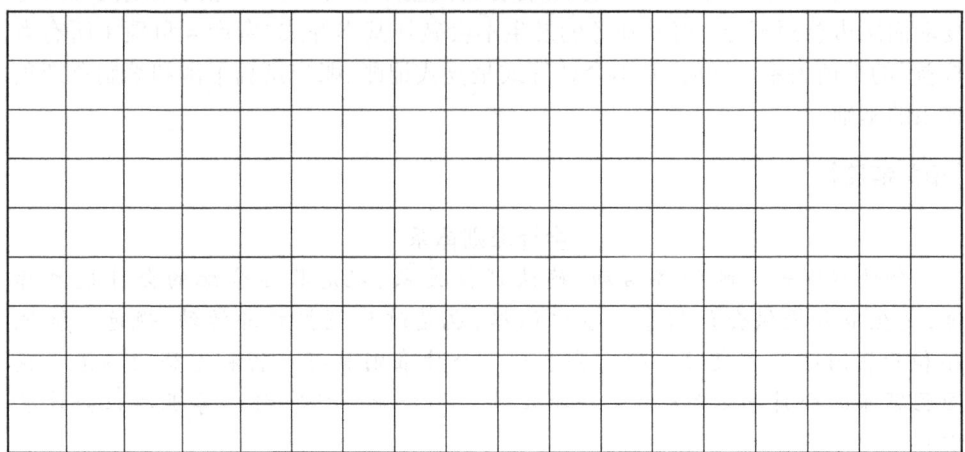

2. 阿拉伯数字书写训练

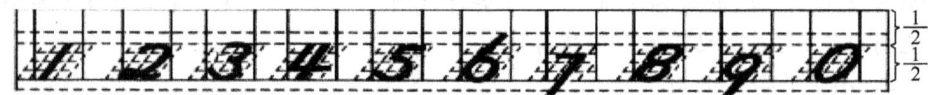

图1-7　　阿拉伯数字手写体字样

表1-13　　　　　　　　阿拉伯数字练习用纸

年	凭证	摘要	借方										贷方									借或贷	余额									
月日	号数		千	百	十	万	千	百	十	元	角	分	千	百	十	万	千	百	十	元	角	分		千	百	十	万	千	百	十	元	角	分

表 1-14　　　　　　　　　大小写金额练习用纸

会计凭证、账簿的小写金额栏									原始凭证上的大写金额栏
没有数位分割线	有数位分割线								
	十	万	千	百	十	元	角	分	
￥100.00									人民币：拾　万　仟　佰　拾　元　角　分
￥1 098.25									人民币：拾　万　仟　佰　拾　元　角　分
￥8 998.85									人民币：拾　万　仟　佰　拾　元　角　分
￥28 998.76									人民币：拾　万　仟　佰　拾　元　角　分
￥43 574.76									人民币：拾　万　仟　佰　拾　元　角　分
￥4 324.76									人民币：拾　万　仟　佰　拾　元　角　分

实训任务二：权责发生制和收付实现制

肇庆利达有限公司 2019 年 6 月份发生以下经济业务：
(1)销售商品一批，售价 72 000 元，存项已存入银行；
(2)预收购货单位货款 24 000 元，款存入银行，商品将在下月交付；
(3)以银行存款预付下季度仓库租金 10 800 元；
(4)销售商品一批，售价 84 000 元，货物已发出，发票已开具，但是货款尚未收到；
(5)以银行存款支付本月水电费 3 000 元；
(6)收到上月销售应收的货款 20 000 元；
(7)本月负担上季度已预付财产保险费 1 000 元。
根据以上业务，分别按照权责发生制和收付实现制计算 6 月份的收入和费用，并将其填在表 1-15 内。（单位：元）

表 1-15

经济业务号	权责发生制		收付实现制	
	收入	费用	收入	费用
(1)				
(2)				
(3)				
(4)				
(5)				
(6)				

续表

经济业务号	权责发生制		收付实现制	
	收入	费用	收入	费用
（7）				
合计				
利润				

实训任务三：会计要素

判断表 1-16 中各项目的类别，在相应的项目下打"√"。

表 1-16

序号	经济内容	资产	负债	所有者权益	收入	费用	利润
1	出纳处存放库存现金						
2	仓库中的产成品						
3	从银行获得的短期借款						
4	存放在银行的存款						
5	企业拥有的机器设备						
6	应收购货单位的货款						
7	预先收取购货方的订货款						
8	存放在仓库中的原材料						
9	销售商品的收入						
10	销售商品发生的广告费						
11	销售材料的收入						
12	收到投资者的投入资本						
13	办公室发生的办公费用						
14	应付职工的薪酬						
15	企业拥有的房屋和建筑物						
16	生产产品发生的费用						
17	筹集资金发生的利息费用						
18	企业本年提取的盈余公积						
19	企业本年的净利润						

实训任务四:会计等式

肇庆利达有限公司2019年5月份发生以下经济业务:

(1)向银行借入半年期借款50 000元偿还前欠货款。
(2)以银行存款偿还应付甲公司的货款30 000元。
(3)从乙公司购买原材料40 000元入库,但货款尚未支付。
(4)从银行提取现金10 000元。
(5)收到某投资者投资款70 000元,存入银行。
(6)经批准,该公司减少注册资本40 000元,以银行存款退还投资者。
(7)经批准,将一笔长期负债50 000元转为对该公司的投资。
(8)经批准,将20 000元资本公积金转增资本。
(9)经批准,决定向投资者分配利润10 000元。

要求:

1. 根据以上经济业务,分析各项经济业务的类型,分类填入表1-17。

表1-17

业务类型	业务序号	业务类型	业务序号
资产与负债同时增加		资产与所有者权益同时增加	
资产与负债同时减少		资产与所有者权益同时减少	
资产内部有增有减		所有者权益内部有增有减	
负债内部有增有减		负债增加,所有者权益减少	
负债减少,所有者权益增加			

2. 根据以上经济业务,分析其对会计等式的影响,如表1-18所示。

表1-18

| 业务序号 | 资产 | 权益 | | 结果 |
		负债	所有者权益	
月初余额	180 000	100 000	80 000	月初平衡
(1)				
(2)				
(3)				
(4)				
(5)				
(6)				

续表

业务序号	资产	权益		结果
		负债	所有者权益	
(7)				
(8)				
(9)				
月末余额				

第二章　借贷记账法原理

【教学目标】
1. 了解会计科目与账户的概念。
2. 了解会计科目与账户的分类。
3. 熟悉会计科目设置的原则。
4. 熟悉常用的会计科目。
5. 掌握账户的结构。
6. 掌握账户与会计科目的关系。
7. 了解复式记账法的概念与种类。
8. 熟悉借贷记账法的原理。
9. 掌握借贷记账法下的账户结构。
10. 了解会计分录的分类。
11. 掌握借贷记账法下的试算平衡。

第一节　会计科目和会计账户

一、会计科目

会计要素是会计对象的具体化,通过会计要素的设置,可以使经济业务按资产、负债、所有者权益、收入、费用和利润分类地进行归纳与整理。但是,这六大会计要素仍然过于笼统、概括,不能详细地提供管理所需资料。如资产要素反映了企业的经济资源,但这些经济资源又具有各种具体形式,如有的资源存在于现金形式,而另一些资源则表现为原材料和设备等,不同形式的资源对管理的意义是不同的,会计核算必须为管理提供具体的资源形式和金额。为了满足管理需要,还必须在会计要素的基础上做进一步的分类,即设置相应的会计科目。

(一)会计科目的概念

会计科目,简称科目,是对会计要素的具体内容进行分类核算的项目。

每个会计科目都有特定的含义和反映特定的经济内容。例如:为反映企业存放在银行或者其他金融机构的各种款项,设置了"银行存款"。设置会计科目是会计核算的一种专门方法,是进行各项会计记录和提供各项会计信息的基础,在会计核算中具有重要意义。

(二)会计科目的设置

1. 会计科目的设置原则

每个企业由于经济业务活动的具体内容、规模大小与业务繁简程度等情况不尽相同,在具体设置会计科目时,应考虑其自身特点和具体情况,但设置会计科目时都应遵循以下原则:

(1)合法性原则。合法性原则是指所设置的会计科目应当符合国家统一的会计制度的规定。我国现行的统一会计制度中均对企业设置的会计科目作出了规定,以保证不同企业对外提供的会计信息的可比性。企业应当参照会计制度统一规定的会计科目,根据自身的生产经营特点设置会计科目。但是不能违反相关的规定。

(2)相关性原则。相关性原则是指所设置的会计科目应当为提供有关各方所需要的会计信息服务,满足对外报告与对内管理的要求。

(3)实用性原则。实用性原则是指所设置的会计科目应符合单位自身特点,满足单位实际需要。这就要求在设置会计科目时既要满足国家宏观经济管理的要求和有关各方了解企业财务状况和经营成果的需要,又要结合本企业经营活动的特点,满足企业内部经营管理的需要。

2. 常用会计科目

2018最新修订的《企业会计准则及应用指南》修订了企业的会计科目,企业常用的会计科目如表2-1所示。

表2-1 常用会计科目参照表

编号	名称	编号	名称
一、资产类		二、负债类	
1001	库存现金	2001	短期借款
1002	银行存款	2201	应付票据
1012	其他货币资金	2202	应付账款
1101	交易性金融资产	2203	预收账款
1121	应收票据	2211	应付职工薪酬
1122	应收账款	2221	应交税费
1123	预付账款	2231	应付利息
1131	应收股利	2232	应付股利
1132	应收利息	2241	其他应付款
1221	其他应收款	2501	长期借款
1231	坏账准备	2502	应付债券
1401	材料采购	2701	长期应付款

续表

编号	名称	编号	名称
1402	在途物资	2711	专项预付款
1403	原材料	2801	预计负债
1404	材料成本差异	2901	递延所得税负债
1405	库存商品		三、共同类（略）
1406	发出商品		四、所有者权益类
1407	商品进销差价	4001	实收资本
1408	委托加工物资	4002	资本公积
1471	存货跌价准备	4003	其他综合收益
1501	债权投资	4101	盈余公积
1502	债权投资减值准备	4103	本年利润
1503	其他债权投资	4104	利润分配
1504	其他权益工具投资		五、成本类
1511	长期股权投资	5001	生产成本
1512	长期股权投资减值准备	5101	制造费用
1521	投资性房地产	5201	劳务成本
1531	长期应收款	5301	研发支出
1601	固定资产		六、损益类
1602	累计折旧	6001	主营业务收入
1603	固定资产减值准备	6051	其他业务收入
1604	在建工程	6101	公允价值变动损益
1605	工程物资	6111	投资收益
1606	固定资产清理	6301	营业外收入
1701	无形资产	6401	主营业务成本
1702	累计摊销	6402	其他业务成本
1703	无形资产减值准备	6403	税金及附加
1711	商誉	6601	销售费用
1801	长期待摊费用	6602	管理费用
1811	递延所得税资产	6603	财务费用
1901	待处理财产损益	6701	资产减值损失
		6702	信用减值损失
		6711	营业外支出
		6801	所得税费用
		6901	以前年度损益调整

(三)会计科目的分类

1. 按反映的经济内容分类

从表2-1中可以看到,会计科目按其反映的经济内容不同,可分为资产类科目、负债类科目、共同类科目、所有者权益类科目、成本类科目和损益类科目。

(1)资产类科目,是对资产要素的具体内容进行分类核算的项目,按资产的流动性分为反映流动资产的科目和反映非流动资产的科目。

我国现行的《企业会计制度》规定的资产类科目包括库存现金、银行存款、其他货币资金、应收票据、应收股利、应收利息、应收账款、预付账款、其他应收款、材料采购、原材料、库存商品、长期股权投资、固定资产、累计折旧、在建工程、无形资产、待处理财产损益等。

(2)负债类科目,是对负债要素的具体内容进行分类核算的项目,按负债的偿还期限分为反映流动负债的科目和反映非流动负债的科目。

我国现行的《企业会计制度》规定的负债类科目包括短期借款、应付票据、应付账款、预收账款、应付职工薪酬、应付股利、应交税费、其他应付款等。

(3)共同类科目,是既有资产性质又有负债性质的科目,主要包括"清算资金往来""外汇买卖""衍生工具""套期工具""被套期项目"等科目。(本教材不用)

(4)所有者权益类科目,是对所有者权益要素的具体内容进行分类核算的项目,按所有者权益的形成和性质可分为反映资本的科目和反映留存收益的科目。

我国现行的《企业会计制度》规定的所有者权益类科目包括实收资本(或股本)、资本公积、盈余公积、本年利润、未分配利润和利润分配等。

(5)成本类科目,是对可归属于产品生产成本、劳务成本等的具体内容进行分类核算的项目,按成本的内容和性质的不同可分为反映制造成本的科目、反映劳务成本的科目等。

我国现行的《企业会计制度》规定的成本类科目包括生产成本、制造费用、劳务成本等。

(6)损益类科目,是对收入、费用等的具体内容进行分类核算的项目。

我国现行的《企业会计制度》规定的损益类科目包括主营业务收入、其他业务收入、投资收益、营业外收入、主营业务成本、其他业务成本、销售费用、管理费用、财务费用、营业外支出、所得税费用等。

2. 按提供信息的详细程度及其统驭关系分类

会计科目按其提供信息的详细程度及其统驭关系,可以分为总分类科目和明细分类科目。

(1)总分类科目,又称总账科目或一级科目,是对会计要素的具体内容进行总括分类,提供总括信息的会计科目。

(2)明细分类科目,又称明细科目,是对总分类科目做进一步分类,提供更为详细和具体会计信息的科目。例如"应收账款"科目按债务人名称或姓名设置明细科目(如应收账款——×××),反映应收账款的具体对象。

如果某一总分类科目所属的明细分类科目较多,可在总分类科目下设置二级明细科目,在二级明细科目下设置三级明细科目。例如,工业企业可在"原材料"总账科目下设置"原料及主要材料""辅助材料""燃料""包装物""外购半成品""修理用备件"等二级科目(也称子目),在"原料及主要材料"二级科目下,再依据材料规格、品种或型号等设置细目。

下面以"原材料""库存商品""应付账款"为例,说明会计科目之间总括与详细、统驭与从属的关系,见表2-2。

表2-2　　　　　　总分类科目和明细分类科目的关系表

总分类科目 (一级科目)	明细分类科目	
	二级科目(子目)	三级科目(细目)
原材料	原料及主要材料	纯棉面料
		雪纺面料
	辅助材料	纽扣
		衬布
库存商品	衣服	T恤
		西装
应付账款	甲公司	
	乙公司	

从上表我们可以看到,总分类科目和明细分类科目的关系是,总分类科目对其所属的明细分类科目具有统驭和控制作用,而明细分类科目则是对其所属的总分类科目的补充和说明。

小知识

并不是所有的一级科目下都需要分设二级和三级科目,根据信息使用者所需不同信息的详细程度,有的只需要设一级科目,有的只需要设一级科目和二级科目,有的需要设一级、二级和三级科目。

二、会计账户

会计科目的确定,只是对会计的内容进行了科学的分类,确定了每个项目的名称。然而,各单位发生的经济业务是十分频繁、复杂的。为了系统、连续地把各种经济业务发生的情况和由此而发生的各项资金变化情况分门别类地进行核算与监督,就必须开设会计账户,以便提供日常管理上的核算资料。

(一)会计账户的概念

会计账户是根据会计科目设置的,具有一定格式和结构,用于分类反映会计要素增减变动情况及其结果的载体。

会计账户以会计科目作为它的名称,同时,会计账户又具备一定的格式(即结构)。设置会计账户是会计核算的重要方法之一。通过设置会计账户,可以将原始的经济业务数据进行过滤和甄别,对无序的数据进行集中处理,将相同业务的数据集中到同一个账户中,使之系统化、有序化,完整清晰地反映各类经济业务增减变动的过程和结果,以为进一步整理出符合有关各方决策需要的信息奠定基础。

(二)会计账户的分类

1. 根据核算的经济内容分类

根据核算的经济内容,会计账户分为资产类账户、负债类账户、共同类账户、所有者权益类账户、成本类账户和损益类账户六类。

(1)资产类账户,是用来反映企业资产的增减变动及其结存情况的账户。按照资产的流动性和经营管理核算的需要,资产类账户又可以分为反映流动资产的账户和反映非流动资产的账户。反映流动资产的账户,如"库存现金""银行存款""应收账款""原材料""库存商品"等;反映非流动资产的账户,如"长期股权投资""固定资产""无形资产"等。

其中,有些资产类账户、负债类账户和所有者权益类账户存在备抵账户。备抵账户,又称抵减账户,是指用来抵减被调整账户余额,以确定被调整账户实有数额而设置的独立账户。例如:"累计折旧"账户是用来核算固定资产的损耗价值的,它是"固定资产"账户的备抵账户。

(2)负债类账户,是用来反映企业负债的增减变动及其结存情况的账户。按照负债的流动性或偿还期限的长短,负债类账户又可以分为反映流动负债的账户和反映非流动负债的账户。反映流动负债的账户,如"短期借款""应付账款""应付职工薪酬""应交税费""应付股利"等;反映非流动负债的账户,如"长期借款""长期应付款"等。

(3)所有者权益类账户,是用来反映企业所有者权益的增减变动及其结存情况的账户。按照所有者权益的来源不同,所有者权益类账户又可以分为反映投入资本的账户和反映留存收益的账户。反映投入资本的账户,如"实收资本""资本公积"等;反映留存收益的账户,如"盈余公积""本年利润""利润分配"等。

(4)成本类账户,是用来反映企业在生产经营过程中发生的各项耗费并计算产品或劳务成本的账户,如"生产成本""制造费用""劳务成本"等。

(5)损益类账户,是用来反映企业收入和费用的账户。按照损益与企业的生产经营活动是否有关,损益类账户又可以分为反映营业损益的账户和反映非经常性损益的账户。反映营业损益的账户,如"主营业务收入""主营业务成本""税金及附加""其他业务收入""其他业务成本"等;反映非经常性损益的账户,如"营业外收入""营业外支出"等。

(6)共同类账户(略)。本教材不使用共同类账户,相关内容在《中级会计实务》中学习到。

2. 根据提供信息的详细程度及其统驭关系分类

根据提供信息的详细程度及其统驭关系,会计账户分为总分类账户和明细分类账户。

(1)总分类账户,又称总账账户或一级账户,是根据总分类科目设置的账户。

在总分类账户中,只使用货币计量单位,它可以提供总括的核算资料和指标,是对其所属的明细分类账户资料的综合,总分类账户以下统称为明细分类账户。

(2)明细分类账户,又称明细账户,它是根据明细分类科目设置的账户。

明细分类账户的核算,除了用货币计量以外,必要时还需要使用实物计量、劳动量单位等来计量。明细账是提供明细核算资料的指标,它是对总分类账户的具体化和补充说明。

需要说明的是,总分类账户和所属明细分类账户核算的内容相同,只是反映内容的详细程度有所不同,两者相互补充,相互制约,相互核对。总分类账户统驭和控制所属明细分类账户,明细分类账户从属于总分类账户。

(三)会计账户的基本结构

任何一项经济业务发生引起的会计要素的变动,从数量上说,不外乎是增加和减少两种情况。因此,用来记录经济业务的会计账户也相应地划分为两个部分,以便分别登记会计要素的增加额和减少额,即会计账户通常分为左右两方,一方登记增加,另一方登记减少。至于哪一方记增加,哪一方记减少,则取决于会计账户的性质和经济业务的类型。而一个会计账户的基本结构,一般应包括以下内容:

● 账户名称,即会计科目;
● 日期,即所依据记账凭证中注明的日期;
● 凭证字号,即所依据记账凭证的编号;
● 摘要,即经济业务的简要说明;
● 金额,即增加额、减少额和余额。

在借贷记账法下,实际工作中的会计账户的基本结构如表 2 - 3 所示。(其中:

左边为"借方",右边为"贷方",余额在最后)

表 2-3　　　　　　　账户名称:(会计科目)

年	凭证号数	摘要	借方										贷方										借或贷	余额									
月 日			千	百	十	万	千	百	十	元	角	分	千	百	十	万	千	百	十	元	角	分		千	百	十	万	千	百	十	元	角	分

会计账户结构在整体上类似于汉字"丁"和大写的英文字母"T",因此,会计账户的基本结构在实务中被形象地称为"丁"字账户或者"T"型账户。如图 2-1 所示。

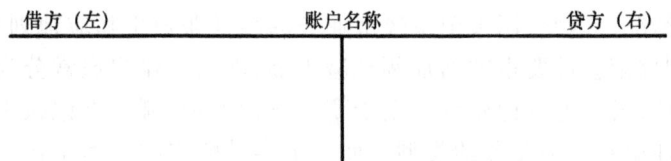

图 2-1　"T"型账户的基本结构图

在会计账户的左右两边(借方和贷方),分别记录增加额和减少额,增减相抵后的差额作为账户的余额。余额按其列示的时间分为期初余额和期末余额。所以,会计账户中所记录的金额包括:期初余额、本期增加额(也称本期增加发生额)、本期减少额(也称本期减少发生额)和期末余额。这四种金额的数量关系用公式表示如下:

期末余额 = 期初余额 + 本期增加发生额 − 本期减少发生额

如果你的银行卡原有 500 元,本月存入 1 000 元,充饭卡支出 300 元。那么对于你这张银行卡来说,期初余额、本期增加额、本期减少额和期末余额分别是多少?

(四)会计账户与会计科目的关系(如表 2−4 所示)

表 2−4　　　　　　会计账户与会计科目的关系

	会计账户	会计科目
相同	会计科目与账户都是对会计对象具体内容的科学分类,两者口径一致,性质相同	
联系	会计账户是根据会计科目开设的,是会计科目的具体运用	会计科目是会计账户的名称,也是设置会计账户的依据
区别	会计账户具有一定的格式和结构,能具体反映会计要素增减变化情况	会计科目仅仅是会计账户的名称,不存在结构

需要注意的是,在实际工作中,对会计科目和账户不加以严格区分,而是相互通用。

第二节　借贷记账法

一、复式记账法

在设置了会计科目与账户以后,就有了记录经济业务事项的信息载体。在账户中进行登记,则涉及记账方法的选用。所谓记账方法,是指对发生的经济业务根据一定的记账原理、记账符号和规则在账户中进行登记的方法。

按照记录经济业务的方式不同,记账方法可以分为单式记账法和复式记账法。

单式记账法是指对发生的每一项经济业务,只在一个账户中加以登记的记账方法。在单式记账法下,通常只登记现金、银行存款的收付金额和债权债务的结算金额,一般不登记实物的收付金额。因此,一般只设置"库存现金""银行存款""应收账款""应付账款"等账户。

例如,某企业以银行存款 20 000 元购买一台机器设备,经济业务发生后,只在"银行存款"账户中记录银行存款减少 20 000 元,而不在"固定资产"账户中记录固定资产增加了 20 000 元。由于没有一套完整的账户体系,账户之间不能形成相互对应的关系,所以,单式记账法不能全面、系统地反映经济业务的来龙去脉,也不便于检查账户记录的正确性和完整性,是一种比较简单、不完整的记录方法,因此对于现在的大部分企业,已经不再适合采用这种记账方法。

复式记账法是指对于每一笔经济业务,都必须用相等的金额在两个或两个以上相互联系的账户中进行登记,全面系统地反映会计要素增减变化的一种记账方法。续上例,一方面在"银行存款"账户中记录银行存款减少 20 000 元,另一方面在"固定资产"账户中记录固定资产增加了 20 000 元,这样登记的结果能够清晰地反映出整个经济业务事项的来龙去脉。

与单式记账法与单式记账法相比,复式记账法的优点主要有:①能够全面反映经济业务内容和资金运动的来龙去脉;②能够进行试算平衡,便于查账和对账。

复式记账法可分为借贷记账法、增减记账法和收付记账法等。借贷记账法是目前国际上通用的记账方法,我国 2006 年颁布的《企业会计准则—基本准则》明确规定企业应当采用借贷记账法记账。

二、借贷记账法

借贷记账法是以"借"和"贷"作为记账符号的一种复式记账法。

借贷记账法的主要特点有:

(一)借贷记账法的记账符号

借贷记账法的记账符号是"借"和"贷"。在借贷记账法下,账户的左方称为借方,右方称为贷方。"借"和"贷"本身没有确切的含义,纯粹是一种记账符号,代表了相应的金额记录方向,但究竟是由"借"还是由"贷"来表示增加或是减少,需要结合具体性质的账户才能确定。"T"字形账户的基本结构见图 2-1。

通常而言,经济业务发生后,对于引起的资产增加、权益减少,记入账户的"借方";引起的资产减少、权益增加,记入账户的"贷方"。借和贷的这种记录方式是建立在会计等式基础上的,资产和权益在等式的相反方向,因此,记录的方向刚好相反(见图 2-2)。

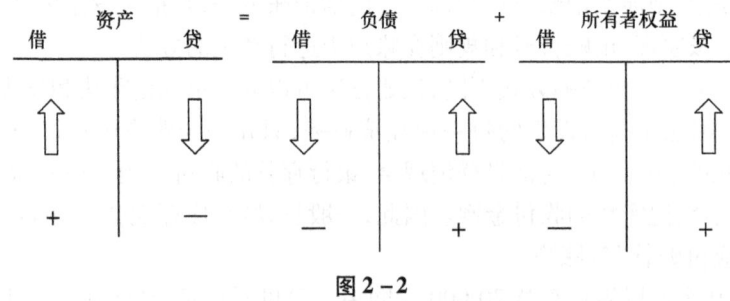

图 2-2

(二)借贷记账法下的账户结构

在借贷记账法下,不同性质的账户具有不同的结构。

根据经济业务的发生记入借方或贷方,反映该项经济业务所引起的该科目增减变化的金额称为"发生额",凡是记入账户借方的金额称为"借方发生额",凡是记入账户贷方的金额称为"贷方发生额"。

在一个会计期间内(月、季、年),借方记录的金额合计数称为"本期借方发生额",贷方记录的金额合计数称为"本期贷方发生额"。

某一时点上账户借方累计发生额和贷方累计发生额的差额称为余额,若借方累计发生额大于贷方累计发生额,余额在借方,称"借方余额";若贷方累计发生额大于借方累计发生额,则余额在贷方,称为"贷方余额"。一般来讲,账户的余额在其登记增加的那一方。上一会计期间的期末余额,即为下一会计期间的期初余额。

下面分别按照六个会计要素五大类账户阐述其账户的结构。

1. 资产类账户结构

在借贷记账法下,资产类账户借方登记增加额,贷方登记减少额,其余额一般为借方余额,反映资产的实有数。

资产类账户的计算公式是:

期末借方余额 = 期初借方余额 + 本期借方发生额 – 本期贷方发生额

其账户结构如图2-3所示。

借方	资产类账户	贷方
期初余额		
本期增加发生额		本期减少发生额
……		……
本期借方发生额合计		本期贷方发生额合计
期末余额		

图2-3 资产类账户结构图

现以某企业2019年1月"库存现金"账户为例,说明资产账户的登记方法,如表2-5所示。

表2-5　　　　　　　　账户名称:库存现金

2019年		凭证号数	摘要	借方 千百十万千百十元角分	贷方 千百十万千百十元角分	借或贷	余额 千百十万千百十元角分
1月	日						
1	1	略	月初余额			借	1 7 0 0 0 0
1	5	略	从银行提现	7 0 0 0 0		借	2 4 0 0 0 0
1	8	略	交回多余现金	8 0 0 0 0		借	3 2 0 0 0 0
1	20	略	支付备用金		2 0 0 0 0	借	3 0 0 0 0 0
1	25	略	购买办公用品		5 0 0 0 0	借	2 5 0 0 0 0
1	31		本月发生额和月末余额	1 5 0 0 0 0	7 0 0 0 0	借	2 5 0 0 0 0

# 想一想

上述库存现金账户的期末余额是怎样计算出来的？请把表2-5转换成库存现金的"T"字形账户？

2. 负债类账户结构

在借贷记账法下，负债类账户的结构与资产类账户的结构相反，即贷方登记增加额，借方登记减少额，其余额一般为贷方余额，反映负债应付数。

负债类账户的计算公式是：

期末贷方余额 = 期初贷方余额 + 本期贷方发生额 - 本期借方发生额

其账户结构如图2-4所示。

借方	负债类账户	贷方
	期初余额	
本期减少发生额	本期增加发生额	
……	……	
本期借方发生额合计	本期贷方发生额合计	
	期末余额	

图2-4 负债类账户结构图

现以某企业2019年1月"应付账款"账户为例，说明负债账户的登记方法，如表2-6所示。

表2-6　　　　　　　　账户名称：应付账款

2019年		凭证号数	摘要	借方 千百十万千百十元角分	贷方 千百十万千百十元角分	借或贷	余额 千百十万千百十元角分
1月	日						
1	1	略	月初余额			贷	8 8 0 0 0 0
1	6	略	购料欠款		1 2 0 0 0 0	贷	1 0 0 0 0 0 0
1	18	略	购料欠款		6 0 0 0 0 0	贷	1 6 0 0 0 0 0
1	28	略	归还欠款	1 3 0 0 0 0 0		贷	3 0 0 0 0 0
1	31		本月发生额和月末余额	1 3 0 0 0 0 0	7 2 0 0 0 0	贷	3 0 0 0 0 0

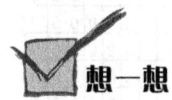# 想一想

上述应付账款账户的期末余额是怎样计算出来的？请把表2-6转换成应付账款的"T"字形账户。

3. 所有者权益类账户结构

在借贷记账法下,所有者权益类账户的结构与资产类账户的结构相反,与负债类账户的结构相同,即贷方登记增加额,借方登记减少额,其余额一般为贷方余额,反映所有者权益实有数。

所有者权益账户的计算公式是:

期末贷方余额 = 期初贷方余额 + 本期贷方发生额 − 本期借方发生额

其账户结构如图 2-5 所示。

借方	所有者权益类账户	贷方
	期初余额	
本期减少发生额……	本期增加发生额……	
本期借方发生额合计	本期贷方发生额合计	
	期末余额	

图 2-5 所有者权益类账户结构图

现以某企业 2019 年 1 月"实收资本"账户为例,说明所有者权益账户的登记方法,如表 2-7 所示。

表 2-7   账户名称:实收资本

2019年		凭证号数	摘要	借方 千百十万千百十元角分	贷方 千百十万千百十元角分	借或贷	余额 千百十万千百十元角分
1月	日						
1	1	略	月初余额			贷	3 8 7 0 0 0 0
1	5	略	投入银行存款		1 0 0 0 0 0 0	贷	4 8 7 0 0 0 0
1	15	略	投入设备		2 0 0 0 0 0 0	贷	6 8 7 0 0 0 0
1	25	略	转出资本	4 0 0 0 0 0		贷	6 4 7 0 0 0 0
1	31		本月发生额和月末余额	4 0 0 0 0 0	3 0 0 0 0 0 0	贷	6 4 7 0 0 0 0

4. 损益类账户中收入类账户结构

损益类账户包括收入和费用两小类账户,在借贷记账法下,这两小类账户的结构正好相反。损益类账户是为了计算损益而开设的,因而会计期末,应将收入、费用全部转出,转到"本年利润"账户,以计算利润。所以收入、费用转出后,损益类账户期末无余额。

由于收入的增加会导致所有者权益的增加,所以收入类账户的结构与所有者权益类账户的结构相似,即贷方登记增加额,借方登记减少额或转出额,该类账户通常没有期末余额。

其账户结构如图 2-6 所示。

借方	损益类中收入类账户		贷方
本期减少发生额或转出额 ……		本期增加发生额 ……	
本期借方发生额合计		本期贷方发生额合计	

图 2-6 损益类中收入类账户结构图

现以某企业 2019 年 1 月"主营业务收入"账户为例,说明收入类账户的登记方法,如表 2-8 所示。

表 2-8　　　　　　　账户名称：主营业务收入

2019年		凭证号数	摘要	借方 千百十万千百十元角分	贷方 千百十万千百十元角分	借或贷	余额 千百十万千百十元角分
1月	日						
1	8	略	销售A产品		1 3 4 0 0 0 0	贷	1 3 4 0 0 0 0
1	16	略	销售B产品		3 0 0 0 0 0 0	贷	4 3 4 0 0 0 0
1	31	略	月末结转	4 3 4 0 0 0 0		平	─
1	31		本月发生额和月末余额	4 3 4 0 0 0 0	4 3 4 0 0 0 0	平	─

5. 损益类账户中费用类账户结构

费用类账户与资产类账户的结构相似,借方登记增加额,贷方登记减少额,期末没有余额,其账户结构如图 2-7 所示。

借方	损益类中费用类账户		贷方
本期增加发生额 ……		本期减少发生额或转出额 ……	
本期借方发生额合计		本期贷方发生额合计	

图 2-7 损益类中费用类账户结构图

现以某企业 2019 年 1 月"管理费用"账户为例,说明损益类中费用类账户的登记方法,如表 2-9 所示。

表 2-9　　　　　　　账户名称：管理费用

2019年		凭证号数	摘要	借方 千百十万千百十元角分	贷方 千百十万千百十元角分	借或贷	余额 千百十万千百十元角分
1月	日						
1	2	略	支付办公费	3 0 0 0 0 0		贷	3 7 0 0 0 0
	6	略	报销差旅费	5 0 0 0 0 0		贷	4 5 0 0 0 0
	31	略	月末分配管理人员工资	8 0 0 0 0 0		贷	1 2 5 0 0 0 0
	31	略	月末计提折旧	5 0 0 0 0 0		贷	1 7 5 0 0 0 0
	31	略	月末结转		1 7 5 0 0 0 0	平	─
			本月发生额和月末余额	1 7 5 0 0 0 0	1 7 5 0 0 0 0	平	─

6. 成本类账户结构

在本书中,成本类账户主要包括制造费用和生产成本两个账户。在借贷记账法下,成本类账户的结构与费用类账户的结构相同,即借方登记增加额,贷方登记减少额,除生产成本外,期末一般无余额(如制造费用账户)。若有余额则在借方,如生产成本账户月末有余额表示的是在产品成本,其账户结构与资产类结构相同。(第三章详细阐述)其账户结构如图 2-8 所示。

借方	成本类账户	贷方
本期增加发生额		本期减少发生额或转出额
……		……
本期借方发生额		本期贷方发生额

图 2-8 成本类账户结构图

通过对部分账户的具体登记,进一步说明了账户的结构,现将各类账户的基本结构归纳如表 2-10 所示。

表 2-10

账户借方登记	账户贷方登记
资产增加	资产减少
负债减少	负债增加
所有者权益减少	所有者权益增加
费用、成本增加	费用、成本减少
收入减少	收入增加
资产、成本期末余额	负债、所有者权益期末余额

(三)借贷记账法下记账规则

记账规则是指采用某种记账方法登记具体经济业务时应当遵循的规律。借贷记账法的记账规则是"有借必有贷,借贷必相等"。即借贷记账法要求,对每笔经济业务,记入一个账户的借方,同时也要记入另一个或几个账户的贷方;或者记入一个账户的贷方,同时也要记入另一个或几个账户的借方,而且记入借方的金额合计数必须等于记入贷方的金额合计数。

下面以宏达公司 2019 年 6 月发生的经济业务为例进行说明。

【例 2-1】6 月 5 日,公司将现金 5 000 元存入银行。

分析:该笔经济业务涉及两个账户:库存现金(资产类)与银行存款(资产类),资产中的银行存款账户增加记借方,资产中的库存现金减少记贷方。这笔业务应借记"银行存款" 5 000 元,贷记"库存现金" 5 000 元。具体登记如图 2-9 所示。

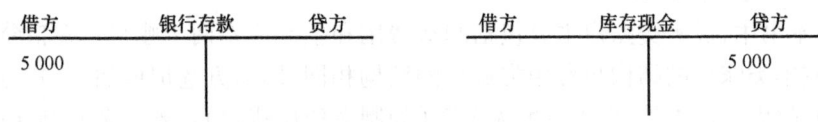

图 2-9

【例 2-2】6月10日,公司以银行存款归还短期借款30 000元。

分析:该笔经济业务涉及两个账户:银行存款(资产类)与短期借款(负债类),资产中的银行存款账户减少记贷方,负债中的短期借款减少记借方。这笔业务应借记"短期借款"30 000元,贷记"银行存款"30 000元。具体登记如图2-10所示。

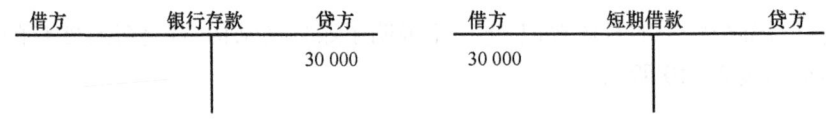

图 2-10

【例 2-3】6月2日,公司向供应单位A公司购进一批材料价格10 000元,用银行存款支付8 500元,余款未付,材料已验收入库。

分析:该笔经济业务涉及三个账户:原材料(资产类)、银行存款(资产类)与应付账款(负债类),其中资产类的原材料增加记借方,资产类的银行存款减少记贷方,负债中的应付账款增加记贷方。这笔业务应借记"原材料"10 000元,贷记"银行存款"8 500元,贷记"应付账款"1 500元。具体登记如图2-11所示。

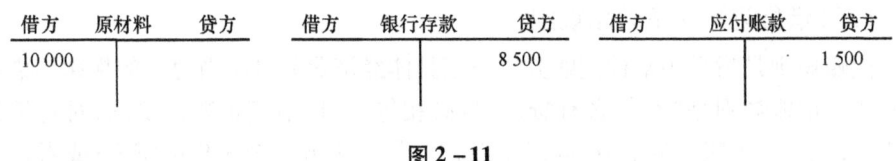

图 2-11

以上三项经济业务,证明了"有借必有贷,借贷必相等"的记账规律。在会计等式的恒等性中已述及,企业发生的各项经济业务会引起资产、负债或所有者权益等会计要素发生增减变化,但不会破坏会计等式的平衡关系。因此,企业发生的经济业务所引起的会计要素变化,可以归纳为九种类别,在借贷记账法下的账户结构中进行记录时,必然遵循"有借必有贷、借贷必相等"的记账规律,涉及的记账规则如表2-11所示。

表 2-11　　　　　　　　　　各经济业务的记账规则

经济业务类型	各类账应记方向			记入金额	记账规则
	资产类	负债类	所有者权益类		
(1)资产、所有者权益同时增加	借		贷	等量增加	有借必有贷，借贷必相等
(2)资产、所有者权益同时减少	贷		借	等量减少	
(3)资产、负债同时增加	借	贷		等量增加	
(4)资产、负债同时减少	贷	借		等量减少	
(5)资产内一项增加、另一项减少	借、贷			一增一减	
(6)所有者权益内一项增加、另一项减少			借、贷	一增一减	
(7)负债内一项增加、另一项减少		借、贷		一增一减	
(8)一项所有者权益增加、一项负债减少		借	贷	一增一减	
(9)一项负债增加、一项所有者权益减少		贷	借	一增一减	

(四)借贷记账法下的账户对应关系与会计分录

1. 账户的对应关系

账户的对应关系是指采用借贷记账法对每笔交易或事项进行记录时,相关账户之间形成的应借、应贷的相互关系。存在对应关系的账户称为对应账户。

想一想

例 2-1、例 2-2、例 2-3 经济业务的对应账户各是什么?

2. 会计分录

(1)会计分录的含义。会计分录,简称分录,是对每项经济业务列示出应借、应贷的账户名称(科目)及其金额的一种记录。会计分录由应借应贷方向、相互对应的科目及其金额三个要素构成。在我国,会计分录记载于记账凭证中。

(2)会计分录的格式。会计分录书写的格式为:先借后贷,借贷分行,借贷上下错开两个字,金额用阿拉伯数字,金额后面不写元,相同方向的金额对齐。借、贷双方金额错开,便于试算平衡。示例如下:

借:原材料 1 000
　贷:银行存款 1 000

(3)会计分录的编制步骤:
①判断具体经济业务涉及账户的名称及性质;
②判断所涉及的账户的增减变动情况;
③根据所涉及的账户性质及其增减变动情况,确定记入该账户的借方还是贷方;
④确定借方和贷方金额是否相等。

(4)会计分录的分类。按照所涉及账户的多少,会计分录分为简单会计分录和复合会计分录。

简单会计分录指只涉及一个账户借方和另一个账户贷方的会计分录,即一借一贷的会计分录。这种分录,其科目对应关系一目了然。

【例2-4】承例2-1、例2-2,两笔经济业务对应的会计分录分别为:

借:银行存款 5 000
　贷:库存现金 5 000
借:短期借款 30 000
　贷:银行存款 30 000

上述两笔分录都属于简单分录。

复合会计分录指由两个以上(不含两个)对应账户组成的会计分录,即一借多贷、一贷多借或多借多贷的会计分录。

【例2-5】承例2-3,该经济业务对应的会计分录为:

借:原材料 10 000
　贷:银行存款 8 500
　　应付账款 1 500

这便是一个复合会计分录,它是由一个借方科目与两个贷方科目相对应组成的。复合会计分录实际上由几个简单会计分录合并组成,因而有必要时可将其分解为若干个简单会计分录。如上面的复合会计分录可分解为两个简单会计分录:

①借:原材料 8 500
　贷:银行存款 8 500
②借:原材料 1 500
　贷:应付账款 1 500

为了清楚地指明账户的对应关系,一般情况下应编制一借一贷、一借多贷、一贷多借的会计分录。在特殊情况下,一项复杂的经济业务为了完整地反映其来龙去脉,也可编制多借多贷的会计分录。

(五)借贷记账法下的试算平衡

1. 试算平衡的含义

试算平衡,是指根据借贷记账法的记账规则和资产与权益的恒等关系,通过对所有账户的发生额和余额的汇总计算和比较,来检查记录是否正确的一种方法。

2. 试算平衡的分类

(1) 发生额试算平衡

在借贷记账法下,对每笔经济业务,都遵从"有借必有贷,借贷必相等"的记账规律,因此,在一定时期内(如一个月),所有账户的借方本期发生额合计数与贷方本期发生额合计数必然相等,用公式表示为:

全部账户借方发生额合计 = 全部账户贷方发生额合计

(2) 余额试算平衡

根据借贷记账法下的账户结构,只有资产类账户才有借方余额,所以全部总分类账户借方余额的合计数就表示全部资产总额,而只有负债类账户和所有者权益账户存在着贷方余额,因此全部总分类账户的贷方余额合计数就表示企业的负债和所有者权益总计,根据"资产 = 负债 + 所有者权益"的会计等式,资产总额等于负债加所有者权益,所以所有账户的借方余额合计与所有账户的贷方余额合计也必然相等。用公式表示为:

全部账户期初借方余额合计 = 全部账户期初贷方余额合计
全部账户期末借方余额合计 = 全部账户期末贷方余额合计

3. 试算平衡表的编制

在运用借贷记账法对经济业务进行记录的过程中,难免会发生各种记账错误,从而破坏上述的各种平衡关系。为了及时发现账户记录中的错误,保证会计核算资料的正确性,需要定期对账户的发生额及余额做是否保持以上平衡关系的验算,即进行试算平衡。在实际工作中,试算平衡通常是通过编制试算平衡表来进行的。而试算平衡表主要用于企业总账账户之间的核对,其核对方法通过编制"总账账户试算平衡表"来检查。

"总账账户试算平衡表"是借贷记账法最重要的试算平衡工具,它是将企业的全部总账账户分别设置"期初借方余额""期初贷方余额""本期借方发生额""本期贷方发生额""期末借方余额""期末贷方余额"六个专栏,通过汇总计算后,以确定账簿记录的正确性。其格式见表 2 – 12。

表 2 – 12   试算平衡表

会计科目	期初余额		本期发生额		期末余额	
	借方	贷方	借方	贷方	借方	贷方
库存现金						
银行存款						
……						
合计	A1	A2	B1	B2	C1	C2

经过计算后,如果总分类账户本期发生额及余额表中的"期初借方余额"(A1)

与"期初贷方余额"(A2)相等、"本期借方发生额"(B1)与"本期贷方发生额"(B2)相等、"期末借方余额"(C1)和"期末贷方余额"(C2)相等,说明过账基本正确,反之,说明存在着账簿登记错误。

通过总分类账户试算平衡表来试算,如果上述三对汇总数据相等,说明记账基本正确,但不是绝对正确,因为有些错误并不能通过试算平衡表检查出来,这些错误主要包括:

(1)漏记或重记某项业务;

(2)一笔经济业务的借贷双方,在编制会计分录时,金额上发生同样的错误。

(3)一笔业务在编制会计分录时,应借应贷的账户颠倒,或用错了账户。

(4)一笔业务过账时记账方向相反登录,或账户登录错误,或将借贷方金额同时多记或少记;

(5)两笔或多笔经济业务金额登录错误,但借方金额合计正好等于贷方金额合计,或恰好相互抵消。

对于这些记账错误,通过编制总分类账户本期发生额及余额表无法甄别,需要通过其他方法来进一步检查。

【例2-6】已知宏达公司2019年8月1日账户期初余额表2-13所示。

表2-13　　　　　　宏达公司总账账户期初余额表

2019年8月1日　　　　　　　　　　　　　　　单位:元

资产	期初余额	负债及所有者权益	期初余额
库存现金	1 800	应付账款	90 000
银行存款	250 000	短期借款	151 000
应收账款	186 000	实收资本	410 800
原材料	64 000	盈余公积	270 000
固定资产	420 000		
合计	921 800	合计	921 800

2019年8月,该公司发生如下经济业务:

(1)8月8日,公司取得兴华公司追加的投资款60 000元,存入银行户。

(2)8月10日,公司向供应单位购进材料一批,价格20 000元,货款暂欠,材料已验收入库。

(3)8月16日,公司用银行存款支付采购材料所欠货款20 000元。

(4)8月20日,公司从银行提取现金6 000元,以备零星开支。

(5)8月21日,公司用银行存款90 000元购买一台生产设备。

(6)8月25日,公司以前购买材料所欠的应付账款30 000元到期,但公司暂无款支付,向银行借入短期借款 30 000 元,用于归还应付的货款。

(7)8 月 28 日,公司收到以前销售产品的应收账款 180 000 元,存入银行账户。

(8)8 月 31 日,经批准企业用盈余公积 100 000 元,转增资本。

(9)8 月 31 日,公司购买材料所欠的货款 40 000 元,债权人同意放弃债权,转作投资投入公司。

要求:1. 根据上述九笔经济业务,编制相应的会计分录。

(1)借:银行存款　　　　　　　　　　　　　　　　60 000
　　　贷:实收资本　　　　　　　　　　　　　　　　60 000

(2)借:原材料　　　　　　　　　　　　　　　　　20 000
　　　贷:应付账款　　　　　　　　　　　　　　　　20 000

(3)借:应付账款　　　　　　　　　　　　　　　　200 000
　　　贷:银行存款　　　　　　　　　　　　　　　　20 000

(4)借:库存现金　　　　　　　　　　　　　　　　6 000
　　　贷:银行存款　　　　　　　　　　　　　　　　6 000

(5)借:固定资产　　　　　　　　　　　　　　　　90 000
　　　贷:银行存款　　　　　　　　　　　　　　　　90 000

(6)借:应付账款　　　　　　　　　　　　　　　　30 000
　　　贷:短期借款　　　　　　　　　　　　　　　　30 000

(7)借:银行存款　　　　　　　　　　　　　　　　180 000
　　　贷:应收账款　　　　　　　　　　　　　　　　180 000

(8)借:盈余公积　　　　　　　　　　　　　　　　100 000
　　　贷:实收资本　　　　　　　　　　　　　　　　100 000

(9)借:应付账款　　　　　　　　　　　　　　　　40 000
　　　贷:实收资本　　　　　　　　　　　　　　　　40 000

2. 根据上述公司 2019 年 8 月 1 日账户期初余额表和会计分录过账,在有关账户中登记,并结算出每个账户的本期发生额合计数和期末余额,如图 2 - 12 所示。

借方	库存现金	贷方
期初余额:1 800		
本期增加额:(4)6 000		
本期发生额:6 000		
期末余额:7 800		

借方	银行存款	贷方
期初余额:250 000		
本期增加额:(1)60 000　　(7)180 000	本期减少额:(3)20 000　　(4) 6 000　　(5)90 000	
本期发生额:240 000	本期发生额:116 000	
期末余额:374 000		

借方	应收账款	贷方
期初余额:186 000		
本期增加额:	本期减少额:(7)180 000	
本期发生额:	本期发生额:180 000	
期末余额:6 000		

借方	原材料	贷方
期初余额:64 000		
本期增加额:(2)20 000	本期减少额:	
本期发生额:20 000	本期发生额:	
期末余额:84 000		

借方	固定资产	贷方
期初余额:420 000		
本期增加额:(5)90 000	本期减少额:	
本期发生额:90 000	本期发生额:	
期末余额:510 000		

借方	短期借款	贷方
	期初余额:51 000	
本期减少额:	本期增加额:(6)30 000	
本期发生额:	本期发生额:30 000	
	期末余额:81 000	

借方	应付账款	贷方
	期初余额:90 000	
本期减少额:(3)20 000 　　　　　　(6)30 000 　　　　　　(9)40 000	本期增加额:(2)20 000	
本期发生额:90 000	本期发生额:20 000	
	期末余额:20 000	

借方	盈余公积	贷方
	期初余额:270 000	
本期减少额:(8)100 000	本期增加额:	
本期发生额:100 000	本期发生额:	
	期末余额:170 000	

借方	实收资本	贷方
	期初余额:410 800	
	本期增加额:(1)60 000	
	本期增加额:(8)100 000	
	本期增加额:(9)40 000	
本期发生额:	本期发生额:200 000	
	期末余额:610 800	

图 2-12　宏达公司每个账户本期发生额合计数和期末余额

3. 根据图 2-12"T"字形账簿记录,编制总分类账户试算平衡表进行试算平衡,如表 2-14 所示。

表 2-14　　　　　宏达公司总分类账试算平衡表
2019 年 8 月 31 日　　　　　　　　　　　单位:元

会计科目	期初余额		本期发生额		期末余额	
	借方	贷方	借方	贷方	借方	贷方
库存现金	1 800		6 000		7 800	
银行存款	250 000		240 000	116 000	374 000	

续表

会计科目	期初余额		本期发生额		期末余额	
	借方	贷方	借方	贷方	借方	贷方
应收账款	186 000			180 000	6 000	
原材料	64 000		20 000		84 000	
固定资产	420 000		90 000		510 000	
应付账款		90 000	90 000	20 000		20 000
短期借款		151 000		30 000		181 000
实收资本		410 800		200 000		610 800
盈余公积		270 000		100 000		170 000
合计	921 800	921 800	546 000	546 000	981 800	981 800

第三节 总分类账与明细分类账的平行登记

一、总分类账和明细分类账的设置

账户的开设是和会计科目的设置相适应的。会计科目分为总分类科目和明细分类科目,账户也就相应地分成总分类账户和明细分类账户。

总分类账户及其所属明细分类账户在核算内容上是相同的,登记的原始依据也相同,只是两者对各个会计要素增减变化及其结果的反映的详细程度不同,前者是总括反映,后者是详细反映。总分类账户是反映其所属明细分类账户的总括资料,对明细分类账户起统驭作用,所以实际工作中常称其为明细分类账户的"统驭账户"或"控制账户";明细分类账户是总分类账户的详细说明,对总分类账户所反映的总括资料做补充说明,所以称其为总分类账户的"辅助账户"。

例如,在"原材料"账户下按每一种原材料分别设置明细分类账户,既能通过"原材料"总分类账户总括反映所有原材料增减变化及其结果,又能通过其明细分类账户详细、具体地反映每一种原材料的增减变化和结果。又如,"应付账款"只能总括反映全部应付账款结算情况,不能详细、具体地反映出每一债权人的情况,为此,需要在"应付账款"账户下按每一债权人设置明细分类账。明细分类账户的设置应遵循重要性原则,对重要经济业务应分项核算、分别反映。例如:"应收账款"账户可按客户设置明细分类账户,"应交税费"账户可按税种设置明细分类账户。

对于一些比较复杂的经济业务内容,还可在总分类账户和明细分类账户之间再设二级账户。如"原材料"账户除设总分类账户、明细分类账户外,可按原材料大类设置"原料及主要材料""燃料""周转材料""自制半成品"等二级账户。另外,有些核算内容可以将二级账户提升为一级账户核算,如上述"燃料""周转材料""自制半成品"亦可根据需要作为总分类账户。

二、总分类账户和明细分类账户的平行登记的要点

所谓平行登记,是指对所发生的每项经济业务都要以会计凭证为依据,一方面要记入有关总分类账户,另一方面也要记入有关总分类账户所属明细分类账户的方法。虽然总分类账户、明细分类账户提供的核算内容的详细程度不同,但两者核算内容是一致的,因而在会计核算中,应当采用平行登记方法(不需要设置明细分类账的除外)。也就是,对每一项经济业务,一方面要在总分类账户中总括登记,另一方面还要在该总分类账户所属明细分类账户中明细登记。平行登记有时亦称平行处理。

总分类账户和明细分类账户的平行登记的要点是:

(一) 方向相同

每一项经济业务发生后,记入总分类账户和明细分类账户的记账方向应相同。即总分类账户记在借方,其所属明细分类账户亦记在借方;总分类账户记在贷方,其所属明细分类账户亦记在贷方。

(二) 期间一致

对于每一项经济业务,应根据审核无误后的同一凭证,在同一会计期间内,一方面记入有关的总分类账户,另一方面要记入同期该总分类账户所属的明细分类账户。

(三) 金额相等

对于发生的每一项经济业务,记入总分类账户的金额必须与记入所属明细分类账户的金额之和相等。

总分类账和明细分类账平行登记之后可产生以下数量关系:

总分类账户期初借(或贷)方余额 = 所属明细分类账户期初借(或贷)方余额之和
总分类账户本期借(或贷)方发生额 = 所属明细分类账户本期借(或贷)方发生额之和
总分类账户期末借(或贷)方余额 = 所属明细分类账户期末借(或贷)方余额之和

在会计核算过程中,通过利用这种数量相等关系来检查总分类账和明细分类账记录的完整性和正确性。

下面以原材料和应付账款两个账户为例,说明总分类账与明细分类账平行登记的方法。

【例2-7】甲公司2018年10月份总分类账及其所属明细分类账户月初余额如下:

(1)材料总分类账户期初余额如表 2-15 所示。

表 2-15　　　　　　　　　　科目名称:原材料

名称	数量/千克	单价/元	金额
甲材料	7 000	3	21 000
乙材料	5 000	5	25 000

(2)应付账款明细分类账户期初余额如表 2-16 所示。

表 2-16　　　　　　　　　　科目名称:应付账款

A 公司	贷方	78 000
B 公司	贷方	72 000
合计	贷方	150 000

(3)根据本月发生的经济业务,编制会计分录:

①7 日,生产产品领用甲材料 3 000 千克,乙材料 2 500 千克。

借:生产成本　　　　　　　　　　　　　　　　　　　　21 500
　　贷:原材料——甲材料　　　　　　　　　　　　　　　9 000
　　　　——乙材料　　　　　　　　　　　　　　　　　12 500

②17 日,向 A 公司赊购甲材料 5 000 千克,单价 3 元。该材料已经验收入库,货款尚未支付。

借:原材料——甲材料　　　　　　　　　　　　　　　　15 000
　　贷:应付账款——A 公司　　　　　　　　　　　　　　15 000

③23 日,向 B 公司购入乙材料 2 000 千克,单价 5 元,该材料已经验收入库,货款尚未支付。

借:原材料——乙材料　　　　　　　　　　　　　　　　10 000
　　贷:应付账款——B 公司　　　　　　　　　　　　　　10 000

④28 日,开出转账支票支付本月赊购的货款。

借:应付账款——A 公司　　　　　　　　　　　　　　　15 000
　　　　——B 公司　　　　　　　　　　　　　　　　　10 000
　　贷:银行存款　　　　　　　　　　　　　　　　　　　25 000

根据上述会计分录,在总分类账户与明细分类账户中进行平行登记,如表 2-17 至表 2-22 所示。

表2-17　　　　　　　　　　　　　总分类账

会计科目：原材料　　　　　　　　　　　　　　　　　　　　　　　　第　　页

2018年		凭证号数	摘要	借方	贷方	借或贷	余额
月	日						
10	1		期初余额			借	46 000
10	7	略	领用材料		21 500	借	24 500
10	17	略	赊购甲材料	15 000		借	39 500
10	23	略	赊购乙材料	10 000		借	49 500
10	31		本月合计	25 000	21 500	借	49 500

表2-18　　　　　　　　　　　　　原材料明细分类账

材料名称：甲材料　　　　　　　　　　　　　　　　　　　　　　　　计量单位：千克

2018年		凭证号数	摘要	收入			发出			结存		
月	日			数量	单价	金额	数量	单价	金额	数量	单价	金额
10	1		期初余额							7 000	3	21 000
10	7	略	生产领用				3 000	3	9 000	4 000	3	12 000
10	17	略	采购	50 00	3	15 000				9 000	3	27 000
10	31		本月合计	50 00	3	15 000	3 000	3	9 000	9 000	3	27 000

表2-19　　　　　　　　　　　　　原材料明细分类账

材料名称：乙材料　　　　　　　　　　　　　　　　　　　　　　　　计量单位：千克

2018年		凭证号数	摘要	收入			发出			结存		
月	日			数量	单价	金额	数量	单价	金额	数量	单价	金额
10	1		期初余额							5 000	5	25 000
10	7	略	生产领用				2 500	5	12 500	2 500	5	12 500
10	23	略	采购	2 000	5	10 000				4 500	5	22 500
10	31		本月合计	2 000	5	10 000	2 500	5	12 500	4 500	5	22 500

表2-20　　　　　　　　　　　　　总分类账

会计科目：应付账款　　　　　　　　　　　　　　　　　　　　　　　第　　页

2018年		凭证号数	摘要	借方	贷方	借或贷	余额
月	日						
10	1		期初余额			贷	150 000
10	17	略	赊购甲材料		15 000	贷	165 000
10	23	略	赊购乙材料		10 000	贷	175 000
10	28	略	支付货款	25 000		贷	150 000
10	31		本月合计	25 000	25 000	贷	150 000

表 2-21　　　　　　　　　　　应付账款明细账

明细科目：A 公司　　　　　　　　　　　　　　　　　　　　　第　　页

2018 年		凭证号数	摘要	借方	贷方	借或贷	余额
月	日						
10	1		期初余额			贷	78 000
10	17	略	采购甲材料		15 000	贷	93 000
10	28	略	支付货款	15 000		贷	78 000
10	31		本月合计	15 000	15 000	贷	78 000

表 2-22　　　　　　　　　　　应付账款明细账

明细科目：B 公司　　　　　　　　　　　　　　　　　　　　　第　　页

2018 年		凭证号数	摘要	借方	贷方	借或贷	余额
月	日						
10	1		期初余额			贷	72 000
10	23	略	采购乙材料		10 000	贷	82 000
10	28	略	支付货款	10 000		贷	72 000
10	31		本月合计	10 000	10 000	贷	72 000

总分类账户与所属明细分类账户采取了平行登记方法，登记的结果对不对，是否平衡，需要通过编制总账与明细账发生额及余额对照表来进行试算。

表 2-23　　　　　　　总账与明细账发生额及余额对照表

2018 年 10 月　　　　　　　　　　　　　　　　单位：元

会计科目	期初余额		本期发生额		期末余额	
	借方	贷方	借方	贷方	借方	贷方
原材料	4 6000		25 000	21 500	49 500	
甲材料	21 000		15 000	9 000	27 000	
乙材料	25 000		10 000	12 500	22 500	
应付账款		150 000	25 000	25 000		150 000
A 公司		78 000	15 000	15 000		78 000
B 公司		72 000	10 000	10 000		72 000

实训任务

实训任务一：账户的结构

根据账户的结构，填写表 2-24 中的空格。（单位：元）

表 2-24

账户名称	期初余额		本期发生额		期末余额	
	借方	贷方	借方	贷方	借方	贷方
库存现金	110		220	（ ）	210	
银行存款	（ ）		10 700	57 00	16 000	
应收账款	2 500		（ ）	9 000	45 000	
原材料	20 000		11 000	（ ）	11 000	
短期借款		3 500	3 000	（ ）		6 000
预收账款		10 000	9 000	（ ）		1 000
实收资本		70 000	（ ）	（ ）		70 000

实训任务二：试算平衡

已知肇庆利达有公司 2019 年 8 月 1 日有关账户期初余额资料如表 2-25 所示。

表 2-25　　肇庆利达有公司 2019 年 8 月 1 日账户期初余额表　　单位：元

资产	期初余额	负债及所有者权益	期初余额
库存现金	3 000	短期借款	140 000
银行存款	250 000	应付账款	90 000
应收账款	180 000	实收资本	367 000
原材料	64 000	盈余公积	220 000
固定资产	320 000		
合计	817 000	合计	817 000

2019 年 8 月，该公司发生如下经济业务：

(1) 8 月 2 日，公司取得德兴公司追加的投资款 80 000 元，存入银行户。

(2) 8 月 10 日，公司向甲公司购进原材料一批，价格 20 000 元，货款暂欠，材料已验收入库。

(3)8月12日,公司用银行存款支付上述原材料所欠货款20 000元。

(4)8月13日,公司从银行提取现金10 000元,备发工资。

(5)8月18日,公司用银行存款70 000元购买一套新设备。

(6)8月20日,公司向银行借入短期借款50 000元,用于归还前欠的货款。

(7)8月22日,公司收到以前销售产品的应收账款110 000元,存入银行账户。

(8)8月31日,经批准,企业用盈余公积70 000元,转增资本。

(9)8月31日,经批准,公司购买材料所欠的货款40 000元,转作投资投入公司。

要求:

1. 根据上述经济业务,编制相应的会计分录。

2. 根据上述公司2019年8月1日账户期初余额表和会计分录在有关账户中登记,并结算出每个账户的本期发生额合计数和期末余额。请在表2-26至表2-34填示。

表2-26 借方　　　　　　　　　库存现金　　　　　　　　　贷方

期初余额:	
本期增加额:	
本期发生额:	
期末余额:	

表2-27 借方　　　　　　　　　银行存款　　　　　　　　　贷方

期初余额:	
本期增加额:	本期减少额:
本期发生额:	本期发生额:
期末余额:	

表2-28 借方　　　　　　　　　应收账款　　　　　　　　　贷方

期初余额:	
本期增加额:	本期减少额:
本期发生额:	本期发生额:
期末余额:	

表 2-29　借方　　　　　　　　原材料　　　　　　　　贷方

期初余额：	
本期增加额：	本期减少额：
本期发生额：	本期发生额：
期末余额：	

表 2-30　借方　　　　　　　　固定资产　　　　　　　贷方

期初余额：	
本期增加额：	本期减少额：
本期发生额：	本期发生额：
期末余额：	

表 2-31　借方　　　　　　　　短期借款　　　　　　　贷方

	期初余额：
本期减少额：	本期增加额：
本期发生额：	本期发生额：
	期末余额：

表 2-32　借方　　　　　　　　应付账款　　　　　　　贷方

	期初余额：
本期减少额：	本期增加额：
本期发生额：	本期发生额：
	期末余额：

表 2-33　借方　　　　　　　　实收资本　　　　　　　贷方

	期初余额：
	本期增加额：
	本期增加额：
	本期增加额：
本期发生额：	本期发生额：
	期末余额：

表 2-34　　借方　　　　　　　　盈余公积　　　　　　　　　　贷方

	期初余额：
本期减少额：	本期增加额：
本期发生额：	本期发生额：
	期末余额：

3. 根据账簿记录，编制总分类账户试算平衡表进行试算平衡，请在表 2-35 填示。

表 2-35　　　　　　　　肇庆利达有公司总分类账试算平衡表

2019 年 8 月 31 日　　　　　　　　　　　单位：元

会计科目	期初余额		本期发生额		期末余额	
	借方	贷方	借方	贷方	借方	贷方
库存现金						
银行存款						
应收账款						
原材料						
固定资产						
短期借款						
应付账款						
实收资本						
盈余公积						
合计						

第三章　借贷记账法应用

【教学目标】
1. 熟悉企业资金的循环与周转过程。
2. 掌握核算企业主要经济业务的会计账户。
3. 掌握企业主要经济业务的会计核算。
4. 掌握企业净利润的计算。
5. 掌握企业净利润的分配。

第一节　借贷记账法应用概述

由于工业企业的生产经营活动复杂,涉及的环节多,本章将以工业企业的基本经济业务为例,阐述会计账户和借贷记账法的应用。

工业企业是指依法成立的,从事工业商品生产经营活动,经济上实行独立核算、自负盈亏,法律上具有法人资格的经济组织。

企业要开展经营活动完成经营目标,就需要从各种渠道筹集一定的资金。投资者投入的资本金是一个重要的资金来源,另外,企业还可以通过负债方式向债权人借入资金,这些资金进入企业后,会随着企业经营过程的开展和经济业务的发生,转换其占用形态。

工业企业的经营过程包括供应过程、生产过程和销售过程。企业的经营资金依次顺序经过这三个过程,不断地循环和周转。而会计核算就是要反映、监督经营资金的循环和周转,以及其保值和增值情况。

在供应过程,企业要购置生产所需的机器设备,以及为生产采购准备各种材料,企业经营资金由货币资金转化成储备资金。其主要的经济业务是固定资产购建,材料采购成本的计算和结转,以及由此产生的相关账款的结算。

在生产过程,企业为制造产品会发生各种耗费。在供应过程,采购的原材料随着生产的领用,由材料储备资金变成生产资金,固定资产随着在生产中的损耗,以折旧的形式逐渐变成生产资金;生产工人在生产中的活劳动形成了工资及福利费等人工费;生产车间为管理和组织生产而发生各种间接耗费。最终经过生产制造过程,形成产成品,生产资金转化为成品资金。其主要的经济业务是生产制造过程中发生的各种费用的归集和分配,以及产品生产成本的计算和结转。

在销售过程,企业销售产品,收回货款,一方面,企业产品的生产成本等形成了产品的销售成本,在销售中发生的各种耗费形成销售费用。另一方面,取得了销售收入,企业的销售成本和销售费用得到了补偿,其超出部分则形成了企业的利润。企业的产品资金转化为货币资金,实现了经营资金的保值和增值。其主要的经济业务为产品销售收入及销售成本的确认,以及由此形成的销售账款的结算,并在此基础上确定利润,按规定的办法和分配顺序进行利润的分配。

针对企业生产经营过程中发生的上述经济业务,账务处理的主要内容有:①资金筹集业务的账务处理;②供应过程业务的账务处理;③生产过程业务的账务处理;④销售业务的账务处理;⑤利润形成与分配业务的账务处理。

肇庆宏达有限责任公司是一个典型的制造类企业,主要经营日用产品的生产与销售,主要的产品有两种:A 产品、B 产品。经税务机关核定为增值税一般纳税人,增值税税率为13%;企业所得税税率为25%;城市维护建设税税率为7%;教育费附加为3%。以下以肇庆宏达有限责任公司(简称宏达公司)2018 年 12 月发生的相关经济业务为例,说明工业企业依次在资金筹集、供应过程、生产过程、销售过程、利润形成和利润分配过程发生的经济业务核算。

第二节 资金筹集业务的核算

一、资金筹集的基本内容

企业进行生产经营所需的资金主要来源于两个渠道:一是所有者投入的资金;二是从债权人借入的资金。

(一)所有者投入的资金

所有者投入的资金,称为投入资本(权益资本),这部分资金的所有者对企业资产产生要求权,从而形成所有者权益。也就是说,这部分资金的所有者既享有企业的经营收益,也承担企业的经营风险。

企业的主要投资者包括国家、法人单位、个人和外商。投资可以采用货币资金、实物资产及无形资产等形式。

所有者投入的资本主要包括实收资本(或股本)和资本公积。

实收资本(或股本)是指企业的投资者按照企业章程、合同或协议的约定实际投入企业的资本金,以及按照有关规定由资本公积、盈余公积等转增资本的资金。

资本公积是企业收到投资者投入的超出其在企业注册资本(或股本)中所占份额的投资以及直接计入所有者权益的利得和损失等。资本公积作为企业所有者权益的重要组成部分,主要用于转增资本。

(二)从债权人借入的资金

从债权人借入的资金,称为借入资金(债务资本),这部分资金的所有者对企业资产有要求权,从而形成负债。也就是说,这部分资本的所有者享有按约定收回本金和利息的权利。企业借入的资金主要是从银行或者其他金融机构取得的各种短期借款和长期借款。

短期借款是指企业为了满足其生产经营对资金的临时性需要而向银行或其他金融机构等借入的偿还期限在一年以内(含一年)的各种借款。长期借款是指企业向银行或其他金融机构等借入的偿还期限在一年以上(不含一年)的各种借款。

二、资金筹集业务的核算应设置的账户

(一)投入资本核算的账户设置

为了核算企业的投入资本,通常设置以下账户:

1. "实收资本(或股本)"账户

(1)性质:所有者权益类账户。

(2)核算内容:用以核算企业接受投资者投入的实收资本。

(3)明细账户:可按投资者设置明细账户。

(4)账户结构:

借方	实收资本(股本)	贷方
	期初余额:	
所有者投入企业资本金的减少额	所有者投入企业资本金的增加额	
	期末余额:企业实收资本(或股本)总额	

2. "资本公积"账户

(1)性质:所有者权益类账户。

(2)核算内容:用以核算企业收到投资者出资额超出其在注册资本或股本中所占份额的部分,以及直接计入所有者权益的利得和损失等。

(3)明细账户:可按资本公积的具体来源项目设置明细账户。

(4)账户结构:

借方	资本公积	贷方
	期初余额:	
资本公积的减少额	资本公积的增加额	
	期末余额:企业结余的资本公积	

3. "盈余公积"账户

(1)性质:所有者权益类账户。

(2)核算内容:用以核算企业从净利润中提取的盈余公积。

(3)明细账户:可分别按"法定盈余公积""任意盈余公积"设置明细账户。
(4)账户结构:

借方	盈余公积	贷方
实际使用的盈余公积(用于弥补亏损或转增资本)	期初余额: 提取的盈余公积 期末余额:企业结余的盈余公积	

4."银行存款"账户
(1)性质:资产类账户。
(2)核算内容:用以核算企业存入银行或其他金融机构的各种款项。
(3)明细账户:可按开户银行、存款种类等设置明细账户。
(4)账户结构:

借方	银行存款	贷方
期初余额: 存入银行或其他金融机构的款项 期末余额:企业存在银行或其他金融机构的各种款项	提取或支出的存款	

5."固定资产"账户
(1)性质:资产类账户。
(2)核算内容:用以核算企业持有的固定资产原价。
(3)明细账户:可按固定资产的类别和项目设置明细账户。
(4)账户结构:

借方	固定资产	贷方
期初余额: 增加的固定资产原值 期末余额:企业固定资产的原值	减少的固定资产原值	

 小知识

外购固定资产的成本,包括购买价款、相关税费、使固定资产达到预定可使用状态前所

发生的可归属于该项资产的运输费、装卸费、安装费和专业人员服务费等。

6."无形资产"账户
(1)性质:资产类账户。
(2)核算内容:用以核算企业持有的无形资产成本,包括专利权、专有技术、商标权、著作权、土地使用权等。
(3)明细账户:可按无形资产的项目设置明细账户。
(4)账户结构:

借方	无形资产	贷方
期初余额: 取得的无形资产成本		处置的无形资产的成本
期末余额:企业持有的无形资产的成本		

(二)借入资金核算的账户设置

为了核算企业的借入资金,通常设置以下账户:

1."短期借款"账户
(1)性质:负债类账户。
(2)核算内容:用以核算企业向银行或其他金融机构等借入的偿还期限在一年以内(含一年)的各种借款。
(3)明细账户:可按借款种类、债权人和币种设置明细账户。
(4)账户结构:

借方	短期借款	贷方
偿还借款的本金数额		期初余额: 取得借款的本金数额
		期末余额:企业尚未归还的本金数额

2."长期借款"账户
(1)性质:负债类账户。
(2)核算内容:用以核算企业向银行或其他金融机构等借入的偿还期限在一年以上(不含一年)的各种借款。
(3)明细账户:可按债权人和贷款种类设置明细账户。
(4)账户结构:

借方	长期借款	贷方
偿还借款的本金及利息	期初余额： 取得借款的本金及利息	
	期末余额：企业尚未归还的长期借款	

3. "财务费用"账户

(1)性质：损益类账户。

(2)核算内容：用以核算企业为筹集生产经营所需资金等而发生的筹资费用，包括利息支出(减利息收入)、汇兑损益以及相关的手续费、企业发生的现金折扣或收到的现金折扣等。

(3)明细账户：可按费用项目设置明细账户。

(4)账户结构：

借方	财务费用	贷方
发生的各项财务费用	期末结转到"本年利润"账户的财务费用	

4. "应付利息"账户

(1)性质：负债类账户。

(2)核算内容：用以核算企业按照合同约定应支付的利息,包括吸收存款、分期付息到期还本的长期借款、企业债券等应支付的利息。

(3)明细账户：可按存款人或债权人设置明细账户。

(4)账户结构：

借方	应付利息	贷方
实际支付的利息	期初余额： 计提应付未付的利息	
	期末余额：企业应付未付的利息	

三、资金筹集业务的核算实例

以宏达公司2018年12月份发生的经济业务为例，说明资金筹集业务的核算。

(一)投入资本的核算

企业接受投资者投入的资本，借记"银行存款""固定资产""无形资产"

"长期股权投资"等科目,按其在注册资本或股本中所占份额,贷记"实收资本(或股本)"科目,按其差额,贷记"资本公积——资本溢价(或股本溢价)"科目。

【例3-1】12月1日,宏达公司收到华新公司投资100 000元,存入银行。

该项经济业务发生后,会计人员应编制如下会计分录:

借:银行存款　　　　　　　　　　　　　　　　　　　　100 000
　　贷:实收资本——华新公司　　　　　　　　　　　　　　100 000

【例3-2】12月3日,宏达公司收到联营单位正大公司投入全新的设备一台,价值80 000元;投入专利权一项,价值100 000元。双方协商占宏达公司注册资本120 000元。该项经济业务发生后,会计人员应编制如下会计分录:

借:固定资产　　　　　　　　　　　　　　　　　　　　80 000
　　无形资产　　　　　　　　　　　　　　　　　　　　100 000
　　贷:实收资本——正大公司　　　　　　　　　　　　　　120 000
　　　　资本公积——资本溢价　　　　　　　　　　　　　　60 000

【例3-3】12月10日,宏达公司按法定程序办妥增资手续,以资本公积100 000元转增资本,同时将盈余公积150 000元转增资本。

假定不考虑其他因素,该项经济业务发生后,会计人员应编制如下会计分录:

借:资本公积　　　　　　　　　　　　　　　　　　　　100 000
　　盈余公积　　　　　　　　　　　　　　　　　　　　150 000
　　贷:实收资本　　　　　　　　　　　　　　　　　　　　250 000

(二)借入资本的核算

1. 短期借款的账务处理

企业借入的各种短期借款,借记"银行存款"科目,贷记"短期借款"科目;归还借款时做相反的会计分录。资产负债表日,应按计算确定的短期借款利息费用,借记"财务费用"科目,贷记"银行存款""应付利息"等科目。

【例3-4】2018年12月1日宏达公司向工商银行借入一笔生产经营用短期借款,共计60 000元,期限为3个月,年利率为4%。根据与银行签署的借款协议,该项借款利息采用分月预提,借款利息于偿还本金时一并偿还。

(1)12月1日借入短期借款时,会计人员应编制如下会计分录:

借:银行存款　　　　　　　　　　　　　　　　　　　　60 000
　　贷:短期借款　　　　　　　　　　　　　　　　　　　　60 000

(2)12月31日,计算并提取当月借款利息时:

①公司月末应计提的借款利息 = 60 000 × 4%/12 × 1 = 200(元)

②会计人员应编制如下会计分录:

借:财务费用　　　　　　　　　　　　　　　　　　　　200
　　贷:应付利息　　　　　　　　　　　　　　　　　　　　200

问题1:2019年1月31日、2019年2月28日,月末计提短期借款利息时的分录如何编制?

问题2:2019年2月28日,到期还本付息时的分录如何编制?

2. 长期借款的账务处理

企业借入长期借款,应按实际收到的金额借记"银行存款"科目,按借款本金贷记"长期借款——本金"科目,如存在差额,还应借记"长期借款——利息调整"科目。

资产负债表日,应按确定的长期借款的利息费用,借记"在建工程""制造费用""财务费用""研发支出"等科目,按确定的应付未付利息,贷记"应付利息"科目,按其差额,贷记"长期借款——利息调整"等科目。

【例3-5】2018年12月1日宏达公司从建设银行借入资金1 000 000元,借款期限为3年,年利率为8.4%。借款协议规定,借款利息于偿还本金时一并偿还。借入款项已存入该公司的开户银行。假设公司不符合长期借款利息资本化的条件。

12月1日借入长期借款时,会计人员应编制如下会计分录:

借:银行存款　　　　　　　　　　　　　　　　　　　　1 000 000
　　贷:长期借款——本金　　　　　　　　　　　　　　　　1 000 000

第三节　供应过程业务的核算

一、供应过程的基本内容

工业企业在供应过程的主要经济活动是根据生产的需要采购各种原材料,并根据经济合同和相关结算制度进行账款的结算。因此,供应过程的主要核算内容是材料采购成本的计量、与供货单位办理货款结算、材料验收入库等。

(一)材料采购成本

材料的采购成本是指企业物资从采购到入库前所发生的全部支出,包括购买价款和采购费用。

(1)购买价款:指企业购买材料或商品的发票账单上列明的价款,但不包括按规定可抵扣的增值税进项税额。

(2)采购费用:包括相关税费(不包括可抵扣的增值税)、运输费、装卸费、保险费以及其他可归属于采购成本的费用。

(二)货款结算

企业外购材料向供货单位支付款项,一般应通过银行进行转账结算,可采用的结算方式有:支票、银行汇票、商业汇票、银行本票、汇兑、托收承付、委托收款等。如果企业资金紧张,经供货单位同意,也可以采用赊销,但企业应在付款期内按期付款。

(三)材料验收入库

外购材料在采购过程中,尚未到达企业,验收入库之前,称为在途物资;在途物资到达企业,验收入库后,称为原材料。一般来说,当天采购的材料当天验收入库,材料采购成本可直接计入原材料成本;如果不是当天验收入库,则采购成本先计入在途物资成本,待验收入库后,再计入原材料成本。

二、供应过程业务的核算应设置的账户

为了核算企业供应过程的业务,通常设置以下账户:

(一)"在途物资"账户

性质:资产类账户。

核算内容:用以核算企业采用实际成本(或进价)进行材料、商品等物资的日常核算、货款已付尚未验收入库的材料或商品的采购成本。

明细账户:可按供应单位和物资品种设置明细账户。

账户结构:

借方	在途物资	贷方
期初余额:		
购入材料、商品等物资的实际采购成本	已验收入库材料、商品等物资应结转的实际采购成本	
期末余额:企业在途材料、商品等物资的采购成本		

(二)"原材料"账户

性质:资产类账户。

核算内容:用以核算企业库存的各种材料(包括原料及主要材料、辅助材料、外购半成品、外购件、修理用备件、包装材料、燃料等)的收发与结存情况。

明细账户:可按材料的类别、品种和规格等设置明细账户。

账户结构:(原材料按实际成本核算时)

借方	原材料	贷方
期初余额:		
已验收入库材料的实际成本	发出材料的实际成本	
期末余额:企业库存材料的实际成本		

(三)"应交税费"账户

性质:负债类账户。

核算内容:用以核算企业按照税法等规定计算应交纳的各种税费,包括增值税、消费税、营业税、所得税、资源税、土地增值税、城市维护建设税、房产税、土地使用税、车船使用税、教育费附加等。

明细账户:可按应交的税费项目设置明细账户。

账户结构:

借方	应交税费	贷方
实际缴纳的各种税费	期初余额: 各种应交未交的税费	
期末余额:企业多交或尚未抵扣的税费	期末余额:企业尚未交纳的税费	

为了计算企业应交增值税的发生、缴纳、退税及转出等情况,应在"应交税费"账户下设置"应交增值税"明细账户。

借方	应交税费——应交增值税	贷方
②购买材料时支付的进项税额 ③已交的税金	期初余额: ①销售商品时收取的销售税额	
	期末余额:企业尚未交纳的税额	

【相关链接】

增值税小知识

增值税是以商品(含应税劳务)在流转过程中产生的增值额作为计税依据而征收的一种流转税。

1. 征税范围

征税范围的基本规定:

(1)销售或者进口货物;

(2)提供加工、修理修配劳务;

(3)销售服务、无形资产或不动产。

2. 增值税的纳税人

增值税纳税人是在我国境内销售、进口货物或者提供加工、修理、修配劳务以及销售服务、无形资产或不动产的单位和个人。按照经营规模的大小和会计核算健全与否等标准,增值税纳税人可分为一般纳税人和小规模纳税人。

(1)增值税一般纳税人。一般纳税人是指年应征增值税销售额超过《增值税暂行条例实施细则》规定的小规模纳税人标准的企业和企业性单位。

（2）小规模纳税人。小规模纳税人是指年销售额在规定标准以下，并且会计核算不健全，不能按规定报送有关税务资料的增值税纳税人。

3. 增值税税率

（1）基本税率。增值税一般纳税人销售和进口货物（除执行10%低税率的货物以外），提供加工、修理修配劳务，销售有形动产租赁服务，税率一律为13%，也即基本税律。

（2）低税率。具体又分以下两档。

①9%：增值税一般纳税人销售交通运输、邮政、基础电信、建筑、不动产租赁服务，销售不动产，转让土地使用权，销售或者进口特定货物，例如粮食、食用植物油、自来水、暖气等。

②6%：增值税一般纳税人销售增值电信服务、金融服务、生活服务，销售无形资产（转让土地使用权除外）等。

（3）零税率。纳税人出口货物，一般适用零税率。

（4）征收率。小规模纳税人增值税征收率为3%。

4. 增值税一般纳税人应纳税额的计算

我国增值税实行扣税法。一般纳税人凭增值税专用发票及其他合法扣税凭证注明税款进行抵扣，其应纳增值税的计算公式为：

$$应纳增值税税额 = 当期销项税额 - 当期进项税额$$
$$= 当期销售额 \times 适用税率 - 当期进项税额$$

（四）"应付账款"账户

性质：负债类账户。

核算内容：用以核算企业因购买材料、商品和接受劳务等经营活动应支付给供应单位的款项。

明细账户：可按供应单位设置明细账户。

账户结构：

借方	应付账款	贷方
	期初余额：	
偿还的应付款项	企业因购入材料、商品和接受劳务等尚未支付的款项	
期末余额：企业预付的款项	期末余额：企业尚未支付的应付款项	

（五）"预付账款"账户

性质：资产类账户。

核算内容：用以核算企业因按照合同规定预付给供应单位的款项。

明细账户：可按供应单位设置明细账户。

账户结构：

借方	预付账款	贷方
期初余额：		
①企业因购货等业务预付的款项 ②补付的款项		③企业收到货物后应支付的款项 ④退回多付的款项
期末余额：企业预付的款项		期末余额：企业尚需补付的款项

预付款项情况不多的，也可以不设置该账户，将预付的款项直接记入"应付账款"账户。

三、供应过程业务的核算实例

仍以宏达公司2018年12月份发生的经济业务为例，说明供应过程业务的核算。实际成本法下，一般通过"原材料"和"在途物资"等科目进行核算。

（一）一般采购业务的核算

在购进材料时，一般会发生款项已付材料已验收入库，材料已验收入库但款项尚未支付，或已支付了商业票据、款项已付但材料暂时尚未验收入库，材料款先预付但材料尚未发生等几种不同情况。现举例说明企业采购材料业务的会计核算。

1. 款项已付，材料入库

【例3-6】2018年12月1日，宏达公司从东风工厂购入甲材料一批，增值税专用发票上记载的货款为30 000元，增值税额3 900元，对方代垫运杂费500元，全部款项已用转账支票付讫，材料已验收入库。

该项经济业务发生后，会计人员应编制如下会计分录：

借：原材料——甲材料　　　　　　　　　　　　　　30 500
　　应交税费——应交增值税（进项税额）　　　　　 3 900
　　贷：银行存款　　　　　　　　　　　　　　　　34 400

2. 材料入库，款项未付

【例3-7】2018年12月3日，宏达公司从南方工厂购入乙材料500千克，每千克30元，增值税税率为13%，对方代垫运杂费为300元，材料已验收入库，所有票据已收到，但全部款项尚未支付。

该项经济业务发生后，会计人员应编制如下会计分录：

借：原材料——乙材料　　　　　　　　　　　　　　　　15 300
　　应交税费——应交增值税（进项税额）　　　　　　　 1 950
　　贷：应付账款　　　　　　　　　　　　　　　　　　17 250

思考题

问题1：宏达公司偿还南方工厂上项货款时，应如何编制会计分录？

问题2：假设宏达公司支付上项货款时，向南方工厂开出一张期限为1个月的银行承兑汇票，票据金额为17 250元，应如何编制会计分录？

3. 款项已付，材料未到

【例3-8】2018年12月5日，宏达公司从东风工厂购入甲材料1 000千克，每千克20元，增值税税率为13%，对方代垫运杂费为500元，全部款项已用转账支票付讫，但材料尚未运到。

该项经济业务发生后，会计人员应编制如下会计分录：

借：在途物资——甲材料　　　　　　　　　　　　　　20 500
　　应交税费——应交增值税（进项税额）　　　　　　　 2 600
　　贷：银行存款　　　　　　　　　　　　　　　　　　23 100

【例3-9】2018年12月6日，上项购进甲材料运到，并验收入库。

该项经济业务发生后，会计人员应编制如下会计分录：

借：原材料——甲材料　　　　　　　　　　　　　　　　20 500
　　贷：在途物资——甲材料　　　　　　　　　　　　　20 500

4. 款项先付，材料未到

【例3-10】2018年12月10日，宏达公司按合同约定，为购买乙材料以银行存款20 000元预付南方工厂货款，公司经常有预付材料款业务。

该项经济业务发生后，会计人员应编制如下会计分录：

借：预付账款——南方工厂　　　　　　　　　　　　　　20 000
　　贷：银行存款　　　　　　　　　　　　　　　　　　20 000

【例3-11】2018年12月13日，宏达公司10日预付南方工厂货款，乙材料已运到，增值税专用发票上记载的货款为27 000元，增值税额3 510元，另对方代垫运杂费300元。

该项经济业务发生后，会计人员应编制如下会计分录：

借：原材料——乙材料　　　　　　　　　　　　　　　　27 300
　　应交税费——应交增值税（进项税额）　　　　　　　 3 510
　　贷：预付账款——南方工厂　　　　　　　　　　　　30 810

思考题

例 3-11 中经济业务发生后,宏达公司应该补付上述购买乙材料的全部款项多少?倘若用银行存款补付,应该如何编制会计分录?

(二)采购两种以上材料共同采购费用的核算

材料采购过程中发生的采购费用,有的是专门采购某种材料而发生的,有的是为采购几种材料而发生的。凡是专门为采购某种材料而发生的采购费用,应直接记入该种材料的采购成本;对于不能直接归属于某一种材料的采购费用应按照一定的标准,在有关的几种材料之间进行分配。材料采购费用一般可以按照购入材料的买价或重量的比例进行分配。其计算公式如下:

$$采购费用分配率 = \frac{采购费用总额}{采购各种材料总重量或买价}$$

某种材料应摊的采购费用 = 该种材料重量(或买价) × 采购费用分配率

【例 3-12】2018 年 12 月 25 日,宏达公司向日化公司购入下列材料:甲材料 800 千克,每千克 20 元,共计买价 16 000 元;乙材料 600 千克,每千克 30 元,共计买价 18 000 元,增值税合计为 4 420 元。日化公司代垫的两种材料共同负担的运杂费共计 1 400 元。价款、运杂费及税金全部以银行存款支付,两种材料尚未运到。公司规定按甲、乙两种材料的重量分配采购费用。

分析:该项经济业务除支付买价和增值税外,还支付运杂费 1 400 元。由于企业采购甲、乙两种材料,所以运杂费应在甲、乙两种材料之间进行分配。

(1)计算:

①运杂费分配率 = $\frac{1\ 400}{800 + 600}$ = 1(元/千克)

②甲材料应摊的运杂费 = 800 × 1 = 800(元)

乙材料应摊的运杂费 = 600 × 1 = 600(元)

③甲材料的采购成本 = 买价 + 运杂费 = 16 000 + 800 = 16 800(元)

乙材料的采购成本 = 买价 + 运杂费 = 18 000 + 600 = 18 600(元)

(2)该项经济业务发生后,会计人员应编制如下会计分录:

借:在途物资——甲材料　　　　　　　　　　　　　　　16 800
　　　　　　——乙材料　　　　　　　　　　　　　　　18 600
　　应交税费——应交增值税(进项税额)　　　　　　　 4 420
　　贷:银行存款　　　　　　　　　　　　　　　　　　39 820

【例 3-13】2018 年 12 月 28 日,上项购进甲、乙材料到达公司并验收入库,结转上述入库材料的采购成本。

该项经济业务发生后,会计人员应编制如下会计分录:

借:原材料——甲材料　　　　　　　　　　　　　　　　16 800
　　　　——乙材料　　　　　　　　　　　　　　　　18 600
　　贷:在途物资——甲材料　　　　　　　　　　　　　16 800
　　　　　　　　——乙材料　　　　　　　　　　　　　18 600

第四节　生产过程业务的核算

一、生产过程的基本内容

生产过程是链接供应过程和销售过程的中心环节,产品的生产过程同时也是生产资料的耗费过程,在生产过程中发生的各项生产费用,是企业为获得收入而预先垫支并需要得到补偿的资金耗费。这些生产费用归集到一定种类和数量的产品上时,就形成了产品的生产成本;而对于那些不能计入产品生产成本中的期间费用,直接计入当期损益。

因此,生产过程主要的核算内容是归集和分配生产费用,计算产品的生产成本。具体如表3-1所示。

表3-1　　　　　　　　　　费用的分类及内容

费用的分类		费用的内容
计入产品成本的费用	直接费用 直接材料	指直接用于产品生产的原材料,外购半成品、周转材料以及生产产品直接耗用的水费、电费等
	直接费用 直接人工	指直接从事产品生产的工人工资,以及按规定提取的职工福利费、社会保险费等
	间接费用 制造费用	指企业各生产车间为组织和管理生产而发生的各项间接费用,如车间管理人员工资、机器设备折旧费、机物料消耗、车间办公费等。这些费用虽然不能直接计入产品的生产成本,但与产品生产有间接关系,期末应归集本期发生的制造费用,再采用规定的计算方法,分配计入产品成本中
不计入产品成本的费用	期间费用 管理费用	指企业行政管理部门为组织和管理生产经营活动而发生的各种费用,包括行政管理部门人员工资、福利费、办公费、折旧费、业务招待费等
	期间费用 销售费用	指企业在销售商品和材料,提供劳务过程中发生的各项费用。包括销售商品过程中发生的包装费、保险费、展览费和广告费、商品维修费等,以及企业为销售本企业商品而专设销售机构发生的各项费用
	期间费用 财务费用	指企业为筹集生产经营所需资金等而发生的筹资费用,包括利息支出(减利息收入)、汇兑损益,以及相关的手续费、企业发生的现金折扣或收到的现金折扣

二、生产过程业务的核算应设置的账户

为了核算企业生产过程的业务,通常设置以下账户:

(一)"生产成本"账户

性质:成本类账户。

核算内容:用以核算企业进行工业性生产,包括生产各种产品(产成品、自制半成品等)、自制材料、自制工具、自制设备和提供劳务等发生的各项生产费用。

明细账户:可按产品的品种、类别等设置明细账户,并按照规定的成本项目设置专栏。

账户结构:

借方	生产成本	贷方
期初余额: 应计入产品生产成本的各项费用 (包括直接材料费、直接人工费和制造费用)		完工入库产成品应结转的生产成本
期末余额:企业尚未加工完成的在产品成本		

(二)"制造费用"账户

性质:成本类账户。

核算内容:用以核算企业生产车间(部门)为生产产品和提供劳务而发生的各项间接费用。包括车间管理人员的工资和福利费,机器设备的折旧费,生产车间的办公费、水电费等。

明细账户:可按不同的生产车间、部门和费用项目设置明细账户。

账户结构:

借方	制造费用	贷方
生产车间发生的各项间接费用		期末按照一定标准分配转入"生产成本"账户的间接费用

(三)"管理费用"账户

性质:损益类账户。

核算内容:用以核算企业组织和管理企业生产经营所发生的管理费用。包括行政管理部门人员工资、福利费、办公费、折旧费、业务招待费、咨询费、诉讼费。

明细账户:可按费用项目设置明细账户。
账户结构:

借方	管理费用	贷方
发生的各项管理费用	期末转入"本年利润"账户的管理费用	

(四)"库存商品"账户

性质:资产类账户。

核算内容:用以核算企业库存的各种商品的实际成本,包括库存产成品、外购商品、存放在门市部准备出售的商品、发出展览的商品以及寄存在外的商品等。

明细账户:可按库存商品的类别、品种和规格等设置明细账户。

账户结构:

借方	库存商品	贷方
期初余额: 验收入库的库存商品成本	发出的库存商品成本	
期末余额:企业期末库存商品的实际成本		

(五)"应付职工薪酬"账户

性质:负债类账户。

核算内容:用以核算企业根据有关规定应付给职工的各种薪酬。

明细账户:可按"工资""职工福利费""社会保险费""住房公积金""工会经费""职工教育经费""非货币性福利""辞退福利""股份支付"等设置明细账户。

账户结构:

借方	应付职工薪酬	贷方
本月实际支付的职工薪酬数额	期初余额: 本月计算的应付职工薪酬总额	
	期末余额:企业应付未付的职工薪酬	

【相关链接】

职工薪酬

2014年修订的新《企业会计准则》对职工薪酬内容进行了修改。职工薪酬,是指企业为获得职工提供的服务或解除劳动关系而给予的各种形式的报酬或补偿。职工薪酬包括短期薪酬、离职后福利、辞退福利和其他长期职工福利。企业提供给职工配偶、子女、受赡养人、已故员工遗属及其他受益人等的福利，也属于职工薪酬。

1. 短期薪酬，是指企业在职工提供相关服务的年度报告期间结束后 12 个月内需要全部予以支付的职工薪酬，因解除与职工的劳动关系给予的补偿除外。短期薪酬具体包括：职工工资、奖金、津贴和补贴，职工福利费，医疗保险费、工伤保险费和生育保险费等社会保险费，住房公积金，工会经费和职工教育经费，短期带薪缺勤，短期利润分享计划，非货币性福利以及其他短期薪酬。带薪缺勤，是指企业支付工资或提供补偿的职工缺勤，包括年休假、病假、短期伤残、婚假、产假、丧假、探亲假等。利润分享计划，是指因职工提供服务而与职工达成的基于利润或其他经营成果提供薪酬的协议。

2. 离职后福利，是指企业为获得职工提供的服务而在职工退休或与企业解除劳动关系后，提供的各种形式的报酬和福利，短期薪酬和辞退福利除外。如养老保险、失业保险。

3. 辞退福利，是指企业在职工劳动合同到期之前解除与职工的劳动关系，或者为鼓励职工自愿接受裁减而给予职工的补偿。

4. 其他长期职工福利，是指除短期薪酬、离职后福利、辞退福利之外所有的职工薪酬，包括长期带薪缺勤、长期残疾福利、长期利润分享计划等。

本准则所称职工，是指与企业订立劳动合同的所有人员，含全职、兼职和临时职工，也包括虽未与企业订立劳动合同但由企业正式任命的人员。未与企业订立劳动合同或未由其正式任命，但向企业所提供服务与职工所提供服务类似的人员，也属于职工的范畴，包括通过企业与劳务中介公司签订用工合同而向企业提供服务的人员。

（六）"累计折旧"账户

性质：资产类账户，是固定资产的备抵账户。
核算内容：用以核算企业固定资产计提的累计折旧。
明细账户：可按固定资产的类别或项目设置明细账户。
账户结构：

借方	累计折旧	贷方
	期初余额：	
因减少固定资产而转出的累计折旧	按月提取的折旧额	
	期末余额：期末固定资产的累计折旧额	

（七）"其他应收款"账户

性质：资产类账户。

核算内容：用以核算企业除应收票据、应收账款、预付账款、应收股利、应收利息、长期应收款等经营活动以外的其他各种应收、暂付的款项。

明细账户：可按其他应收款的项目和对方单位（或个人）设置明细账户。

账户结构：

借方	其他应收款	贷方
期初余额：		
发生的其他各种应收、暂付款项		收回或转销的其他各种应收、暂付款项
期末余额：企业尚未收回的其他各种应收、暂付款项		

三、生产过程业务的核算实例

仍以宏达公司 2018 年 12 月份发生的经济业务为例，说明生产过程业务的核算。

（一）材料耗用的核算

在确定材料费用时，应根据领料凭证区分车间、部门和不同用途后，按照确定的结果将发出材料的成本借记"生产成本""制造费用""管理费用"等科目，贷记"原材料"等科目。

对于直接用于某种产品生产的材料费用，应直接计入该产品生产成本明细账中的直接材料费用项目；对于由多种产品共同耗用、应由这些产品共同负担的材料费用，应选择适当的标准在这些产品之间进行分配，按分担的金额计入相应的成本计算对象（生产产品的品种、类别等）；对于为提供生产条件等间接消耗的各种材料费用，应先通过"制造费用"科目进行归集，期末再同其他间接费用一起按照一定的标准分配计入有关产品成本；对于行政管理部门领用的材料费用，应记入"管理费用"科目。

在生产过程中所需用的材料，应通过填制领料单向材料仓库领取。仓库根据领料单发出材料后，应将领料单按领用材料的用途和种类进行汇总，编制"材料耗用汇总表"，作为编制材料发出记账凭证的依据。

【例3－14】假定前述宏达公司 2018 年 12 月 31 日"材料耗用汇总表"如表3－2所示。

表3-2　　　　　　　　　材料耗用汇总表

用途	甲材料		乙材料		合计金额（元）
	数量（千克）	金额（元）	数量（千克）	金额（元）	
生产A产品	1 505	30 100	1 000	30 000	60 100
生产B产品	1 403	28 060	796	23 880	51 940
生产车间一般耗用	300	6 000			6 000
行政管理部门耗用			100	3 000	3 000
合计		64 160	1 900	56 880	121 040

该项经济业务发生后，会计人员应编制如下会计分录：

借：生产成本——A产品　　　　　　　　　　　　60 100
　　　　　　——B产品　　　　　　　　　　　　51 940
　　制造费用　　　　　　　　　　　　　　　　　6 000
　　管理费用　　　　　　　　　　　　　　　　　3 000
　贷：原材料——甲材料　　　　　　　　　　　　64 160
　　　　　　——乙材料　　　　　　　　　　　　56 880

（二）职工薪酬的核算

职工薪酬是指企业为获得职工提供的服务或解除劳动关系而给予各种形式的报酬或补偿，具体包括：短期薪酬、离职后福利、辞退福利和其他长期职工福利。企业提供给职工配偶、子女、受赡养人、已故员工遗属及其他受益人等的福利，也属于职工薪酬。

对于短期职工薪酬，企业应当在职工为其提供服务的会计期间，按实际发生额确认为负债，并计入当期损益或相关资产成本。企业应当根据职工提供服务的受益对象，分别下列情况处理：

（1）应由生产产品、提供劳务负担的短期职工薪酬，计入产品成本或劳务成本。其中，生产工人的短期职工薪酬应借记"生产成本"科目，贷记"应付职工薪酬"科目；生产车间管理人员的短期职工薪酬属于间接费用，应借记"制造费用"科目，贷记"应付职工薪酬"科目。

当企业采用计件工资制时，生产工人的短期职工薪酬属于直接费用，应直接计入有关产品的成本。当企业采用计时工资制时，对于只生产一种产品的生产工人的短期职工薪酬也属于直接费用，应直接计入产品成本；对于同时生产多种产品的生产工人的短期职工薪酬，则需采用一定的分配标准（实际生产工时或定额生产工时等）分配计入产品成本。

（2）应由在建工程、无形资产负担的短期职工薪酬，计入建造固定资产或无形资产成本。

(3)除上述两种情况之外的其他短期职工薪酬应计入当期损益。如企业行政管理部门人员和专设销售机构销售人员的短期职工薪酬均属于期间费用,应分别借记"管理费用""销售费用"等科目,贷记"应付职工薪酬"科目。

【例 3-15】2018 年 12 月 31 日,宏达公司根据考勤记录,计算出应付职工工资分配表(见表 3-3)。

表 3-3　　　　　　　　职工工资分配汇总表

项　目	工资合计(元)
生产工人工资:	
A 产品生产工人工资	74 100
B 产品生产工人工资	62 700
车间管理人员工资	13 680
行政管理人员工资	27 360
销售部门人员工资	19 950
合计	197 790

该项经济业务发生后,会计人员应编制如下会计分录:

借:生产成本——A 产品　　　　　　　　　　　　　74 100
　　　　　——B 产品　　　　　　　　　　　　　　62 700
　　制造费用　　　　　　　　　　　　　　　　　　13 680
　　管理费用　　　　　　　　　　　　　　　　　　27 360
　　销售费用　　　　　　　　　　　　　　　　　　19 950
　　贷:应付职工薪酬——工资　　　　　　　　　　　197 790

如果 2019 年 1 月初宏达公司以银行存款发放上项职工工资 197 790 元,应该如何编制会计分录?

(三)耗用其他费用的核算

1. 办公费的核算

【例 3-16】2018 年 12 月 3 日,宏达公司行政管理部门用现金购买办公用品 1 000 元。

该项经济业务发生后,会计人员应编制如下会计分录:

借:管理费用　　　　　　　　　　　　　　　　　　　　1 000
　　贷:库存现金　　　　　　　　　　　　　　　　　　　　1 000

2. 水电费的核算

【例 3 - 17】2018 年 12 月 31 日,宏达公司以银行存款支付本月水电费 1 380 元,其中属于生产车间使用的水电费 1 020 元,属于行政管理部门使用的水电费 360 元。

该项经济业务发生后,会计人员应编制如下会计分录:

借:制造费用　　　　　　　　　　　　　　　　　　　　1 020
　　管理费用　　　　　　　　　　　　　　　　　　　　　360
　　贷:银行存款　　　　　　　　　　　　　　　　　　　　1 380

3. 差旅费的核算

【例 3 - 18】2018 年 12 月 10 日,宏达公司以现金预借给生产主管赵钢差旅费 2 500 元。

该项经济业务发生后,会计人员应编制如下会计分录:

借:其他应收款——赵钢　　　　　　　　　　　　　　　2 500
　　贷:库存现金　　　　　　　　　　　　　　　　　　　　2 500

【例 3 - 19】2018 年 12 月 13 日,生产主管赵钢出差归来,报销差旅费 2 000 元,交回现金 500 元。

该项经济业务发生后,会计人员应编制如下会计分录:

借:管理费用　　　　　　　　　　　　　　　　　　　　2 000
　　库存现金　　　　　　　　　　　　　　　　　　　　　500
　　贷:其他应收款——赵钢　　　　　　　　　　　　　　　2 500

 思考题

假设赵钢出差归来,报销差旅费 3 000 元,会计人员应如何编制会计分录?

4. 折旧费用的核算

【例 3 - 20】2018 年 12 月 31 日,宏达公司按照规定提取本月份固定资产折旧共计 20 000 元。其中,生产车间使用的固定资产应计提的折旧费为 17 700 元,行政管理部门使用的固定资产应计提的折旧费为 2 300 元。

该项经济业务发生后,会计人员应编制如下会计分录:

借:制造费用　　　　　　　　　　　　　　　　　　　　17 700
　　管理费用　　　　　　　　　　　　　　　　　　　　　2 300

贷：累计折旧　　　　　　　　　　　　　　　　　20 000

（四）制造费用的核算

企业发生的制造费用作为生产费用的一部分，最终应由产品负担，从而构成产品成本的一个组成部分。同时，制造费用还是生产过程中的间接费用。因此，应将归集的制造费用按照一定的标准在产品之间进行分配，计算出每种产品应负担的部分。制造费用的分配标准有多种，一般可按生产工人工资、生产工人工时、机器小时等进行分配。其计算公式为：

制造费用分配率 = 制造费用总额 ÷ 分配标准之和（如生产工人工资总和）

某种产品应分配的制造费用 = 该种产品生产工人工资 × 制造费用分配率

企业发生制造费用时，借记"制造费用"科目，贷记"累计折旧""银行存款""应付职工薪酬"等科目；结转或分摊时，借记"生产成本"等科目，贷记"制造费用"科目。

【例3-21】2018年12月31日，宏达公司按生产工人工资比例将本期发生的制造费用，分配转入"生产成本"账户。会计部门根据例3-14至例3-21有关12月份发生的制造费用记入"制造费用"总分类账户，如表3-4所示，以确定本期制造费用总额。

表3-4　　　　　　　　　　制造费用总分类核算

账户名称：制造费用　　　　　　　　　　　　　　　　　　　　　　　　　　单位：元

| 2018年 | | 凭证号数 | 摘要 | 借方 | 贷方 | 借或贷 | 金额 |
月	日						
12	31	略	车间耗用材料	6 000		借	6 000
12	31	略	车间管理人员工资	13 680		借	19 680
12	31	略	支付水电费	1 020		借	20 700
12	31	略	计提折旧费	17 700		借	38 400
12	31	略	月末分配结转制造费用		38 400	平	0
12	31	略	本月合计	38 400	38 400	平	0

会计部门再根据制造费用账户归集的金额编制制造费用分配表分配制造费用，如表3-5所示。

表 3-5　　　　　　　　　　　制造费用分配表　　　　　　　　　　单位:元

产品名称	生产工人工资	分配率	分配金额
A 产品	74 100	0.280 7	20 800
B 产品	62 700	0.280 7	17 600
合计	136 800	0.280 7	38 400

注:分配中分配率取4位小数,分配金额取整数。

表3-5中计算过程如下:

①制造费用分配率 = 38 400 ÷ (74 100 + 62 700) = 0.280 7

②A 产品应分配的制造费用 = 7 4100 × 0.280 7 = 20 800(元)

B 产品应分配的制造费用 = 38 400 - 20 800 = 17 600(元)

根据"制造费用"分配表,会计人员应编制如下会计分录:

借:生产成本——A 产品　　　　　　　　　　　　　　　20 800
　　　　　——B 产品　　　　　　　　　　　　　　　17 600
　　贷:制造费用　　　　　　　　　　　　　　　　　　　38 400

(五)完工产品成本结转的核算

材料经过生产加工成为可供销售的产成品,而处在生产过程尚未制造完成的产品,称为在产品。每月月末,应计算本月完工产品的生产成本,并将其从"生产成本"账户转入"库存商品"账户,以反映本期验收入库的产成品成本。

计算产品生产成本是把生产过程中发生的全部生产成本,按一定的对象进行归集,然后在完工产品和在产品之间进行分摊,以计算出完工产品的总成本和单位成本。其计算公式如下:

月初在产品成本 + 本月发生生产成本 = 本月完工产品总成本 + 月末在产品成本

在公式中,月初在产品成本和本月生产成本可从"生产成本"明细分类账户的核算资料中取得;本月完工产品成本和月末在产品成本需要通过计算取得。简单的方法是先计算月末在产品成本,然后从全部生产成本中减去月末在产品成本,求得完工产品总成本。计算公式如下:

本月完工产品总成本 = 月初在产品成本 + 本月发生生产成本 - 月末在产品成本

在计算月末在产品成本之前,必须首先确定月末在产品数量。在没有在产品动态记录的情况下,月末在产品数量可以通过实地盘点来确定。

通过以上各项费用的归集与分配,应计入产品成本的各项费用均已记入了各产品"生产成本"账户的借方。但这些费用仅是本月发生的生产成本,对于在以前月份投产的产品,还必须考虑该产品在以前月份已发生的生产成本,即将本期发生的生产成本加上期初在产品成本,才是该产品至本月所发生的全部生产成本,然后再采用适当的方法,将其在本期完工产品和期末在产品间进行分配,从而计算并结转本期完工产品的实际生产成本。

【例3-22】2018年12月31日,宏达公司计算结转完工产品生产成本。其中

A产品3 875件,单位成本为40元,总成本为155 000元;B产品3 480件,单位成本为38元,总成本为132 240元。月初A、B产品没有期初在产品,月末A、B产品全部完工并验收库,结转完工入库产品的生产成本。

该项经济业务发生后,会计人员应编制如下会计分录:

借:库存商品——A产品　　　　　　　　　　　　　　　　155 000
　　　　　　——B产品　　　　　　　　　　　　　　　　132 240
　贷:生产成本——A产品　　　　　　　　　　　　　　　　155 000
　　　　　　——B产品　　　　　　　　　　　　　　　　132 240

第五节　销售过程业务的核算

一、销售过程的基本内容

销售过程是生产经营活动的最后一个阶段。在销售过程中,企业通过出售产品或材料取得营业收入,并向购买方收取增值税销项税额。并且,企业在取得营业收入时,还应按税法的相关规定,计缴相关税费,形成营业税金。另一方面,随着产品或材料的营业收入的确认,已销售产品或材料的实际生产成本或采购成本也需计入当期损益,形成营业成本。同时,在销售过程中也会发生各项销售费用。

因此,销售过程的主要核算内容是确认营业收入,结转营业成本,计算税金及附加,核算各项销售费用等。

二、销售过程业务的核算应设置的账户

为了核算企业销售过程的业务,通常设置以下账户:

(一)"主营业务收入"账户

性质:损益类账户。
核算内容:用以核算企业确认的销售商品、提供劳务等主营业务的收入。
明细账户:可按主营业务的种类设置明细账户。
账户结构:

借方	主营业务收入	贷方
②期末转入"本年利润"账户的主营业务收入 ③发生销售退回或折让时应冲减本期的主营业务收入		①销售商品或提供劳务实现的收入

(二)"主营业务成本"账户

性质:损益类账户。

核算内容:用以核算企业确认销售商品、提供劳务等主营业务收入时应结转的成本。

明细账户:可按主营业务的种类设置明细账户。

账户结构:

借方	主营业务成本	贷方
①结转已销商品、提供各种劳务等的实际成本		②期末转入"本年利润"账户的主营业务成本 ③本月发生销售退回的商品成本(未直接从本月的销售成本中减去的销售退回成本)

(三)"税金及附加"账户

性质:损益类账户。

核算内容:用以核算企业经营活动发生的消费税、城市维护建设税、资源税和教育费附加等相关税费。

账户结构:

借方	税金及附加	贷方
企业应按规定计算确定的与经营活动相关的税费		期末转入"本年利润"账户的与经营活动相关的税费

(四)"销售费用"账户

性质:损益类账户。

核算内容:用以核算企业销售商品和材料、提供劳务的过程中发生的各种费用。其中包括广告费和展览费、保险费、包装费、商品维修费、预计产品质量保证损失、运输费、装卸费等,以及为销售本企业商品而专设的销售机构(含销售网点、售后服务网点等)的职工薪酬、业务费等经营费用,及与专设销售机构有关的固定资产折旧费和修理费等。

明细账户:可按费用项目设置明细账户。

账户结构:

借方	销售费用	贷方
发生的各项销售费用	期末转入"本年利润"账户的销售费用	

(五)"其他业务收入"账户

性质:损益类账户。

核算内容:用以核算企业确认的除主营业务活动以外的其他经营活动实现的收入,包括出租固定资产、出租无形资产、出租包装物和商品、销售材料等。

明细账户:可按其他业务的种类设置明细账户。

账户结构:

借方	其他业务收入	贷方
期末转入"本年利润"账户的其他业务收入	企业实现的其他业务收入	

(六)"其他业务成本"账户

性质:损益类账户。

核算内容:用以核算企业确认的除主营业务活动以外的其他经营活动所发生的支出,包括销售材料的成本、出租固定资产的折旧额、出租无形资产的摊销额、出租包装物的成本或摊销额等。

明细账户:可按其他业务的种类设置明细账户。

账户结构:

借方	其他业务成本	贷方
发生的其他业务成本	期末转入"本年利润"账户的其他业务成本	

(七)"应收账款"账户

性质:资产类账户。

核算内容:用以核算企业因销售商品、提供劳务等经营活动应向购货单位或接受劳务单位收取的款项。

明细账户:可按债务人设置明细账户。

账户结构:

借方	应收账款	贷方
期初余额： 由于销售商品以及提供劳务等发生的应收账款		已经收回的应收账款
期末余额：企业尚未收回的应收账款		期末余额：企业预收的款项

（八）"预收账款"账户

性质：负债类账户。

核算内容：用以核算企业按照合同规定预收购货单位的款项。

明细账户：可按购货单位设置明细账户。

账户结构：

借方	预收账款	贷方
		期初余额：
③销售实现时按实现的收入转销的预收款项 ④退回多付的款项		①向购货单位预收的款项 ②购货单位补付的款项
期末余额：企业已转销但尚未收取的款项		期末余额：企业预收的款项

预收账款情况不多的，也可以不设置本账户，将预收的款项直接记入"应收账款"账户。

（九）"应收票据"账户

性质：资产类账户。

核算内容：用以核算企业因销售商品、提供劳务等而收到的商业汇票，包括银行承兑汇票和商业承兑汇票。

明细账户：可按开出、承兑商业汇票的单位设置明细账户。

账户结构：

借方	应收票据	贷方
期初余额：		
企业收到的应收票据	票据到期收回的应收票据	
期末余额：企业持有的商业汇票的票面金额		

三、销售过程业务的核算实例

仍以宏达公司 2018 年 12 月份发生的经济业务为例，说明销售过程业务的核算。

企业在销售商品时，一般会发生商品已发出而且货款已收到、商品已发出但货款尚未收到或已收到了商业票据、商品尚未发出但货款先预收的不同情况。

(一) 主营业务收入的核算

企业销售商品或提供劳务实现的收入，应按实际收到、应收或者预收的金额，借记"银行存款""应收账款""应收票据""预收账款"等科目，按确认的营业收入，贷记"主营业务收入"科目。

对于增值税销项税额，一般纳税人应贷记"应交税费——应交增值税（销项税额）"科目；小规模纳税人应贷记"应交税费——应交增值税"科目。

【例3-23】2018年12月3日，宏达公司向佳佳百货公司出售一批产品，增值税专用发票上注明A产品600件，每件售价100元，计60 000元；B产品销售800件，每件售价80元，计64 000元；增值税税率为13%，产品已经发出，款项收到并存入银行存款户。

该项经济业务发生后，会计人员应编制如下会计分录：

借：银行存款　　　　　　　　　　　　　　　140 120
　　贷：主营业务收入——A产品　　　　　　　60 000
　　　　　　　　　　——B产品　　　　　　　64 000
　　　　应交税费——应交增值税（销项税额）　16 120

【例3-24】2018年12月7日，宏达公司向天天百货公司出售一批产品，增值税专用发票上注明A产品800件，每件售价100元，计80 000元，增值税税率为13%，产品已经发出，货款尚未收到，但已办妥托收承付手续。

该项经济业务发生后，会计人员应编制如下会计分录：

借：应收账款——天天百货公司　　　　　　　90 400
　　贷：主营业务收入——A产品　　　　　　　80 000
　　　　应交税费——应交增值税（销项税额）　10 400

【例3-25】2018年12月12日，宏达公司向广客隆超市出售一批产品，增值税专用发票上注明 B 产品 1 200 件,每件售价 80 元,计 96 000 元,增值税税率为 13%,收到广客隆超市开出的银行承兑汇票一张,金额为 108 480 元。

该项经济业务发生后,会计人员应编制如下会计分录:

借:应收票据——广客隆超市　　　　　　　　　　　108 480
　　贷:主营业务收入——B 产品　　　　　　　　　　96 000
　　　　应交税费——应交增值税(销项税额)　　　　12 480

【例 3-26】2018 年 12 月 12 日,宏达公司按合同规定预收永丰公司订购 A 产品的货款 80 000 元,已存入银行。

该项经济业务发生后,会计人员应编制如下会计分录:

借:银行存款　　　　　　　　　　　　　　　　　　80 000
　　贷:预收账款——永丰公司　　　　　　　　　　　80 000

【例 3-27】2018 年 12 月 15 日,宏达公司按合同规定向永丰公司发出 A 产品 1 500 件,增值税专用发票上注明单价 100 元,货款 150 000 元,增值税 19 500 元,价款已在 12 月 12 日预收。

该项经济业务发生后,会计人员应编制如下会计分录:

借:预收账款——永丰公司　　　　　　　　　　　　169 500
　　贷:主营业务收入——A 产品　　　　　　　　　　150 000
　　　　应交税费——应交增值税(销项税额)　　　　19 500

【例 3-28】2018 年 12 月 15 日,宏达公司收到永丰公司购买的 A 产品余款计 89 500 元,已存入银行。

该项经济业务发生后,会计人员应编制如下会计分录:

借:银行存款　　　　　　　　　　　　　　　　　　89 500
　　贷:预收账款——永丰公司　　　　　　　　　　　89 500

【例 3-29】2018 年 12 月 20 日,宏达公司收回天天百货公司所欠货款 90 400 元,并存入银行存款户。

该项经济业务发生后,会计人员应编制如下会计分录:

借:银行存款　　　　　　　　　　　　　　　　　　90 400
　　贷:应收账款——天天百货公司　　　　　　　　　90 400

(二)主营业务成本的核算

期(月)末,企业应根据本期(月)销售各种商品、提供各种劳务等实际成本,计算应结转的主营业务成本,借记"主营业务成本"科目,贷记"库存商品"科目。

【例 3-30】2018 年 12 月 31 日,宏达公司在月末结转已销售的 A、B 产品的销售成本。本月共销售 A 产品 2 900 件,B 产品 2 000 件,A 产品单位成本为 40 元,B 产品单位成本为 38 元。

该项经济业务发生后,会计人员应编制如下会计分录:

借：主营业务成本——A产品 116 000
　　　　　　　——B产品 76 000
　　贷：库存商品——A产品 116 000
　　　　　　　——B产品 76 000

（三）其他业务收入与成本的核算

主营业务和其他业务的划分并不是绝对的，一个企业的主营业务可能是另一个企业的其他业务，即便在同一个企业，不同期间的主营业务和其他业务的内容也不是固定不变的。

当企业发生其他业务收入时，借记"银行存款""应收账款""应收票据"等科目，按确定的收入金额，贷记"其他业务收入"科目，同时确认有关税金；在结转其他业务收入的同一会计期间，企业应根据本期应结转的其他业务成本金额，借记"其他业务成本"科目，贷记"原材料""累计折旧""应付职工薪酬"等科目。

企业比较常见的其他业务除销售原材料外，还有转让商标的使用权、出租包装物等。

【例3-31】2018年12月12日，宏达公司向友联公司出售一批甲材料200千克，单价为35元，增值税专用发票注明的售价为7 000元，增值税税额为910元，款项已由银行收妥。

该项经济业务发生后，会计人员应编制如下会计分录：

借：银行存款 7 910
　　贷：其他业务收入——甲材料 7 000
　　　　应交税费——应交增值税（销项税额） 910

【例3-32】2018年12月31日，宏达公司结转上述已售原材料的销售成本计4 000元。

该项经济业务发生后，会计人员应编制如下会计分录：

借：其他业务成本 4 000
　　贷：原材料——甲材料 4 000

（四）销售费用的核算

【例3-33】2018年12月15日，宏达公司为宣传新产品发生广告费2 000元，以银行存款支付。

该项经济业务发生后，会计人员应编制如下会计分录：

借：销售费用 2 000
　　贷：银行存款 2 000

（五）税金及附加的核算

【例3-34】2018年12月31日，经查宏达公司本月"应交税费——应交增值税"账户借方栏"进项税额"为16 380元，贷方栏"销项税额"为59 410元，抵扣后本月增值税额为43 030元,按应交增值税额的7%计提本月的城市维护建设税,按3%计提教育费附加。

城市维护建设税和教育费附加是以企业缴纳的增值税、消费税税额为依据所征收的附加税费,分别用于城市的公用事业和公共设施的维护建设及教育支出。

(1)计算应交城市维护建设税和教育费附加:

$$应交城市维护建设税 = 43\ 030 \times 7\% = 3\ 012.1(元)$$
$$应交教育费附加 = 43\ 030 \times 3\% = 1\ 290.9(元)$$

(2)该项经济业务发生后,会计人员应编制如下会计分录:

借:税金及附加　　　　　　　　　　　　　　　　　4 303
　贷:应交税费——应交城市维护建设税　　　　　　3 012.1
　　　　　　——应交教育费附加　　　　　　　　　1 290.9

思考题

下月初,企业用银行存款向税务部门缴纳城市维护建设税和教育费附加时,会计人员应如何编制会计分录?

第六节　财务成果业务的核算

一、财务成果的基本内容

利润是指企业在一定会计期间的经营成果。企业取得的利润或发生的亏损直接反映企业的经营业绩和管理水平。因此,财务成果的主要核算内容是利润形成和利润分配。

(一)利润形成

一定会计期间的利润包括收入减去费用后的净额、直接计入当期损益的利得和损失等。利润由营业利润、利润总额和净利润三个层次构成。

1. 营业利润

营业利润是企业日常生产经营活动所获得的利润,是企业利润总额的主要来源,其计算公式如下:

营业利润 = 营业收入 - 营业成本 - 税金及附加 - 销售费用 - 管理费用 - 研发费用 - 财务费用 - 资产减值损失 - 信用减值损失 + 其他收益 + 投资收益(- 投资损失) + 公允价值变动收益(- 公允价值变动损失) + 资产处置收益(- 资产处置损失)

其中， 营业收入 = 主营业务收入 + 其他业务收入
营业成本 = 主营业务成本 + 其他业务成本

(1) 资产减值损失:是指企业根据资产减值等准则计提各项资产减值准备所形成的损失。

(2) 公允价值变动收益(损失):是指企业交易性金融资产等公允价值变动形成的应计入当期损益的利得或损失。

(3) 信用减值损失:反映企业按照《企业会计准则第 22 号—金融工具确认和计量》的要求计提的各项金融工具信用减值准备所确认的信用损失。

(4) 资产处置收益(损失):反映企业出售划分为持有待售的非流动资产(金融工具、长期股权投资和投资性房地产除外)或处置组(子公司和业务除外)时确认的处置利得或损失,以及处置未划分为持有待售的固定资产、在建工程、生产性生物资产及无形资产而产生的处置利得或损失。

2. 利润总额

利润总额,又称税前利润,是营业利润加上营业外收入减去营业外支出后的金额,其计算公式如下:

利润总额 = 营业利润 + 营业外收入 − 营业外支出

3. 净利润

净利润,又称税后利润,是利润总额扣除所得税费用后的净额,其计算公式如下:

净利润 = 利润总额 − 所得税费用

(二)利润分配

利润分配是指企业根据国家有关规定和企业章程、投资者协议等,对企业当年可供分配利润指定特定用途和分配给投资者的行为。

企业在利润分配前,应根据企业当年净利润(或亏损)与年初未分配利润(或亏损)、其他转入的金额(如盈余公积弥补的亏损)等项目,计算可供分配的利润,即:

可供分配的利润 = 当年实现的净利润(或亏损) + 年初未分配利润(或 − 弥补以前年度的亏损) + 其他转入的金额

如果可供分配的利润为负数(即累计亏损),则不能进行后续分配;如果可供分配利润为正数(即累计盈利),则可进行后续分配。

因此,企业向投资者分配利润,应按下列顺序进行:

1. 弥补以前年度亏损

根据相关制度规定,企业当年发生的亏损,可在 5 年内用税前利润弥补,超过 5 年的,则不能再用税前利润弥补,只能用税后利润弥补。

2. 提取法定盈余公积

按照《公司法》的有关规定,公司应当按照当年净利润(抵减年初累计亏损后)

的10%提取法定盈余公积,提取的法定盈余公积累计额超过注册资本50%以上的,可以不再提取。

3. 提取任意盈余公积

公司提取法定盈余公积后,经股东会或者股东大会决议,还可以从净利润中提取任意盈余公积。

4. 向投资者分配利润(或股利)

企业可供分配的利润扣除提取的盈余公积后,形成可供投资者分配的利润。

二、财务成果业务的核算应设置的账户

(一)利润形成的核算应设置的账户

为了核算企业利润的形成,通常设置以下账户:

1."本年利润"账户

(1)性质:所有者权益类账户。

(2)核算内容:用以核算企业当期实现的净利润(或发生的净亏损)。

(3)账户结构:

借方	本年利润	贷方
	期初余额:	
②各成本费用或支出类账户期末转入数	①各收益类账户期末转入数	
期末余额: ⑤当期实现的净亏损 ⑥将年实现的净利润转入"利润分配"账户	期末余额: ③当期实现的净利润 ④将年实现的净亏损转入"利润分配"账户	

2."所得税费用"账户

(1)性质:损益类账户。

(2)核算内容:用以核算企业确认的应从当期利润总额中扣除的所得税费用。

(3)账户结构:

借方	所得税费用	贷方
企业应计入当期损益的所得税	企业期末转入"本年利润"账户的所得税	

3. "投资收益"账户

(1) 性质:损益类账户。

(2) 核算内容:用以核算企业确认的投资收益或投资损失。

(3) 明细账户:可按投资项目设置明细账户。

(4) 账户结构:

借方	投资收益	贷方
③发生的投资损失 ④期末转入"本年利润"账户的投资净收益		①实现的投资收益 ②期末转入"本年利润"账户的投资净损失

4. "营业外收入"账户

(1) 性质:损益类账户。

(2) 核算内容:用以核算企业发生的与其经营活动无直接关系的各项净收入,主要包括非流动资产毁损报废收益、非货币性资产交换利得、债务重组利得、罚没利得、政府补助利得、确实无法支付而按规定程序经批准后转作营业外收入的应付款项等。

(3) 明细账户:可按营业外收入项目设置明细账户。

(4) 账户结构:

借方	营业外收入	贷方
期末转入"本年利润"账户的营业外收入		营业外收入的实现

5. "营业外支出"账户

(1) 性质:损益类账户。

(2) 核算内容:用以核算企业发生的与其经营活动无直接关系的各项净支出,包括处置非流动资产毁损报废损失、非货币性资产交换损失、债务重组损失、罚款支出、捐赠支出、非常损失等。

(3) 明细账户:可按营业外支出项目设置明细账户。

(4) 账户结构:

借方	营业外支出	贷方
营业外支出的发生		期末转入"本年利润"账户的营业外支出

(二)利润分配的核算应设置的账户

为了核算企业利润的分配,通常设置以下账户:

1. "利润分配"账户

(1)性质:所有者权益类账户。

(2)核算内容:用以核算企业利润的分配(或亏损的弥补)和历年分配(或弥补)后的积存余额。

(3)明细账户:可分别按"提取法定盈余公积""提取任意盈余公积""应付现金股利或利润""转作股本的股利""盈余公积补亏""未分配利润"等设置明细账户。

(4)账户结构:

借方 利润分配	贷方
期初余额: ③从"本年利润"账户转入的净亏损数额 ④实际分配的利润额(包括提取的盈余公积和分配给投资者的利润)	期初余额: ①从"本年利润"账户转入的净利润数额 ②弥补亏损的数额
期末余额: ⑥历年累积的未弥补亏损	期末余额: ⑤历年累积的未分配利润

2. "应付利润(股利)"账户

(1)性质:负债类账户。

(2)核算内容:用以核算企业分配的现金股利或利润。

(3)明细账户:可按投资者设置明细账户。

(4)账户结构:

借方 应付利润(股利)	贷方
实际支付给投资者的利润或股利	期初余额: 应付给投资者的利润或股利 期末余额:企业应付未付的利润或现金股利

三、财务成果业务的核算实例

仍以宏达公司2018年12月份发生的经济业务为例,说明财务成果业务的核算。

(一)利润形成的核算

【例3-35】2018年12月31日,宏达公司收到被投资单位鹏成公司分来的现金股利30 000元,存入银行。

分析:该项经济业务发生后,会计人员应编制如下会计分录:
借:银行存款　　　　　　　　　　　　　　　　　　　30 000
　　贷:投资收益　　　　　　　　　　　　　　　　　　30 000

【例3-36】2018年12月31日,由于客户方达公司违反合同规定,宏达公司向其索赔,取得罚款收入20 000元,存入银行。

分析:该项经济业务发生后,会计人员应编制如下会计分录:
借:银行存款　　　　　　　　　　　　　　　　　　　20 000
　　贷:营业外收入　　　　　　　　　　　　　　　　　20 000

【例3-37】2018年12月31日,宏达公司以银行存款8 000元捐赠某希望小学。

分析:该项经济业务发生后,会计人员应编制如下会计分录:
借:营业外支出　　　　　　　　　　　　　　　　　　8 000
　　贷:银行存款　　　　　　　　　　　　　　　　　　8 000

【例3-38】2018年12月31日,宏达公司结转12月份损益类账户至"本年利润"账户。

分析:(1)承例3-1至例3-38资料,计算得到宏达公司12月份各项收入、利得类科目结转前账户余额如表3-6所示。

表3-6　　　　　　2018年损益类科目12月累计发生额　　　　　　单位:元

账户名称	贷方发生额
主营业务收入	450 000
其他业务收入	7 000
投资收益	30 000
营业外收入	20 000

根据以上资料,会计人员应编制如下会计分录:
借:主营业务收入　　　　　　　　　　　　　　　　　450 000
　　其他业务收入　　　　　　　　　　　　　　　　　7 000
　　投资收益　　　　　　　　　　　　　　　　　　　30 000
　　营业外收入　　　　　　　　　　　　　　　　　　20 000
　　贷:本年利润　　　　　　　　　　　　　　　　　　507 000

(2)承例3-1至例3-37资料,计算得到宏达公司12月份除"所得税费用"科目外各费用、损失类账户结转前账户余额如表3-7所示。

表 3-7　　　　　2018 年损益类科目 12 月累计发生额　　　　　单位:元

账户名称	借方发生额
主营业务成本	192 000
其他业务成本	4 000
税金及附加	4 303
管理费用	36 020
财务费用	200
销售费用	21 950
营业外支出	8 000

根据以上资料,会计人员应编制如下会计分录:
借:本年利润　　　　　　　　　　　　　　　　　　266 473
　　贷:主营业务成本　　　　　　　　　　　　　　192 000
　　　　其他业务成本　　　　　　　　　　　　　　4 000
　　　　税金及附加　　　　　　　　　　　　　　　4 303
　　　　管理费用　　　　　　　　　　　　　　　　36 020
　　　　财务费用　　　　　　　　　　　　　　　　200
　　　　销售费用　　　　　　　　　　　　　　　　21 950
　　　　营业外支出　　　　　　　　　　　　　　　8 000

【例 3-39】承例 3-38,2018 年 12 月 31 日,计算宏达公司 12 月份的利润总额;假定利润总额与应纳税所得额一致,请计算本月应交所得税和结转本月的所得税费用,并求出本月的净利润。宏达公司适用的企业所得税税率为 25%。

分析:　　12 月份的利润总额 = 507 000 - 266 473 = 240 527(元)
　　　　　12 月份应交的企业所得税税额 = 240 527 × 25% = 60 131.75(元)
　　　　　12 月份的公司净利润 = 240 527 - 60 131.75 = 180 395.25(元)

根据以上计算结果,会计人员应编制如下会计分录:
借:所得税费用　　　　　　　　　　　　　　　　　60 131.75
　　贷:应交税费——应交所得税　　　　　　　　　60 131.75
同时将所得税费用结转到"本年利润"科目:
借:本年利润　　　　　　　　　　　　　　　　　　60 131.75
　　贷:所得税费用　　　　　　　　　　　　　　　60 131.75

(二)利润分配的核算

1. 净利润转入利润分配

会计期末,企业应将当年实现的净利润转入"利润分配——未分配利润"科目,即借记"本年利润"科目,贷记"利润分配——未分配利润"科目,如为净亏损,则做相反会计分录。

结转前,如果"利润分配——未分配利润"明细科目的余额在借方,则上述结转当年所实现净利润的分录,同时反映了当年实现的净利润自动弥补以前年度亏损的情况。因此,在用当年实现的净利润弥补以前年度亏损时,不需另行编制会计分录。

2. 提取盈余公积

企业提取的法定盈余公积,借记"利润分配——提取法定盈余公积"科目,贷记"盈余公积——法定盈余公积"科目;提取的任意盈余公积,借记"利润分配——提取任意盈余公积"科目,贷记"盈余公积——任意盈余公积"科目。

3. 向投资者分配利润或股利

企业根据股东大会或类似机构审议批准的利润分配方案,按应支付的现金股利或利润,借记"利润分配——应付现金股利"科目,贷记"应付股利"等科目;以股票股利转作股本的金额,借记"利润分配——转作股本股利"科目,贷记"股本"等科目。

董事会或类似机构通过的利润分配方案中拟分配的现金股利或利润,不做账务处理,但应在附注中披露。

4. 盈余公积补亏

企业发生的亏损,除用当年实现的净利润弥补外,还可使用累积的盈余公积弥补。以盈余公积弥补亏损时,借记"盈余公积"科目,贷记"利润分配——盈余公积补亏"科目。

5. 企业未分配利润的形成

年度终了,企业应将"利润分配"科目所属其他明细科目的余额转入该科目"未分配利润"明细科目,即借记"利润分配——未分配利润""利润分配——盈余公积补亏"等科目,贷记"利润分配——提取法定盈余公积""利润分配——提取任意盈余公积""利润分配——应付现金股利""利润分配——转作股本股利"等科目。

结转后,"利润分配"科目中除"未分配利润"明细科目外,所属其他明细科目无余额。"未分配利润"明细科目的贷方余额表示累积未分配的利润,该科目如果出现借方余额,则表示累积未弥补的亏损。

【例3-40】假定宏达公司2018年初"利润分配——未分配利润"账户的余额为1 500 000元(贷方),2018年12月1日"本年利润"账户月初余额为1 650 000.75元,为1~11月累计的净利润,由例3-40知2018年12月末公司实现的净利润为180 395.25元,因此2014年全年实现的净利润为1 830 396元。年末分配资料和其账务处理如下:

(1)年终将本年净利润1 830 396元转入"利润分配——未分配利润"账户,会计分录如下:

借:本年利润　　　　　　　　　　　　　　　　1 830 396

贷：利润分配——未分配利润　　　　　　　　　　　　　　　1 830 396
　(2)按净利润的10%提取法定盈余公积金：
　　　　法定盈余公积金的提取额 = 1 830 396 × 10% = 183 039.6(元)
　该项经济业务发生后，会计人员应编制如下会计分录：
　借：利润分配——提取法定盈余公积　　　　　　　　　　　　183 039.6
　　　贷：盈余公积——法定盈余公积　　　　　　　　　　　　　183 039.6
　(3)按净利润的5%提取法定盈余公积金：
　　　　任意盈余公积金的提取额 = 1 830 396 × 5% = 91 519.8(元)
　该项经济业务发生后，会计人员应编制如下会计分录：
　借：利润分配——提取任意盈余公积　　　　　　　　　　　　 91 519.8
　　　贷：盈余公积——任意盈余公积　　　　　　　　　　　　　 91 519.8
　(4)向投资者分配利润900 000元：
　该项经济业务发生后，会计人员应编制如下会计分录：
　借：利润分配——提取应付利润　　　　　　　　　　　　　　　900 000
　　　贷：应付股利　　　　　　　　　　　　　　　　　　　　　 900 000
　(5)结转已分配利润，将"利润分配"有关明细账户的余额，转入"利润分配——未分配利润"账户：
　借：利润分配——未分配利润　　　　　　　　　　　　　　　1 174 559.4
　　　贷：利润分配——提取法定盈余公积　　　　　　　　　　　183 039.6
　　　　　　　　——提取任意盈余公积　　　　　　　　　　　　 91 519.8
　　　　　　　　——应付利润　　　　　　　　　　　　　　　　 900 000
　根据对上述业务的核算，宏达公司2014年年终结算后"利润分配——未分配利润"账户期末余额为：
　　　　1 500 000 + 1 830 396 - 1 174 559.4 = 2 155 836.6(元)
即该公司本年度还有2 155 836.6元利润尚未分配。

实训任务

实训任务一：资金筹集业务的核算。
资料1：肇庆利达有限公司2018年1月发生以下经济业务：
1. 企业收到海洋公司投资200 000元，存入银行。
2. 企业收到远东公司投入全新的设备一台，价值150 000元，双方协商占利达公司注册资本120 000元。
3. 企业收到北海公司投入本公司商标权一项，投资双方确认的价值为200 000元。
4. 经批准，以资本公积50 000元转增资本，同时将盈余公积100 000元转增资本。
5. 企业向银行借入期限6个月的借款150 000元，用于购买材料，款项已存入银行。

6. 企业向银行借入3年期借款800 000元，款项存入银行。

7. 企业购进不需安装的设备1台，增值税专用发票上记载的价款为80 000元，增值税额13 600元，另支付装卸费500元，所有款项均以银行存款支付。

【要求】根据上述资料编制会计分录。

资料2：(短期借款的核算综合题)肇庆美联公司于2018年1月1日向银行借入一笔生产经营用短期借款，共计800 000元，期限为6个月，年利率为6%。根据与银行签署的借款协议，该项借款本金到期后一次归还；利息分月预提，按季支付。

1. 1月1日，借入短期借款。

2. 1月31日，计提本月利息。

3. 2月28日，计提本月利息。

4. 3月31日，支付第一季度利息费用。

5. 4月30日，计提本月利息。

6. 5月31日，计提本月利息。

7. 6月30日，支付第二季度利息费用同时归还本金。

【要求】根据上述资料编制会计分录。

实训任务二：供应过程业务的核算

资料：肇庆长江公司12月发生以下经济业务：

1. 12月3日，从志远工厂购入甲材料15 000千克，增值税专用发票列明货款75 000元，增值税额9 750元，志远工厂代垫运杂费1 500元，款项均以银行存款支付，材料已验收入库。

2. 12月4日，从东方工厂购进乙材料20 000千克，增值税专用发票列明货款60 000元，增值税额7 800元，东方工厂代垫运杂费2 000元，款项尚未支付，材料已验收入库。

3. 12月10日，企业以银行存款支付上述购买东方工厂乙材料款项67 800元。

4. 12月11日，从新华工厂购进丙材料8 000千克，增值税专用发票列明货款56 000元，增值税额7 280元，对方代垫运杂费800元，企业开出期限为3个月的不计息的商业承兑汇票一张，材料已经验收入库。

5. 12月14日，从东方工厂购进乙材料10 000千克，增值税专用发票列明货款30 000元，增值税额3 900元，东方工厂代垫运杂费1 000元，款项已支付，材料尚未到达。

6. 12月16日，从东方工厂购进的乙材料已运到，并验收入库。

7. 12月18日，根据合同规定，以银行转账支票预付志远工厂采购甲材料款10 000元。

8. 12月22日，收到上述志远工厂发来的甲材料，增值税专用发票上列明货款为30 000元，增值税额为3 900元，甲材料已验收入库。

9. 12月25日,企业开出转账支票补付志远工厂的货款23 900元。

10. 12月27日,从东方工厂购入甲、丙两种材料,增值税专用发票上列明:甲材料6 000千克,价款30 000元,丙材料3 000千克,价款为21 000元,增值税额合计6 630元。对方代垫两种材料共同负担的运杂费共计900元,款项均以银行存款支付,两种材料尚未运到。

11. 12月30日,上述购进甲、丙材料到达公司并验收入库,结转上述入库材料的采购成本。

【要求】根据上述资料编制会计分录。

实训任务三:生产过程业务的核算

资料:肇庆长江公司12月发生以下经济业务:

1. 12月12日,从仓库领用甲材料、乙材料、丙材料,用以生产A、B产品和其他一般耗用。"材料领料单"如表3-8所示。

表3-8　　　　　　　　　　材料领料单

用途	甲材料		乙材料		丙材料		合计金额（元）
	数量（千克）	金额（元）	数量（千克）	金额（元）	数量（千克）	金额（元）	
生产A产品	1 200	6 000	2 000	6 000	800	5 600	17 600
生产B产品	1 000	5 000	1 500	4 500	700	4 900	14 400
生产车间一般耗用	100	500	200	600	100	700	1 800
行政管理部门耗用	40	200	100	300	50	350	850
合计	2 340	11 700	3 800	11 400	1 650	11 550	34 650

2. 12月13日,从银行提取现金50 000元,以备发上月工资。

3. 12月15日,用现金50 000元发放上月工资。

4. 12月16日,以现金350元购买厂部办公用品。

5. 12月17日,以现金200元购买车间办公用品。

6. 12月20日,以现金预付采购员吴明差旅费800元。

7. 12月24日,吴明出差归来,报销差旅费600元,交回现金200元。

8. 12月31日,以银行存款支付本月水电费2 200元,其中属于生产车间使用的水电费1 500元,属于行政管理部门使用的水电费700元。

9. 12月31日,按规定计提本月固定资产折旧费28 540元,其中,生产车间使用的固定资产应计提折旧费18 540元,企业行政管理部门使用的固定资产应计提折旧费 10 000 元。

10. 12 月 31 日,根据考勤记录和有关资料计算分配职工工资,编制"职工工资分配汇总表"如表 3-9 所示。

表 3-9　　　　　　　　　　职工工资分配汇总表

项目	工资合计(元)
生产 A 产品工人	25 080
生产 B 产品工人	18 240
小计	43 320
车间管理人员	4 560
行政管理人员	9 120
合计	57 000

11. 按生产工人工资比例分配本期发生的制造费用。填入表 3-10 结果。

表 3-10　　　　　　　　　制造费用分配表　　　　　　　　单位:元

产品名称	生产工人工资	分配率	分配金额
A 产品			
B 产品			
合计			

注:分配率取 4 位小数。

12. 12 月 31 日,结转本月完工入库 A、B 产品生产成本,A 产品 968 件,单位成本 60 元,总成本 58 080 元;B 产品 1 096 件,单位成本 40 元,总成本 43 840 元。月初 A、B 产品没有期初在产品,月末 A、B 产品全部完工并验收入库,结转完工入库产品的生产成本。

【要求】根据上述资料编制会计分录。

实训任务四:销售过程业务的核算

资料:肇庆科贸公司 12 月发生以下经济业务:

1. 12 月 5 日,销售给丰华公司产品一批,增值税专用发票上注明:A 产品 500 件,每件售价 200 元,计 100 000 元;B 产品 300 件,每件售价 500 元,计 150 000 元,增值税税额 32 500 元,产品已经发出,款项已收到并存入银行。

2. 12 月 8 日,以银行存款支付广告费 2 000 元。

3. 12 月 10 日,销售给星海公司产品一批,增值税专用发票上注明 A 产品 600 件,每件售价 200 元,计 120 000 元,增值税税额 15 600 元,产品已经发出,款项暂未收到。

4. 12 月 13 日,以银行存款支付汇兑手续费 500 元。

5. 12 月 16 日,销售给大华公司产品一批,增值税专用发票上注明 B 产品 400 件,每件售价 500 元,计200 000元,增值税税额26 000元,产品已经发出,收到期限为 4 个月、票面金额为 234 000 元的商业汇票一张。

6. 12 月 17 日,按合同规定预收长江公司订购 A 产品的货款50 000元,款项存入银行。

7. 12 月 19 日,按合同规定向长江公司发出 A 产品 500 件,增值税专用发票上注明每件售价 200 元,货款100 000元,增值税13 000元,价款已在 12 月 17 日预收。

8. 12 月 20 日,收到上述长江公司购买的 A 产品余款 63 000 元,款项存入银行。

9. 12 月 21 日,收到星海公司所欠货款 135 600 元,款项存入银行。

10. 12 月 25 日,销售给盛华公司甲材料一批,增值税专用发票注明数量2 700千克,每千克售价 20 元,计54 000元,增值税税额 7 020 元,款项已存入银行。

11. 12 月 25 日,结转上述已销甲材料的成本 40 000 元。

12. 12 月 31 日,结转本月已销产品的成本,其中,A 产品每件 130 元,B 产品每件 350 元。

13. 12 月 31 日,经查本月"应交税费——应交增值税"账户借方栏"进项税额"为38 880元,贷方"销项税额"为94 120元,抵扣后本月应交增值税税额为55 240元,按应交增值税额的 7% 计提本月的城市维护建设税,按 3% 计提教育费附加。

【要求】根据上述资料编制会计分录。

实训任务五:财务成果业务的核算
资料1:接实训任务四
1. 12 月 31 日,收到其他被投资单位茂南公司分来的利润 28 000 元,存入银行。

2. 12 月 31 日,以银行存款 30 000 元捐赠希望工程。

3. 12 月 31 日,收到客户方南方公司的违约金 10 000 元,存入银行。

4. 12 月 31 日,将各项收入类、费用类账户余额转入"本年利润"。(备注:"管理费用"账户借方发生额合计为 21 620 元)

5. 12 月 31 日,计算并结转本月的所得税费用,适用的企业所得税税率为25%。

6. 12 月 31 日,将所得税费用转入"本年利润"账户。

7. 假定 12 月 1 日"本年利润"账户月初余额为 1 151 983 元,是 1~11 月累计的净利润,将本年净利润转入"利润分配——未分配利润"账户。

8. 12 月 31 日,按净利润的 10% 提取法定盈余公积金。

9. 12月31日,按净利润的5%提取任意盈余公积金。

10. 12月31日,向投资者分配利润80 000元。

11. 将"利润分配"有关明细账户的余额,转入"利润分配——未分配利润"账户。

【要求】根据上述资料编制会计分录。

资料2:(利润分配的核算)利达公司2018年年初"利润分配——未分配利润"账户的贷方余额为300 000元,本年实现净利润为2 235 000元,年末未分配利润资料如下:

1. 年末,将全年累计实现的净利润2 235 000元转入"利润分配——未分配利润"账户。

2. 年末,按全年的净利润的10%提取法定盈余公积金。

3. 年末,按全年的净利润的20%提取任意盈余公积金。

4. 年末,经研究决定向投资者分配利润1 200 000元。

5. 年末,结转已分配利润,将"利润分配"有关明细账户数额转入"利润分配——未分配利润"账户。

6. 写出年末未分配利润的计算结果。

【要求】根据上述资料编制1~5小题会计分录,并计算出第6小题的结果。

第四章　建立账簿

【教学目标】
1. 掌握会计核算流程。
2. 掌握会计账簿的概念，以及其按用途、外观形式和账页格式的分类。
3. 掌握建账的具体操作技能。

第一节　会计循环

会计工作具有明显的阶段性，具体可以划分为建账、日常处理和期末处理三个阶段，每一阶段都有其特定的工作内容。

建账是根据企业具体行业要求和未来可能发生的经济业务，设置账簿，并将相关账户期初余额登记入账，从而为具体会计核算工作做好准备。建账主要在两种情况下进行：一是在一个会计主体设立时，根据相关规定从事生产、经营的企业应自领取营业执照之日起15日内设置账簿；二是在一个会计年度结束，新会计年度开始时，必须更换旧账簿，设置新账簿。从理论上讲，上一会计期间的期末余额即为下一会计期间的期初余额，会计资料在账簿中会自然衔接起来，但根据我国会计档案管理的要求，会计凭证、会计账簿和会计报表等资料应作为会计档案分期整理归档，会计账簿一般要按年更换，因此，在新的会计年度开始时，需开设出新的账簿，将上年的相关账簿资料结转入新账簿，使新旧年度的会计资料在账簿中衔接起来。

日常处理是根据实际发生的经济业务，采用复式记账的方法，收集、整理、分类、汇总会计信息，为期末处理提供依据。其基本步骤为：当经济业务发生或完成时，由相关业务人员填制或取得原始凭证，交会计人员对原始凭证审核无误后，据以编制记账凭证，再采用一定的方法和程序记入日记账、明细账和总分类账。

期末处理是在日常处理的基础上，对会计资料进行进一步加工整理，并编制会计报表。其基本步骤为：根据权责发生制，对本期的收入和费用进行调整；计算并结转存货出入库成本；根据会计分期的要求，结转损益、确认本期财务成果；在对账无误后，进行结账并根据相关账簿记录编制会计报表。

在下一会计期间，又循着日常处理和期末处理的步骤依次进行，如此循环往复，周而复始，我们把每一会计期间不断往复、依次进行的账务处理步骤称为会计循环。

第二节　账簿的意义和种类

一、会计账簿的概念与意义

(一)会计账簿的概念

会计账簿是指由一定格式的账页组成的,以经过审核的会计凭证为依据,全面、系统、连续地记录各项经济业务的簿籍。设置和登记账簿,是编制财务报表的基础,是连接会计凭证和财务报表的中间环节。

(二)会计账簿的作用

每项经济业务发生后,会计人员应根据相关凭证,按复式记账的方法编制出会计分录,但分录只是用会计语言来反映此项业务所引起的相关会计要素的增减变动情况,提供的是零星、分散的信息资料,不能把各单位在一定会计期间的全部经济业务所引起的会计要素的变化、资金运动的过程及其结果系统、完整地反映出来,不便于会计信息的整理与报告。因此,在会计核算工作中,为了全面记录和反映一个单位的经济业务,需要通过设置和登记账簿,来对分散的数据或资料进行归类整理,并逐步加工成相关会计信息,为编制会计报表提供依据。

设置和登记账簿是会计核算工作的重要环节,它的作用可以概括为以下几方面:

1. 记载和储存会计信息

通过设置和登记账簿,可以将会计凭证中记录的信息记入相关账簿,从而全面地反映一个单位在一定会计期间发生的经济业务所引起的会计要素变化和资金运动情况,储存各项会计信息。

2. 分类、汇总会计信息

通过设置和登记账簿,可以按账户对会计凭证中大量而分散的会计资料进行分类记录,并可进一步汇总加工,从不同详细程度提供多种会计信息。

3. 检查、校正会计信息

通过设置和登记账簿,可以反映各项财产物资的增减变动情况,从而监督财产物资的保管和使用情况,有利于保障财产物资的安全完整,通过账实核对做到账实相符,提供可靠的会计信息。同时会计账簿作为重要的会计档案,是会计检查和会计分析的重要依据。

4. 编报、输出会计信息

通过设置和登记账簿,可以为计算财务成果及编制会计报表提供依据,从而向会计信息使用者提供各项会计信息。

(三)会计账簿的基本内容

在实际工作中,由于各种会计账簿所记录的经济业务不同,账簿的格式也多种

多样,但各种账簿都应具备以下基本内容:

1. 封面

主要用来标明账簿名称,如总分类账、各种明细分类账、现金日记账、银行存款日记账等。

2. 扉页

主要列明科目索引、账簿启用和经管人员一览表(活页账、卡片账在装订成册后,填写账簿启用和经管人员一览表),其格式如表 4-1 所示。

表 4-1　　　　　　　　　账簿启用和经管人员一览表

账簿启用表				贴印花处	
单位名称	(加盖公章)		负责人	职务	姓名
账簿名称	总账　账簿第　册		单位领导		
账簿号码	第　号	启用日期　年 月 日	会计主管		
账簿页数	本账簿共计　　　页		主办会计		
经管本账簿人员一览表					
记账人员		接管日期	移交日期	监交人员	备注
职务　姓名　签章		年　月　日	年　月　日	职务　姓名	

3. 账页

账页是账簿用来记录经济业务事项的载体,包括账户的名称、登记账户的日期栏、凭证种类和号数栏、摘要栏(记录经济业务内容的简要说明)、金额栏(记录经济业务的金额增减变动情况)、总页次和分户页次等基本内容。

(四)会计账簿与账户的关系

会计账簿与会计账户有着密切的联系。账户是根据会计科目开设的,账户存在于账簿之中,账簿中的每一账页都是账户的存在形式和载体,没有账簿,账户就无法存在。另一方面,账户是账簿的实质内容,账簿对经济业务的全面、系统、连续的记录是在各个账户中分类进行的,账簿是这些账户的外观形式。概括地说,账簿与账户的关系是形式与内容的关系。

二、会计账簿的种类

会计账簿的种类很多,不同类别的会计账簿可以提供不同的信息,满足不同的需要。会计账簿可以按不同的分类标准进行分类。

(一)账簿按用途分类

账簿按其用途可分为序时账簿、分类账簿和备查账簿三类。

1. 序时账簿

序时账簿,又称日记账,是按照经济业务发生时间的先后顺序,逐日、逐笔登记的账簿。序时账簿按其记录的内容,可分为普通日记账和特种日记账。

普通日记账是对全部经济业务按其发生时间的先后顺序逐日、逐笔登记的账簿;特种日记账是对某一特定种类的经济业务按其发生时间的先后顺序逐日、逐笔登记的账簿。如用来登记现金收付业务及其结存情况的现金日记账,用来登记银行存款收付业务及其结存情况的银行存款日记账。

目前,我国各单位一般只设置现金和银行存款两本特种日记账,以加强对货币资金的监督和控制,而不设置普通日记账。

2. 分类账簿

分类账簿是按照会计要素的具体类别而设置的、分类进行登记的账簿。账簿按其反映经济业务的详略程度,可分为总分类账簿和明细分类账簿。

总分类账簿,又称总账,是根据总分类账户开设的,能够全面地反映企业的经济活动;明细分类账簿,又称明细账,是根据明细分类账户开设的,用来提供明细的核算资料。总账对所属的明细账起统驭作用,明细账对总账进行补充和说明。

分类账可以按账户分类,反映和监督企业各项会计要素的增减变化情况,它所提供的数据信息是编制会计报表的主要依据。

3. 备查账簿

备查账簿,又称辅助登记簿或补充登记簿,是指对某些在序时账簿和分类账簿中未能记载或记载不全的经济业务进行补充登记的账簿。备查账簿只是对其他账簿记录的一种补充,与其他账簿之间不存在严密的依存和勾稽关系。如租入固定资产登记簿,用来登记那些以经营方式租入、不属于本企业资产、不能记入本企业固定资产账户的固定资产;代销商品登记簿,用来登记代为销售、不属于本企业资产、不能记入本企业库存商品的受托代销商品等。

备查簿与序时账、分类账有两点不同:一是备查簿的登记依据是实际发生的经济业务,不一定需要原始凭证或记账凭证;二是备查簿可以根据各单位的实际需要自行设置,没有固定的格式要求,其登记内容更注重用文字对经济业务相关情况的表述。

(二)账簿按外表形式分类

账簿按外表形式,可分为订本式账簿、活页式账簿和卡片式账簿三种。

1. 订本式账簿

订本式账簿,又称"订本账",是指在启用前对账页顺序编号,并固定地装订成册的账簿。它的优点是能够防止账页散失和非法抽换,比较安全;缺点是账页固定装订,同一时间内只能由一人负责登记,不便于分工记账,每一账户所需账页要事先估计预留,不便于根据记账需要增减账页。订本式账簿一般用于现金、银行存款日记账和总分类账。

2. 活页式账簿

活页式账簿,又称"活页账",它是将若干具有一定格式的账页装订在活页账夹中,启用后可以随时增减或重新排列账页,年终再对实际账页顺序编号并装订成册的账簿。它的优点是应用灵活,便于分工记账,可随时根据记账需要增减账页;缺点是账页容易丢失和被非法抽换。活页式账簿一般用于明细分类账。

3. 卡片式账簿

卡片式账簿,又称"卡片账",它是由专门格式、分散的卡片作为账页组成的账簿。这种卡片一般放置在卡片箱中,可以随时取放,其本质也是一种活页账,因此它除具有活页账的优、缺点,此外,它还可以跨年度使用,不需每年更换。卡片式账簿主要用于使用期限较长的财产物资明细账,如固定资产卡片、低值易耗品卡片等。

(三)账簿按账页格式分类

账簿按账页格式,可以分成二栏式账簿、三栏式账簿、多栏式账簿、数量金额式账簿、横线登记式账簿。

1. 二栏式账簿

二栏式账簿是指只有借方和贷方两个金额栏目的账簿。如普通日记账一般采用两栏式,格式如表4-2所示。

表4-2　　　　　　　普通日记账(二栏式)　　　　　　第　　页

年		凭证号数	摘要	账户名称	记账	借方									贷方								
月	日					千	百	十	万	千	百	十	元	角	分	千	百	十	万	千	百	十	元	角	分

2. 三栏式账簿

三栏式账簿是指设有借方、贷方和余额三个金额栏目的账簿。这种账簿格式适用于总分类账、现金和银行存款日记账,以及只需进行金额核算的明细分类账户。

三栏式账簿又分为设对方科目和不设对方科目两种,区别是在摘要栏和借方科目之间是否有一栏"对方科目"。有"对方科目"栏的,称为设对方科目的三栏式账簿;没有"对方科目"栏的,称为不设对方科目的三栏式账簿。分别如表4-3和表4-4所示。

表4-3　　　　　　　现金日记账(设对方科目三栏式)

币种:　　　　　　　　　　　　　　　　　　　　　　　　　　　　　　第　　页

年		凭证号数	摘要	对方科目	借方									贷方									借或贷	余额								
月	日				千	百	十	万	千	百	十	元	角	分	千	百	十	万	千	百	十	元	角	分		千	百	十	万	千	百	十	元	角	分

总页码	
本账户页次	

表4-4　　　　　　　　　总账(不设对方科目三栏式)

年		凭证号数	摘要	借方										贷方										借或贷	余额									
月	日			千	百	十	万	千	百	十	元	角	分	千	百	十	万	千	百	十	元	角	分		千	百	十	万	千	百	十	元	角	分

3. 多栏式账簿

多栏式明细账是将属于同一个总账科目的各个明细科目合并在一张账页上进行登记,即在这种格式账页的借方或贷方金额栏内按照明细项目分设若干个专栏。因此,多栏式明细账又分为借方多栏式、贷方多栏式和借贷方多栏式三种格式。这种格式的明细账主要适用于成本、费用或收入类科目的明细核算。成本费用类账户一般发生额在借方,因此多采用借方多栏的格式。而收入类账户一般发生额在贷方,故采用贷方多栏的格式。如表4-5所示。

表 4-5　　　　　　　　　　　管理费用明细账　　　　　　　　第　　页

年		凭证号码	摘要	借方						
月	日			办公费 万千百十元角分	差旅费 万千百十元角分	水电费 万千百十元角分	工资 万千百十元角分	…… 万千百十元角分	合计 万千百十元角分	

4. 数量金额式账簿

数量金额式账簿是指在账簿的借方、贷方和余额三个栏目内,每个栏目再分设数量、单价和金额三小栏,借以反映财产物资的实物数量和价值量的账簿。这种账簿适用于既要进行货币量核算,又要进行实物数量核算的明细分类账户,如"原材料""库存商品"等各类存货的明细分类账。它能提供各种财产物资的收入、发出和结存的数量及金额,便于加强对财产物资的实物管理,保障财产物资的安全完整。如表 4-6 所示。

本账页数	
本户页数	

表 4-6　　　　　　　　　　　材料明细账

类别：　　　　　名称：　　　　　规格：　　　　　计量单位：　　　　　编号：

年		凭证号数	摘要	收入			发出			结存		
月	日			数量	单价	金额 百十万千百十元角分	数量	单价	金额 百十万千百十元角分	数量	单位	金额 百十万千百十元角分

5. 横线登记式账簿

横线登记式账簿,又称平行式账簿,是指将前后密切相关的经济业务登记在同一行上,以便检查每笔业务的发生和完成情况的账簿。这种格式适用于物资采购和某些应收、应付款项的明细核算。格式如表 4-7 所示。

表 4-7

在途物资登记簿											
付款记录								收料记录			
年		凭证		供应单位	发票号	材料名称	数量	金额	年		凭证		实收数量	金额	备注
月	日	字	号						月	日	字	号			

第三节 会计账簿的设置

账簿设置是根据企业所在具体行业要求和未来可能发生的经济业务，确定需开设账簿的种类、外表形式、账页格式，以及规定账簿的登记方法，并将初始账务资料登入有关账簿，为日常经济业务的处理做好准备。

一、会计账簿设置原则

各单位的账簿设置，要在符合国家统一会计制度规定的前提下，根据本单位经济业务的特点和管理的需要，遵照以下原则进行：

第一，账簿的设置要组织严密，能够全面、分类、序时地反映和监督经济业务活动情况，便于提供全面、系统的核算资料。

第二，要科学划分账簿的核算范围及层次，账簿之间既要互相联系，能清晰地反映账户间的对应关系，也要防止相互重叠，避免重复记账。

第三，账页格式要符合所记录的经济业务的内容要求，力求简明实用，既要防止过于繁琐，又要避免过于简单，以致不能满足日常管理和编制报表的资料需求。

二、期初建账

建立账簿是企业单位进行会计核算的起点。因为每个单位的会计核算都是建立在持续经营与会计分期等假设基础之上的,所以在每个会计期间的期初,应将上个会计期间期末各账户的余额过入本期各账簿中,作为期初余额。同时对于期末没有余额的账户(如损益类账户),或者以前未开设过的账户,也要按照单位的实际需要建立账簿。这个过程就是期初建账。

以下以肇庆华丽服装有限公司(简称华丽公司)的案例为例说明企业期初建账方法。

根据企业经济业务的特点和管理需要,一般应购买并设置以下账簿:

(一)总分类账期初建账

总分类账一般采用订本式账簿、三栏式账页格式。建账步骤如下:

1. 启用账簿

(1)填写"账簿启用表"。每本账簿的扉页均附有"账簿启用表",内容包括单位名称、账簿名称、账簿号码、账簿页数、启用日期、单位负责人、单位主管财会工作负责人、会计机构负责人、会计主管人员等。启用账簿时,应填写表内各项内容,并在单位名称处加盖公章、各负责人姓名后加盖私章。

(2)填写"经管本账簿人员一览表"。账簿经管人员指负责登记使用该账簿的会计人员,当账簿的经管人员调动工作时,应办理交接手续,填写该表中的账簿交接内容,并由交接双方人共同签名或盖章。

(3)粘贴印花税票。根据税法相关规定,企业的会计账簿中的资金账簿,即反映企业实收资本和资本公积金额增减变化的账簿,按以下方法贴花:在企业设立初次建账时,按实收资本和资本公积金额的0.25‰贴花;次年度实收资本与资本公积未增加的,不再计算贴花,实收资本与资本公积增加的,就其增加部分按0.25‰税率补贴印花。其他会计账簿,免征印花税。

印花税票粘贴在账簿扉页的右下角"印花粘贴处"框内,并在印花税票中间划几条平行横线即行注销,注销标记应与骑缝处相交。若企业使用缴款书缴纳印花税,应在账簿扉页的"印花粘贴处"框内注明"印花税已缴"以及缴款金额。

【例4-1】以肇庆华丽服装有限公司2019年年初总账启用账簿为例,账簿启用登记表见表4-8。

表 4-8　　　　　　　　　　　　账簿启用表

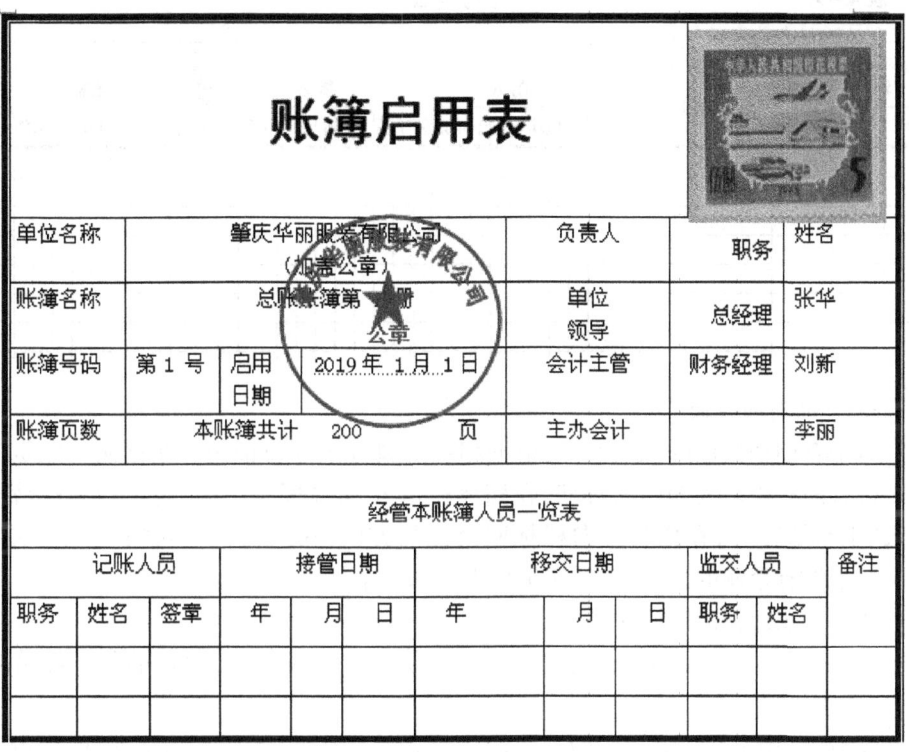

2. 设置总分类账户

总分类账簿中包括本企业使用的全部总分类账户,因此需指定每一总分类账户在总分类账簿中的登记账页,在相应账页的"会计科目及编号"栏处填写指定登记账户的名称及编码。

由于总分类账采用的是订本式账簿,为了便于账户的查找,各总账账户的排列顺序应有一定的规律,一般应按会计科目表中编码顺序排列,因此,只要是本单位会计核算涉及的总账账户,不论期初是否有余额,都需在总账中设置出相应账户,并根据实际需要预留账页。

【例 4-2】以肇庆华丽服装有限公司 2019 年 1 月初开设库存现金总账账页为例,库存现金总账账页见表 4-9。

表4-9　　　　　　　　　　总分类账

总页码	1
本账户页次	1

会计科目名称及编号：库存现金

年		凭证号数	摘要	借方										贷方										借或贷	余额									
月	日			千	百	十	万	千	百	十	元	角	分	千	百	十	万	千	百	十	元	角	分		千	百	十	万	千	百	十	元	角	分

3. 登记期初余额

对于有期初余额的总账账户，根据相关资料登记账户记录。在该账户账页的第一行日期栏中填入期初的日期，在摘要栏填入"期初余额"（年度更换新账簿时填入"上年结转"），在借贷方向栏标明余额的方向，在余额栏填入账户的期初余额。对于没有余额的总账账户，无须特别标识其余额为零。

在登记账簿记录时应注意：

（1）使用蓝黑墨水或者碳素墨水书写，不得使用圆珠笔（银行的复写账簿除外）或者铅笔书写。

（2）账簿中书写的文字和数字上面要留有适当空格，不要写满格，一般应占格距的1/2。

（3）账簿的阿拉伯数字应按所示的会计数字的规范书写要求书写（参见图4-1）。数字书写时不得连笔书写，每个数字要紧贴底线书写，并有60度左右的倾斜度。书写数字"6"时，上端比其他数字高出1/4，书写数字"7"和"9"时，下端比其他数字伸出1/4。

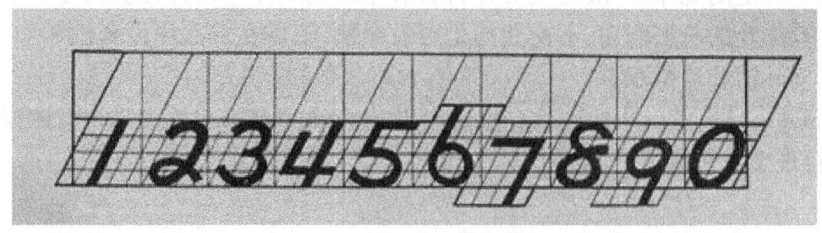

图4-1　会计数字规范书写

（4）账簿中的小写金额前不用加上币别符号。

【例4-3】按以上方法设置肇庆华丽服装有限公司2019年4月1日的"库存现金"期初余额如表4-10所示。(资料见本章的实训任务1)

表4-10　　　　　　　　　总分类账

总页码	2
本户页次	2

会计科目名称及编号：<u>库存现金</u>

2019年		凭证号数	摘要	借方 千 百 十 万 千 百 十 元 角 分	贷方 千 百 十 万 千 百 十 元 角 分	借或贷	余额 千 百 十 万 千 百 十 元 角 分
月	日						
4	1		承前页				7 0 0 0 0 0

4. 填写账户目录

由于总账是订本式，在各账页中预先印有连续编号，为方便查找，所有总账账户设置完后，应在账簿启用页后的"账户目录表"中填入各账户的科目编号、名称及起始页码。

【例4-4】按以上方法设置肇庆华丽服装有限公司的账户目录如表4-11所示。(资料见本章的实训任务1)

表4-11　　　　　　　肇庆华丽服装有限公司的账户目录

账簿目录表

序号	科目名称	总页码	序号	科目名称	总页码
1	库存现金	1	14	应付利息	58
2	银行存款	5	15	实收资本	62
3	应收票据	13	16	盈余公积	65
4	应收账款	16	17	本年利润	70
5	原材料	21	18	利润分配	75
6	库存商品	26	19	生产成本	78
7	固定资产	29	20	制造费用	86
8	无形资产	31	21	主营业务收入	95
9	累计折旧	34	22	其他业务收入	100
10	短期借款	37	23	主营业务成本	105
11	应付账款	42	24	其他业务成本	108
12	应付职工薪酬	47	25	税金及附加	111
13	应交税费	54	26	……	

（二）日记账期初建账

为了加强对货币资金的监督和控制，应设置现金、银行存款日记账各一本，采用订本式账簿、三栏式账页格式。日记账建账步骤如下：

1. 启用账簿

日记账的账簿启用与总账相似，此处不再赘述。

2. 设置账户

现金日记账按现金的币种分别开设账户，银行存款日记账按单位在银行开立的账户和币种开设账户，每一账户要预留账页。因外币现金和银行存款需采用包含原币信息的复币账页，因此，本位币与外币现金、银行存款分别开设账簿。

3. 登记期初余额

对于有期初余额的"库存现金"账户，根据相关资料在账户中登记期初余额；对于有期初余额的"银行存款"账户，根据相关资料在账户中登记期初余额。

4. 填写账户目录

日记账的账户目录的填写与总账相似，此处不再赘述。

【例4-5】按以上方法设置肇庆华丽服装有限公司2019年4月1日的现金日记账和银行存款日记账。如表4-12和表4-13所示。（资料见本章的实训任务中表4-19）

表4-12　　　　　　　　　　现金日记账　　　　　　　　　　第5页

币种：人民币

2019年		凭证号数	摘要	对方科目	借方 千百十万千百十元角分	贷方 千百十万千百十元角分	借或贷	余额 千百十万千百十元角分
4月	日							
4	1		承前页				借	7 0 0 0 0 0

表4-13　　　　　　　　　　银行存款日记账　　　　　　　　　第6页

开户银行：工商银行

2019年		凭证号数	摘要	对方科目	借方 千百十万千百十元角分	贷方 千百十万千百十元角分	借或贷	余额 千百十万千百十元角分
4月	日							
4	1		承前页				借	1 1 5 1 8 0 5 0 0

(三) 明细分类账期初建账

明细分类账一般采用活页式账簿,有三栏式、数量金额式及多栏式多种账页格式,相同格式的账页装订成本。

由于活页账可以在使用过程中根据需要增减账页,以及对账页的顺序进行调整,因此,在设置明细分类账时,不需给每一明细账户预留账页,可以先在相关账簿中设置出有期初余额的明细账户,对期初无余额的明细账户,可暂时不设,待日常账务处理中用到时再行设置,并插入账簿中同属一个总分类账户的明细账户顺序中去。

为了便于查找账户,明细账户在账簿中一般也按会计科目编码顺序排列,同属于一个总分类账户的明细账户应集中连续排列。在每一明细分类账户起始页上端或右侧粘贴标签(取口纸),在标签上注明该账户名称,不同账户的标签相互错开排列。

并不是所有的总分类账户都需要设置明细分类账户,企业可以根据实际需要决定明细分类账户的设置,以及所采用的账页格式。肇庆华丽服装有限公司的明细分类账户设置及账页格式如表 4-14 所示。

表 4-14　肇庆华丽服装有限公司的明细分类账户设置及账页格式表

总账科目	明细分类账页格式	总账科目	明细分类账页格式
库存现金	日记账	其他应付款	三栏式
银行存款	日记账	长期借款	三栏式
其他货币资金	三栏式	实收资本	三栏式
应收票据	三栏式	资本公积	三栏式
应收账款	三栏式	盈余公积	三栏式
其他应收款	三栏式	本年利润	不设明细账
材料采购	三栏式(专用多栏式)	利润分配	三栏式
原材料	数量金额式	生产成本	专用多栏式
库存商品	数量金额式	制造费用	普通多栏式
长期待摊费用	三栏式	主营业务收入	普通多栏式
固定资产	卡片	其他业务收入	普通多栏式
累计折旧	不设明细账	营业外收入	普通多栏式
短期借款	三栏式	主营业务成本	普通多栏式
应付票据	三栏式	其他业务成本	普通多栏式
应付账款	三栏式	税金及附加	普通多栏式

续表

总账科目	明细分类账页格式	总账科目	明细分类账页格式
其他应付款	三栏式	销售费用	普通多栏式
应付职工薪酬	三栏式	管理费用	普通多栏式
应交税费	应交增值税为专用多栏式;其他明细账户为三栏式	财务费用	普通多栏式
应付利息	三栏式	营业外支出	普通多栏式
应付股利	三栏式	所得税费用	不设明细账

1. 三栏式明细分类账期初建账

建账步骤如下:

(1)启用账簿。

(2)设置账户。在其中设置出应收账款、预付账款、其他应收款、长期待摊费用、短期借款、应付账款、预收账款、应付职工薪酬、应付利息、应交税费、长期借款、实收资本、盈余公积、利润分配等所属各有期初余额的明细分类账户,其他无期初余额的明细账户暂不设置。开设明细账户时,首先在选定明细账页上方填写该明细账户所属总分类科目名称、明细科目名称、明细科目编码及该明细账户当前页码。

活页式账簿内账页事先未印制固定页码,由企业根据使用情况填写。每一账页均有两个页码:

"第××页"("本户页数"),指按明细分类账户对账页所进行的编码,即该账页为该明细分类账户的第几页,在启用新账页时进行编码。如开设"应收账款——广州佳佳连锁服装公司"账户时,选定的账页为该账户的"第1页",该页登记满,转入下页继续登记时,下页即为该账户的"第2页"。

"本账页数"("总第××页"),指不区分明细分类账户,对账簿中包含的账页按排列顺序进行的编码,即该账页为该明细账簿中的第几页。由于活页账在使用过程中会根据需要对账页进行增减,以及调整账页的顺序,所以该编码在年度结束时,将账簿中空白账页抽出,并对账页顺序进行整理后填写。

(3)登记期初余额。根据相关资料在明细分类账户中登记期初余额。

【例4-6】根据以上方法开设肇庆华丽服装公司2019年4月应收账款——广州佳佳连锁服装公司的账款明细分类账户如表4-15所示。(资料见本章的实训任务)

			本账页数	
			本户页数	3

表4-15　　　　　　　　　　应收账款明细账

应收账款科目 广州佳佳连锁服装公司

2019年		凭证号数	摘要	借方 千百十万千百十元角分	贷方 千百十万千百十元角分	借或贷	余额 千百十万千百十元角分
4月	日						
4	1		承前页			借	1 0 9 9 8 0 0 0

在进行明细分类账的设置时,应注意的是:明细科目的编码一般采用群码的编码方式,以清楚地反映科目的隶属关系,其中一级科目编码已由会计制度明确规定,其他各级科目编码长度根据各单位需要自行确定,其长度既不能过长,不便运用,也不能太短,容量不够使用。

(4)粘贴账户标签。由于活页账簿中账页数量和位置的可变性,账簿登记过程中不能通过账户目录来查找账户,因此,为了便于账户查找,在每个账户首页上加贴取纸标签。

2. 数量金额式明细分类账期初建账

建账步骤:

(1)启用账簿。

(2)设置账户:在其中开设出原材料、库存商品所属的有期初余额的明细分类账户。

(3)登记期初余额:根据相关资料在明细分类账户中登记期初余额。

(4)粘贴账户标签。

【例4-7】根据以上方法开设肇庆华丽服装公司2019年4月原材料——条纹纯棉面料(资料见本章的实训任务表4-20)明细分类账户如表4-16所示。

3. 多栏式明细账期初建账

(1)应交增值税明细账。该账簿是专用账簿,用以登记应交增值税的增减变化情况。因此,无须再进行账户设置,在启用账簿后,将应交增值税账户的期初余额登记入账簿即可。

本账页数	
本户页数	4

表4-16　　　　　　　　　　　材料明细账

类别:原料及主要材料　　名称:条纹纯棉面料　　规格:95%棉+5%氨纶　　计量单位:米　　编号:

2019年		凭证号数	摘要	收入			发出			结存		
4月	日			数量	单价	十万千百十元角分	数量	单价	十万千百十元角分	数量	单价	十万千百十元角分
4	1		承前页							2400	15	3 6 0 0 0 0 0

(2)生产成本明细账。

建账步骤:

①启用账簿。

②开设账户。生产成本明细账用以登记各成本核算对象的实际生产成本,按产品品种开设明细分类账户,对每种产品设置直接材料、直接人工及制造费用三个成本构成项目。开设时,在选定的账页左上方填入总账科目、产品名称、规格型号及计量单位等资料,并填写账页编码。

③登记期初余额。根据相关资料将该种产品期初在产品成本登记入账。登记时在"合计栏"中填入期初总成本,"直接材料""直接人工""制造费用"栏中填入各成本构成项目金额。

应注意的是,在各多栏式明细账簿中,一般将多栏方向的起始栏设为"合计"栏,"合计"是指本行本方向登记的各栏金额合计数,上下行数据不累积。

④粘贴账户标签。

(3)普通多栏式明细分类账。

建账步骤:

①启用账簿。

②开设账户。普通多栏式明细分类账主要用来登记制造费用及各损益类账户,这些账户一般没有期初余额。开设账户时,首先将总分类科目填入账户的"科目名称"栏;然后确定多栏方向并写入栏目上方,一般将该账户登记增加的一方设为多栏方向,如"制造费用"和损益类中的费用账户设借方多栏,损益类中的收入账户设贷方多栏;最后将所属明细科目作为账户中栏目名称写入各栏目,注意将第一栏设为"合计"栏。

③粘贴账户标签。

【例4-8】根据以上方法开设肇庆华丽服装公司2019年4月普通多栏式明细分类账,以开设管理费用明细分类账户为例。如表4-17所示。

表4-17　　　　　　　　　管理费用明细账　　　　　第　页

2019年	凭证号码	摘要	借方					合计
4月 日			办公费	差旅费	水电费	工资	折旧费	
			万千百十元角分	万千百十元角分	万千百十元角分	万千百十元角分	万千百十元角分	万千百十元角分

4. 备查簿

设置备查簿一本，用以登记租入的行政办公用房相关信息，该账簿没有固定的账本形式和账页格式，企业可以根据实际情况选择适用账簿。另外，企业在经营过程中涉及应收票据的，还应设"应收票据备查簿"，逐笔登记商业汇票的种类、号数和出票日、票面金额、交易合同号和付款人、承兑人、背书人的姓名或单位名称、到期日、背书转让日、贴现日、贴现率和贴现净额以及收款日和收回金额、退票情况等资料。商业汇票到期结清票款或退票后，在备查簿中注销。企业在经营过程中涉及应付票据的，应设"应付票据备查簿"，详细登记商业汇票的种类、号数和出票日期、到期日、票面金额、交易合同号和收款人姓名或单位名称以及付款日期和金额等资料。应付票据到期结清时，在备查簿中注销。

实训任务

一、肇庆华丽服装有限公司概况和实训资料

（一）模拟公司简介

1. 企业名称：肇庆华丽服装有限公司（以下简称华丽公司）。
2. 法人代表人：张华。
3. 注册资本：90万元。
4. 企业类型：有限责任公司。
5. 企业地址：肇庆市端州区端州六路，邮政编码：526020，电话：0758-8388888。
6. 开户银行：工商银行肇庆端州支行。账号：6212262017001234567
7. 税务登记号码：32070330839123
8. 企业经营范围及主要产品：主要生产两种产品男T恤和女T恤。
9. 经营方式：生产销售。
10. 纳税人类型：一般纳税人；适用增值税税率：13%；企业所得税税率为25%；城建税税率为7%；教育费附加为3%。
11. 预留银行印鉴：

(二)企业内部组织结构

1. 公司组织机构设置

该公司下设一个基本生产车间、行政办公室、采购部、生产部、销售部、财务部,无辅助生产车间。采购部下设材料仓库,销售部下设产成品库。企业组织机构设置置如图4-2所示。

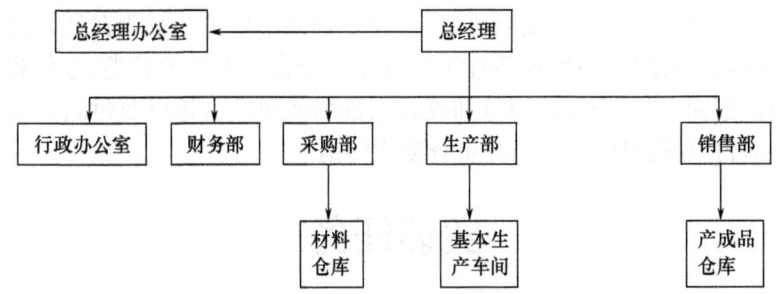

图4-2 企业组织机构设置图

2. 企业各部门主管一览表如表4-18所示。

表4-18 企业各部门主管一览表

部门	主管
总经理	张华
行政办公室	李英
财务部	刘新
采购部	李飞
生产部	赵刚
销售部	张朋

3. 财务部的岗位及人员分工:

会计机构负责人:刘新,负责登记总账、编制会计报表和财务部全面工作。

出纳员:张燕,负责出纳业务工作。
记账员:陈敏,负责编制记账凭证等工作。
审核员:李丽,负责对记账凭证进行审核、登记各种明细账。

(三)产品工艺流程(如图 4-3 所示)。

图 4-3 产品工艺流程图

(四)期初材料

1. 肇庆华丽服装有限公司 2019 年 4 月有关总账账户期初余额,见表 4-19。

表 4-19　　　　　　2019 年 4 月 1 日有关总账账户期初余额

账户名称	借方余额	账户名称	贷方余额
库存现金	7 000	累计折旧	96 960
银行存款	1 151 805	短期借款	90 000
应收票据	107 640	应付账款	40 365
应收账款	273 780	应付职工薪酬	181 000
其他应收款	3 000	应交税费	50 600
原材料	60 000	应付利息	300
库存商品	350 000	实收资本	900 000
固定资产	808 000	盈余公积	162 000
无形资产	200 000	本年利润	360 000
		利润分配	1 080 000
合计	2 961 225	合计	2 961 225

2. 2019 年 4 月 1 日有关明细账账户期初余额。

(1)原材料明细账如表 4-20 所示。

表 4-20　　　　　　原材料明细账账户余额

材料名称	材料规格	数量	计量单位	单价	金额(元)
条纹纯棉面料	92%棉+8%氨纶	2 400	米	15	36 000
单色纯棉面料	95%棉+5%氨纶	2 000	米	12	24 000

(2)库存商品明细账如表 4-21 所示。

表 4-21　　　　　　　　　　库存商品明细账账户余额

产品名称	数量	计量单位	单价	金额(元)
男 T 恤	5 000	件	42 元	210 000
女 T 恤	4 000	件	35 元	140 000

（3）应收账款明细账账户余额。

应收票据 ——肇庆大华连锁服装公司　　　　　　　　107 640
应收账款——广州佳佳连锁服装公司　　　　　　　　109 980
　　　　　——佛山友邦连锁服装公司　　　　　　　　163 800
其他应收款——保险公司　　　　　　　　　　　　　　3 000
应付账款——广州华新纺织有限公司　　　　　　　　　40 365
应交税费——未交增值税　　　　　　　　　　　　　　46 000
　　　　　——应交城市维护建设税　　　　　　　　　3 220
　　　　　——应交教育费附加　　　　　　　　　　　1 380

二、实训任务

根据以上资料，为肇庆华丽服装有限公司进行期初建账工作。

1. 购买 1 本总账账簿。首先为该公司 2019 年初开设账簿启用表，再根据该公司"总账账户期初余额表"所有的总分类账户进行期初建账，最后再填写总账目录表。

2. 准备日记账账页 2 页。请为该公司的库存现金、银行存款账户进行日记账的期初建账。

3. 准备三栏式明细账账页 4 页。请为该公司应收账款——广州佳佳连锁服装公司、应收账款——佛山友邦连锁服装公司、应付账款——广州华新纺织有限公司进行三栏式明细账期初建账。

4. 准备数量金额式明细账账页 4 页。请为该公司原材料——条纹纯棉面料、原材料——单色纯棉面料、库存商品——男 T 恤、库存商品——女 T 恤进行数量金额式明细账期初建账。

第五章　日常业务处理——会计凭证填制

【教学目标】
1. 了解会计凭证的概念与作用。
2. 了解会计凭证的传递。
3. 熟悉原始凭证与记账凭证的种类。
4. 熟悉会计凭证的保管。
5. 掌握原始凭证的填制。
6. 掌握记账凭证的填制。
7. 掌握原始凭证与记账凭证的审核。

第一节　会计凭证的概念及分类

一、会计凭证的概念

会计凭证是指记录经济业务发生或者完成情况的书面证明,是登记账簿的依据。

会计主体发生的每一项经济业务,都要由执行或完成该项经济业务的有关人员通过凭证来接收、记录经济业务的内容、数量和金额等信息,并在凭证上签名或盖章,以对经济业务的合法性和凭证的真实性、准确性负责。会计凭证还必须经过有关人员审核无误并确认后,才可以将凭证上记录的经济业务数据记入账簿。

会计凭证的填制和审核作为会计核算工作的起点,是会计核算的基础工作,也是会计核算的基本方法之一,对于保证会计信息的客观性、真实性、完整性,如实反映和有效监督企业的经济业务具有十分重要的作用,主要体现在以下几个方面:

(1)反映经济业务,提供记账依据。通过取得或填制会计凭证,可以全面接收并记录企业日常发生的经济业务的信息,为登记账簿提供必要的依据。

(2)检查、监督经济活动。通过审核会计凭证,可以检查和监督企业所发生的经济业务是否合理、合法、合规,以保证企业财产的安全和合理使用,保证财务计划和财政制度的贯彻执行,充分发挥会计的监督作用。

(3)明确经济责任。通过认真填制和审核凭证,可以明确有关部门、有关人员在处理经济业务中的责任,加强经济责任制。

会计凭证按照填制程序和用途可分为原始凭证和记账凭证。下面分别介绍。

二、原始凭证

（一）原始凭证的概念

原始凭证，又称单据，是指在经济业务发生或完成时取得或填制的，用以记录或证明经济业务的发生或完成情况的原始凭据。原始凭证是进行会计核算的原始资料和重要的证明文件。会计人员对不真实、不合法的原始凭证不予受理，对记载不正确、不完整的原始凭证，可以要求更正、补充。

（二）原始凭证的种类

原始凭证可以按照取得来源、格式、填制的手续和内容进行分类。

1. 按取得的来源分类

原始凭证按照取得的来源可分为自制原始凭证和外来原始凭证。

（1）自制原始凭证。自制原始凭证是指由本单位有关部门和人员，在执行或完成某项经济业务时填制的，仅供本单位内部使用的原始凭证。如本企业在对外销售商品时所开具的销货发票的副联（记账联）（见图5-1）、采购员出差前借款时填写的借款单（见图5-2）、仓库保管人员在验收材料入库时填制的"收料单"（见图5-3）、产品出入库的产品入库单、产品出库单、"差旅费报销单"、工资发放明细表（见表5-1）等。

广东增值税专用发票						NO 20190501		
税务监制章略								
记账联						开票日期：2019年04月03日		
购货单位	名称：佛山友邦连锁服装公司 纳税人识别号：22070330839456 地址、电话：佛山市禅城区 开户行及账号：工行禅城支行 6212262017001357896					密码区	68/-887/->59*<818<90 7>/0/433>2*3-0+672<7* 1+-<<51+41+>*>58*8460 7650000<56+*31/58>>45	
货物或应税劳务名称	规格型号	单位	数量	单价	金额		税率	税额
男T恤		件	2 000	80	160 000.00		13%	20 800.00
合计					¥160 000.00			¥20 800.00
价税合计（大写）	⊗拾捌万零捌佰元整						（小写）¥180 800.00	
销货单位名称：肇庆华丽服装有限公司 纳税人识别号：32070330839123 地址、电话：肇庆市端州区端州六路 0758-8388888 开户行及账号：工行端州支行 6212262017001234567						备注	肇庆华丽服装有限公司 32070330839123 发票专用章	
收款人：	复核：李丽			开票人：陈敏			销货单位：（章）	

图5-1

借 款 单

资金性质：库存现金　　　　　　　　　2019 年 4 月 08 日

部　门	行政办公室	借款事由	公差		
借款金额	金额（大写）	⊗贰仟元整	¥2 000.00		
批准金额	金额（大写）	⊗贰仟圆整	¥2 000.00		
主管领导	张华	财务主管	刘新	借款人	李英

图 5-2

收 料 单

供货单位：肇庆华丽服装有限公司
发票号码：20190501
材料类别：原料及主要材料　　　2019 年 04 月 02 日　　　收料仓库：1

材料编号	名称	规格	计量单位	数量		实际成本				备注
				应收	实收	买价		运杂费	其他	合计
						单价	金额			
01	单色纯棉面料	95%棉+5%氨纶	米	2 000	2 000	12	24 000			24 000
02	条纹纯棉面料	92%棉+8%氨纶	米	1 000	1 000	15	15 000			15 000
									合计	39 000

仓库保管：龙良　　　　　验收：龙良　　　　　仓库主管：李飞

图 5-3

表 5-1　　　　　　长江机械公司生产车间工资计算明细表

2019 年 1 月　　　　　　　　　　　　　　单位：元

编号	姓名	工序	单位计件工资	工作量	计件工资	奖金	津贴补贴	病事假扣款	应付工资
001	张湖	注塑	0.05	25 000	1 250.00	150.00	30.00		1 430.00
002	李钢	注塑	0.05	25 000	1 250.00	150.00	30.00		1 430.00
003	冯君	注塑	0.05	25 000	1 250.00	150.00	30.00		1 430.00
004	周良	注塑	0.05	15 000	750.00	150.00	30.00		930.00
005	李勇	注塑	0.05	15 000	750.00	150.00	30.00		930.00
006	王攻	注塑	0.05	15 000	750.00	150.00	30.00		930.00
007	陈峰	组装	0.07	20 000	1 400.00	150.00	30.00		1 580.00
008	田锅	组装	0.07	21 000	1 470.00	150.00	30.00		1 650.00
009	李超	组装	0.07	20 000	1 400.00	150.00	30.00		1 580.00

续表

编号	姓名	工序	单位计件工资	工作量	计件工资	奖金	津贴补贴	病事假扣款	应付工资
010	张飞	组装	0.09	21 000	1 890.00	150.00	30.00		2 070.00
略	略	略	略	略	略	略	略	略	略
		合计			22 330.00	2 250.00	450.00		25 030.00

(2)外来原始凭证。外来原始凭证是指在经济业务发生或完成时,从其他单位或个人直接取得的原始凭证。如购货方外购商品时取得的由售货单位开具的发票(增值税专用发票的发票联本章第二节图 5-5,普通发票见本章第二节凭证 5-3);发运商品时取得的由运输部门开具的运输单据,职工出差时取得的汽车票、飞机票等。

不论是外来凭证还是自制凭证,只要能证明经济业务已经执行或已经完成,经过审核后便可以作为会计记账的依据。凡是不能证明经济业务已经执行或已经完成的文件,如材料请购单等,因其表明的是预期的经济业务,不属于会计的原始凭证,因而不能单独作为会计记账的依据。

2. 按照格式分类

原始凭证按照格式的不同可分为通用凭证和专用凭证。

(1)通用凭证。通用凭证是指由有关部门统一印制、在一定范围内使用的具有统一格式和使用方法的原始凭证。通用凭证的使用范围,因制作部门不同而异。可以是某一地区、某一行业,也可以全国通用。如:某省(市)印制的发票联(图 5-7)、银行转账结算凭证。

(2)专用凭证。专用凭证是指由单位自行印制、仅在本单位内部使用的原始凭证。如收料单、领料单、产品入库单等。

3. 按填制的手续和内容分类

原始凭证按照填制的手续和内容可分为一次凭证、累计凭证和汇总凭证。

(1)一次凭证。一次凭证是指一次填制完成,只记录一笔经济业务且仅一次有效的原始凭证。外来原始凭证都是一次凭证,部分自制原始凭证也是一次凭证。如购货发票、销货发票、收据、领料单、借款单、银行结算凭证等。一次凭证是一次有效的凭证。一次原始凭证能反映一项业务的内容,使用方便灵活,但数量较多。

(2)累计凭证。累计凭证是指在一定时期内多次记录发生的同类型经济业务且多次有效的原始凭证。累计凭证的填制手续不是一次完成的,而是把经常发生的同类经济业务登记在一张凭证上,直到期末求出总数以后才完成凭证的填制手续,此时才可以作为记账的原始依据,如最具有代表性的累计凭证是领用材料时填写的"限额领料单",其基本格式如表 5-2 所示。

表 5-2

限额领料单									
领料部门：一车间								领料编号：1234	
领料用途：生产甲产品				2019 年 1 月			发料仓库：原料库		
材料类别	材料编号	材料名称及规格	计量单位	领用限额	实际领用	单价	金额		备注
	1021	B型圆钢	千克	1000	900	4	4000		
供应部门负责人				生产计划本门负责人					
日期		请领		实发			数量结余	退回	
月	日	数量	领料负责人签章	数量	发料人	领料人		数量	退库单编号
1	5	200	李锐	200	王平	张利	800		
1	16	400	李锐	400	王平	张利	400		
1	25	300	李锐	300	王平	张利	100		
合计		900		900			100		
仓库主管人员签章：王平									

（3）汇总凭证。汇总凭证是指对一定时期内反映经济业务内容相同的若干张原始凭证，按照一定标准综合填制的原始凭证，是指根据许多同类业务的一次凭证或累计凭证定期汇总编制的原始凭证。此类凭证一般为自制凭证，其作用是为了简化编制记账凭证及记账的手续。常见的原始凭证汇总表有"发出材料汇总表""工资结算汇总表"（见表 5-3）等。

表 5-3

万友公司工资结算汇总表														
2019年1月														
车间及部门		计时工资	计件工资	奖金		加班加点工资	各种津贴		缺勤扣款		应付工资	代垫款	代扣款			以现金发放工资
					综合类	单项类		夜班津贴	岗位津贴	事假	病假		水电费	住房公积金	"三险"个人缴纳部分	个人所得税	
第一生产车间	生产工人	18000	9800	1100	640	925	240	300	720	60	28225	864	2822.50	3104.75	150	21283.75
	管理人员	4200		100		75		20			4395	96	439.50	483.45		3376.05
第二生产车间	生产工人	19500	3500	900	650	570	300		390	70	25310	310	2531	2784.10		19684.90
	管理人员	3400		105		100		40			3645	40	364.50	400.95		2839.55
公司管理部门 || 9800		250		200		180			10230	35	1023	1125.30	120	7926.70
在建工程人员 || 1900		90		50					2040		204	224.40		1611.60
专设销售机构人员 || 900			40	50		20			1010		101	111.10		797.90
合计 || 55500	13300	2545	1330	1970	540	910	1110	130	74855	1345	7485.50	8234.05	270	57520.45

三、记账凭证

(一)记账凭证的概念

记账凭证,又称记账凭单,是指会计人员根据审核无误的原始凭证,按照经济业务的内容加以归类,并据以确定会计分录后所填制的会计凭证,作为登记账簿的直接依据。

(二)记账凭证的种类

1. 按凭证的用途分类

记账凭证可按不同的标准进行分类,按照用途可分为专用记账凭证和通用记账凭证;

(1)专用记账凭证,是指分类反映经济业务的记账凭证,按其反映的经济业务内容,可分为收款凭证、付款凭证和转账凭证。

收款凭证是指用于记录现金和银行存款收款业务的记账凭证(格式见表5-4);付款凭证是指用于记录现金和银行存款付款业务的记账凭证(格式见表5-5);转账凭证是指用于记录不涉及现金和银行存款业务的记账凭证(格式见表5-6)。收款凭证、付款凭证、转账凭证的划分,工作量较大,适用于规模较大、收付款业务较多的单位。

表5-4　　　　　　　　　　收款凭证
借方科目:　　　　　　　　年　月　日　　　　　　　　字第　号

摘要	贷方科目	明细科目	√	金额								
				千	百	十	万	千	百	十	元	角	分
附单据　　张		合计											

会计主管　　　　记账　　　　出纳　　　　审核　　　　制单

表5-5　　　　　　　　　　付款凭证
贷方科目:　　　　　　　　年　月　日　　　　　　　　字第　号

摘要	借方科目	明细科目	√	金额								
				千	百	十	万	千	百	十	元	角	分
附单据　　张		合计											

会计主管　　　　记账　　　　出纳　　　　审核　　　　制单

表 5-6　　　　　　　　　转账凭证
　　　　　　　　　　　年　月　日　　　　　　　　　字第　号

摘要	总账科目	明细科目	√	借方金额 千 百 十 万 千 百 十 元 角 分	√	贷方金额 千 百 十 万 千 百 十 元 角 分
附单据　张	合计					

会计主管　　　　　记账　　　　　出纳　　　　　审核　　　　　制单

(2) 通用记账凭证，是指用来反映所有经济业务的记账凭证，为各类经济业务所共同使用，其格式与转账凭证基本相同(见表 5-7)。对于经济业务较简单、规模较小、收付款业务较少的单位，还可采用通用记账凭证来记录所有经济业务。通用记账凭证的格式与转账凭证基本相同。

2. 按凭证的填列方式分类

(1) 单式记账凭证，是指只填列经济业务所涉及的一个会计科目及其金额的记账凭证。

(2) 复式记账凭证，是将每一笔经济业务所涉及的全部科目及其发生额均在同一张记账凭证中反映的一种凭证。上述收款凭证、付款凭证、转账凭证以及通用记账凭证均为复式凭证。

表 5-7　　　　　　　　　记账凭证
　　　　　　　　　　　年　月　日　　　　　　　　　字第　号

摘要	总账科目	明细科目	√	借方金额 千 百 十 万 千 百 十 元 角 分	√	贷方金额 千 百 十 万 千 百 十 元 角 分
附单据　张	合计					

会计主管　　　　　记账　　　　　出纳　　　　　审核　　　　　制单

第二节　原始凭证的填制和审核

一、原始凭证的内容

根据财政部《会计基础工作规范》第四十八条的规定，原始凭证必须具备如下

内容:

(1)原始凭证的名称及编号:原始凭证必须有明确的名称,以便于凭证的管理和业务处理。要求编号的原始凭证,应根据经济业务发生的先后顺序编号。

(2)填制原始凭证的日期:凭证填制的日期就是经济业务发生的日期,以便于对经济业务的审查。

(3)接受原始凭证的单位或个人:证明经济业务是否确实是本单位发生的,以便于记账和查账。值得注意的是,单位的名称必须是全称,不得省略。

(4)经济业务内容:完整地填写经济业务的内容,便于了解经济业务的具体情况,检查其真实性、合理性和合法性。

(5)经济业务的数量、单价和金额:数量、单价和金额是经济业务发生的量化证明,是保证会计资料真实性的基础。特别是大、小写金额必须按规定完整填写,防止出现舞弊行为。

(6)填制原始凭证的单位名称或者填制人姓名:填制凭证的单位或个人是经济业务发生的证明人,有利于了解经济业务的来龙去脉。

(7)经办人员或责任人的签名或者盖章:凭证上的签名、盖章人,是经济业务的直接经办人,签名、盖章可以明确经济责任。

以增值税普通发票为例说明原始凭证的内容,如图5-4所示。

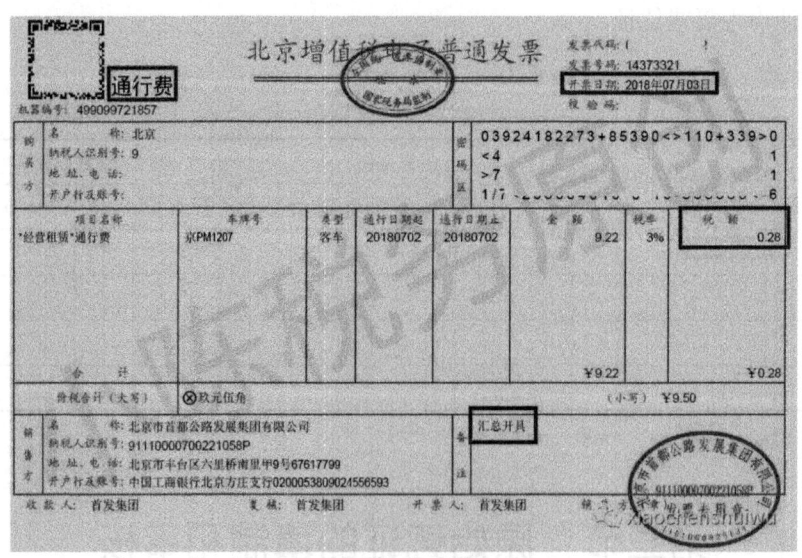

图5-4 增值税普通发票

二、原始凭证的填制要求

(一)原始凭证填制的基本要求

原始凭证的填制必须符合下列要求:

1. 记录真实

原始凭证所填列的经济业务的内容和数字必须真实可靠、符合实际情况。

2. 内容完整

原始凭证所要求填列的项目必须逐项填列齐全,不得遗漏和省略。

3. 手续完备

(1)单位自制的原始凭证必须有经办单位领导人或指定的人员签名盖章;

(2)对外开出的原始凭证必须加盖本单位公章;

(3)从外部取得的原始凭证,必须盖有填制单位的公章;

(4)从个人取得的原始凭证,必须有填制人员的签名或盖章。

4. 书写清楚、规范

原始凭证要按规定填写,文字要简要,字迹要清楚,易于辨认,不得使用未经国务院公布的简化汉字。大小写金额必须相符且填写规范,书写要符合下列要求:

(1)小写金额用阿拉伯数字应当一个一个地写,不得写连笔字。特别是要连着写几个"0"时,也一定要单个地写,不能将几个"0"连在一起一笔写完。

(2)阿拉伯金额数字前面应当书写货币币种符号或者货币名称简写,如人民币符号为"￥"。币种符号与阿拉伯金额数字之间不得留有空白。

(3)汉字大写数字金额如零、壹、贰、叁、肆、伍、陆、柒、捌、玖、拾、佰、仟、万、亿等,应一律用正楷或行书体书写,不得用0、一、二、三、四、五、六、七、八、九、十等简化字代替。不得任意自造简化字。

①大写金额前未印有"人民币"字样的,应加写"人民币"三个字,"人民币"字样和大写金额之间不得留有空白。

②大写金额数字到元为止的,在"元"之后应当写"整"字或者"正"字,在"角"之后可以不写"整"字或"正"字。大写金额数字有分的,分字后面不写"整"字或者"正"字。

5. 编号连续

各种凭证要连续编号,以便查考。一式几联的原始凭证,必须注明各联的用途,并且只能以一联用作报销凭证,作废时应加盖"作废"戳记,连同存根一起保存。

6. 不得涂改、刮擦和挖补。

原始凭证如有错误,应当由出具单位重开或更正,更正处应当加盖单位印章。原始凭证金额有错误的,应当由出具单位重开,不得在原始凭证上更正。

7. 填制要及时

及时填写,及时送交会计机构,及时审核。

(二)常见的原始凭证的填制

1. 支票的填制

支票是出票人签发的,委托办理支票存款业务的银行或者其他金融机构在见票时无条件支付确定的金额给收款人或者持票人的票据。支票可以分为现金支票、转账支票和普通支票三种。

(1)支票的出票日期填写必须使用中文大写。为防止变造支票的出票日期,在填写月、日时,月为壹、贰和壹拾的,日为壹至玖和壹拾、贰拾和叁拾的,应在其前面加"零";日为拾壹至拾玖的,应在其前面加"壹"。

例如,"1月2日",应写成"零壹月零贰日";"1月15日",应写成"零壹月壹拾伍日";"10月2日",写成"零壹拾月零贰日";"10月20日",写成"零壹拾月零贰拾日"。

(2)支票上的收款人、付款行名、签发人栏目及账号应写单位全称或个人的姓名,不得简写。

例如,不能将全称为"肇庆华丽服装有限公司"写成"肇庆华丽公司"。

(3)签发人签章处应盖上签发人在银行预留的签章(称为印鉴),一般使用本单位授权的财务专用章和法人代表的私章。

支票上的大小写金额和收款人若填写错误不得修改,需作废重填。

【例5-1】2019年4月9日,肇庆华丽服装有限公司财务部出纳员张燕开出一张现金支票(支票号码30366781),从银行提取现金5 000元,以备用。见凭证5-1。

(肇庆华丽服装有限公司的相关资料参见第四章实训任务:模拟公司简介。)

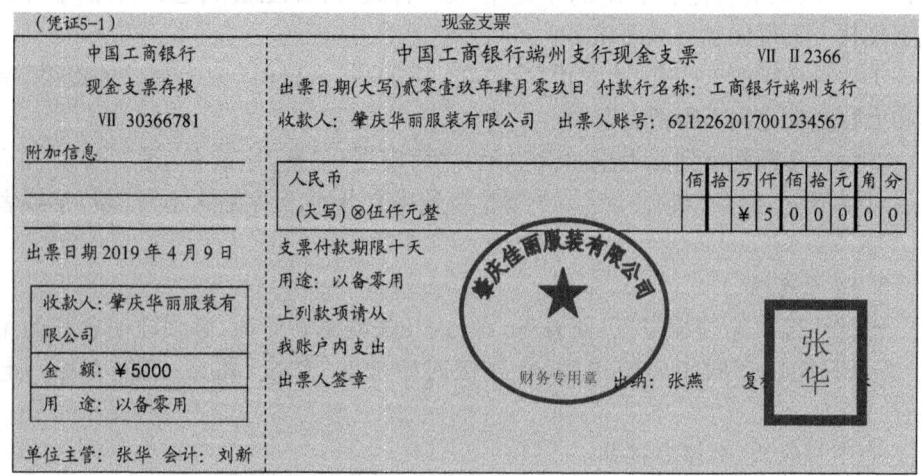

2. 发票的填制

发票是指一切单位和个人在购销商品、提供劳务或接受劳务、服务以及从事其他经营活动，所提供给对方的收付款的书面证明，是财务收支的法定凭证，是会计核算的原始依据，也是审计机关、税务机关执法检查的重要依据。

常见的发票主要分为增值税专用发票和普通发票。

(1) 增值税专用发票，是国家税务部门根据增值税征收管理需要而设定的，是增值税一般纳税人（以下简称一般纳税人）销售货物或者提供应税劳务开具的发票，是购买方支付增值税额并可按照增值税有关规定据以抵扣增值税进项税额的凭证。

增值税专用发票由基本联次或者基本联次附加其他联次构成，基本联次为三联：第一联记账联（见图5-5），是销售方核算销售收入和增值税销项税额的记账凭证；第二联抵扣联（见图5-6），是购买方报送主管税务机关认证和留存备查的凭证；第三联发票联（见图5-7），是购买方核算采购成本和增值税进项税额的记账凭证；其他联次用途，由一般纳税人自行确定。

一般纳税人应通过增值税防伪税控系统使用专用发票。专用发票开具时应做到：项目齐全，与实际交易相符；字迹清楚，不得压线、错格；发票联和抵扣联加盖财务专用章或者发票专用章；按照增值税纳税义务的发生时间开具。

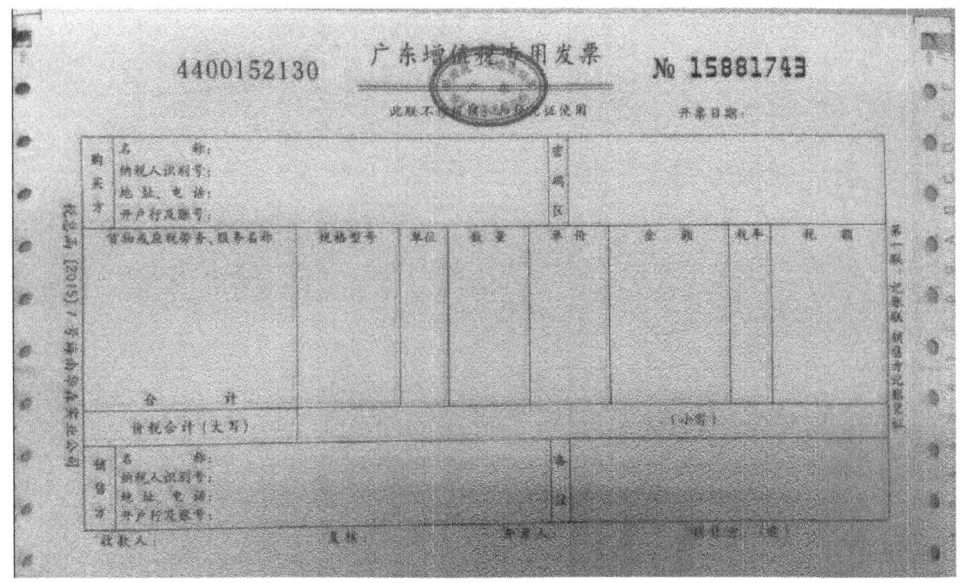

图5-5 增值税专用发票记账联

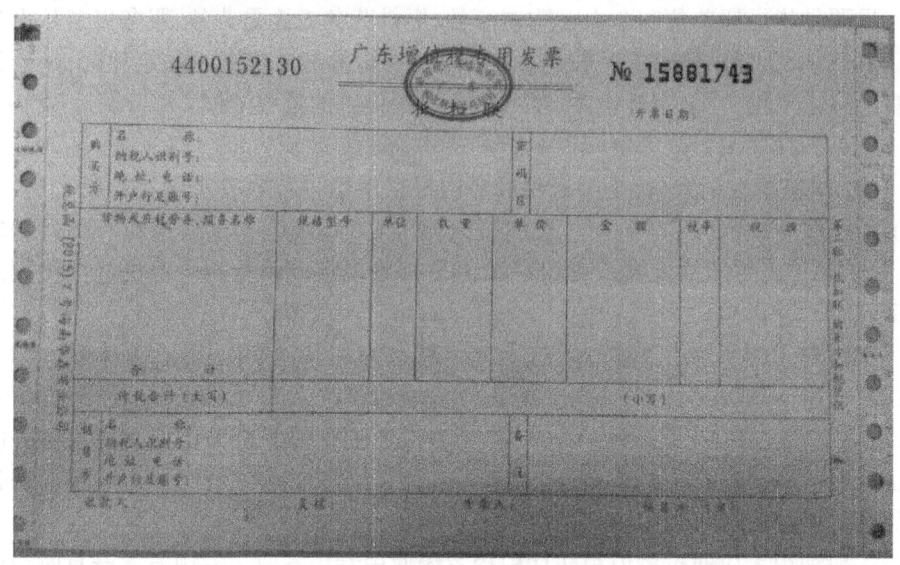

图 5-6 增值税专用发票抵扣联

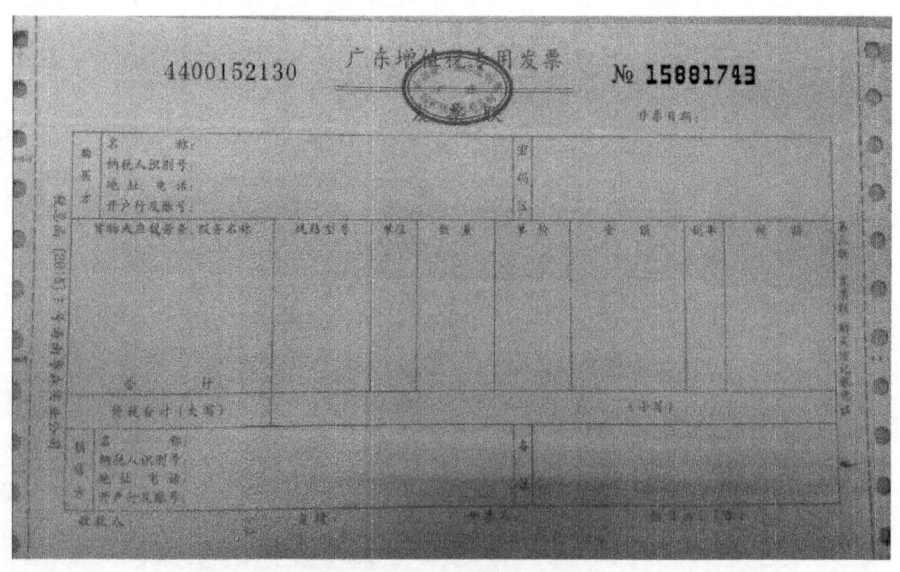

图 5-7 增值税专用发票发票联

【例5-2】2019年4月3日,肇庆华丽服装有限公司向佛山友邦连锁服装公司出售一批男T恤,增值税专用发票上注明男T恤2 000件,每件售价80元,计

160 000元,增值税税率为13%,产品已经发出,收到转账支票一张,款项收到并存入银行存款户。

佛山友邦连锁服装公司的相关资料如下:

纳税人识别号:22070330839456

地址、电话:佛山市禅城区 0757-7385689

开户行及账号:工行禅城支行 6212262017001357896

根据以上经济业务内容,肇庆华丽服装有限公司销售了男T恤,应该开具一张增值税专用发票,如凭证5-2所示。

(凭证5-2) 广东增值税专用发票 NO 0758151132
税务监制章略
记账联 开票日期: 2019年04月03日

| 购买方 | 名称: 佛山友邦连锁服装公司 纳税人识别号:22070330839456 地址、电话: 佛山市禅城区 0757-7385689 开户行及账号:工行禅城支行 6212262017001357896 | 密码区 | 68/-887/->59*<818<90 7>/0/433>2*3-0+672<7* 1+-<<51+41+*>58*8460 7650000<56+*31/58/>45 |

货物或应税劳务名称	规格型号	单位	数量	单价	金额	税率	税额
男T恤		件	2 000	80	160 000.00	13%	20 800.00
合 计					¥160 000.00		¥20 800.00
价税合计(大写)	⊗拾捌万零捌佰元整				(小写)		

销货单位名称: 肇庆华丽服装有限公司
纳税人识别号: 32070330839123
地址、电话: 肇庆市端州区端川六路 0758-8388888
开户行及账号: 工行端州支行
6212262017001234567
收款人: 张燕 复核: 李丽 开票人: 陈敏 销货单位:(章)

备注: 肇庆华丽服装有限公司 32070330839123 发票专用章

②普通发票,是除增值税发票以外的各类发票,由从事经营活动并办理了税务登记的各种纳税人领购使用。普通发票主要由营业税纳税人和增值税小规模纳税人使用,增值税一般纳税人在不能开具专用发票的情况下也可使用普通发票。普通发票由行业发票和专用发票组成。前者适用于某个行业和经营业务,如商业零售统一发票、商业批发统一发票、工业企业产品销售统一发票等;后者仅适用于某一经营项目,如广告费用结算发票,商品房销售发票等。

普通发票的基本联次为三联:第一联为存根联,开票方留存备查用;第二联为发票联,收执方作为付款或收款原始凭证;第三联为记账联,开票方作为记账原始凭证。普通发票应当按照规定的时限、顺序、逐栏、全部联次一次性如实开具,并加盖单位财务印章或者发票专用章。

同时注意:必须如实填开付款单位全称,不得以简称或其他文字、符号等代替付款单位全称。"单价""金额"栏填写含税单价、金额,并在"金额"栏合计(小写)数前用"¥"符号封顶;不得涂改,如填写有误,应另行开具,并在误填的发票上注明"误填作废"四字。填错的发票,全部联次应当完整保存。

【例5-3】2019年4月10日,肇庆红光文化用品公司向肇庆华丽服装有限公司销售打印纸20包,单价25元,以现金结算。见凭证5-3。

(凭证 5-3)

广东省商业销售统一发票										
品名规格	单位	数量	单价		金额						备注
					千	百	十	元	角	分	
打印纸	包	20	25	超过万元无效		5	0	0	0	0	
											现金付讫
合计金额	(大写) ⊗伍佰元整			小写合计	¥	5	0	0	0	0	
说明	①本发票为裁剪式。大写栏填写的仟位和佰位金额必须与票面下的金额一致，否则为无效发票。②发票联发生裁剪错误，应作废，并全套保留。									32070330839123 发票专用章	
发票联							开票日期：2019年04月06日			

第二联：发票联（顾客报销凭证）

三、原始凭证的审核

原始凭证按照上述要求进行填制后，还应从形式上和实质上对其进行审核，经审核确认后，凭证上所记载的会计信息才能通过编制记账凭证进行加工处理，以确保会计信息系统最终所提供的财务报表信息的真实、可靠、正确。对原始凭证的审核包括以下几个方面：

第一，审核原始凭证的真实性。审核凭证的日期、业务内容、数据等是否真实，检查是否存在弄虚作假。

第二，审核原始凭证的合法性。审核原始凭证所记录的内容是否有违反国家法律法规的情况，是否符合经营活动的需要，是否符合企业的计划或预算的要求。对于不符合要求的凭证，会计人员有权拒绝受理；发现伪造涂改等现象，还应及时向有关负责人汇报。

第三，审核原始凭证的合理性。审核原始凭证所记录经济业务是否符合企业生产经营活动的需要、是否符合有关的计划和预算等。

第四，审核原始凭证的完整性。审核原始凭证各项基本要素是否完整、齐全，是否有漏项情况。例如，日期填写是否完整，数字填写是否清晰，文字书写是否工整，有关人员签章是否齐全，凭证联次是否确定等。

第五，审核原始凭证的正确性。审核原始凭证金额的计算和填写是否正确，数字书写是否规范、清晰，是否存在不符合规范要求的更改等。

第六，审核原始凭证的及时性。审核原始凭证的填制日期是否及时，尤其是一些时效性较强的原始凭证。

经审核的原始凭证应根据不同的情况分别进行处理：

（1）对于完全符合要求的原始凭证，应及时据以编制记账凭证；

（2）对于真实、合法、合理但内容不够完整、填写有错误的原始凭证，应退回给有关经办人员，由其负责将有关凭证补充完整、更正错误或重开后，再办理正式会计手续；

（3）对于不真实、不合法的原始凭证，会计机构和会计人员有权不予接受，并向单位负责人报告。

第三节　记账凭证的填制与审核

一、记账凭证的内容

记账凭证是登记账簿的依据，因其所反映经济业务的内容不同、各单位规模大小及其对会计核算繁简程度的要求不同，其内容有所差异，但应当具备以下基本内容：

（1）记账凭证的名称。例如：收款凭证、付款凭证、转账凭证等。

（2）填制凭证的日期。

（3）凭证编号。

（4）经济业务摘要。

（5）会计科目、记账方向、记账金额。

（6）所附原始凭证张数。

（7）填制凭证人员、稽核人员、记账人员、会计机构负责人、会计主管人员签名或者盖章。收款和付款记账凭证还应当由出纳人员签名或者盖章。

二、记账凭证的填制

记账凭证根据审核无误的原始凭证或原始凭证汇总表填制。记账凭证填制正确与否，直接影响整个会计系统最终所提供信息的质量。与原始凭证的填制相同，记账凭证也有记录真实、内容完整、手续齐全、填制及时等要求。

（一）记账凭证填制的基本要求

记账凭证填制必须满足以下要求：

（1）记账凭证各项内容必须完整。

（2）记账凭证的书写应当清楚、规范。其要求同原始凭证。

（3）除结账和更正错账可以不附原始凭证外，其他记账凭证必须附原始凭证。所附原始凭证张数的计算，一般以原始凭证的自然张数为准。与记账凭证中的经济业务事项记录有关的每一张证据都应当作为原始凭证。如果原始凭证需要另行保管,则应在附件栏目内加以注明,且应在记账凭证的"附原始凭证 张"栏内,以阿拉伯数字标明该记账凭证所附原始凭证的张数。如果依据一张原始凭证编制了2张或2张以上的记账凭证,则应将该原始凭证附于主要记账凭证之后,同时在其余未附有原始凭证的记账凭证的摘要栏,填写"原始凭证×张,附于××字第××号凭证之后"的字样,加以说明。

此外,在记账凭证编制完成之后,应及时将所附的原始凭证粘贴在记账凭证后面,以防止丢失。在粘贴时,将原始凭证按记账凭证的大小进行整理、折叠加工,凡是超过记账凭证长度和宽度的,应全部整齐地折合进去,并特别注意装订线处的折合方法,应利于装订以后原始凭证的翻阅。

(4)记账凭证可以根据每一张原始凭证填制,或根据若干张同类原始凭证汇总填制,也可以根据原始凭证汇总表填制;但不得将不同内容和类别的原始凭证汇总填制在一张记账凭证上。

(5)记账凭证应连续编号。分以下几种情况:

第一,如果企业采用通用记账凭证,记账凭证的编号可以采取顺序编号法,即每一会计期间,都必须按月编制序号,不得采用按年或按季连续编号方法。如记字第1号,记字第2号,记字第××号。

第二,如果采取收款凭证、付款凭证和转账凭证的形式,则记账凭证应该按照字号编号法,即把不同类型的记账凭证用"字"加以区别,再把同类的记账凭证按照顺序加以连续编号,企业即可以按收款、付款、转账三类业务分收、付、转三类编号,编号填写如"收字第××号""付字第××号""转字第××号"等;也可以按现收、现付、银收、银付、转账五类编号,编号填写如"现收字第××号""现付字第××号""银收字第××号""银付字第××号""转字第××号"等。例如,本月有现金收款凭证20张,编号即从"现收字第1号"编至"现收字第20号",其余类推。

第三,如果一项经济业务需要填制一张以上的记账凭证时,记账凭证的编号可以采取分数编号法。例如,一笔业务需要编制三张转账凭证,凭证号为5号,则这三张的编号为转字第05 1/3号,转字第05 2/3号,转字第05 3/3号。

(6)填制记账凭证时若发生错误,应当重新填制。

①已登记入账的记账凭证在当年内发现会计科目填写错误时,可以用红字填写一张与原内容相同的记账凭证,在摘要栏注明"注销某月某日某号凭证"字样,同时再用蓝字重新填制一张正确的记账凭证,注明"订正某月某日某号凭证"字样。

②已登记入账的记账凭证在当年内发现会计科目无误,只是金额错误,则可按正确数字与错误数字之间的差额,另编一张调整的记账凭证,调增金额用蓝字,调减金额用红字。

③发现以前年度记账凭证有误的,应当用蓝字填制更正的记账凭证。

(7)记账凭证填制完成后,如有空行,应当自金额栏最后一笔金额数字下的空行处至合计数上的空行处划线注销。

（二）记账凭证填制的方法

1. 收款凭证的填制方法

收款凭证是根据有关现金和银行存款收入的原始凭证填制的，是登记现金日记账、银行存款日记账、有关明细账和总账等账簿的依据。其填制程序是：

（1）收款凭证左上角的"借方科目"按收款的性质填写"库存现金"或"银行存款"。

（2）日期填写的是填制本凭证的日期；右上角填写填制收款凭证的顺序号。

（3）"摘要"填写对所记录的经济业务的简要说明。

（4）"贷方科目"填写与收入"库存现金"或"银行存款"相对应的会计科目。

（5）在金额栏内填写贷方科目的金额，在合计栏内计算填写总金额。将金额栏中空白划线注销。

（6）"记账"是指该凭证已登记账簿的标记，防止经济业务重记或漏记。

（7）该凭证右边"附件×张"是指本记账凭证所附原始凭证的张数。

（8）最下边分别由有关人员签名或签章，以明确经济责任。

【例5-4】2019年4月1日，肇庆华丽服装有限公司接受肇庆胜达公司投入资金200 000元，并存入银行存款账户。该笔业务相关的原始凭证附凭证5-4和凭证5-5。

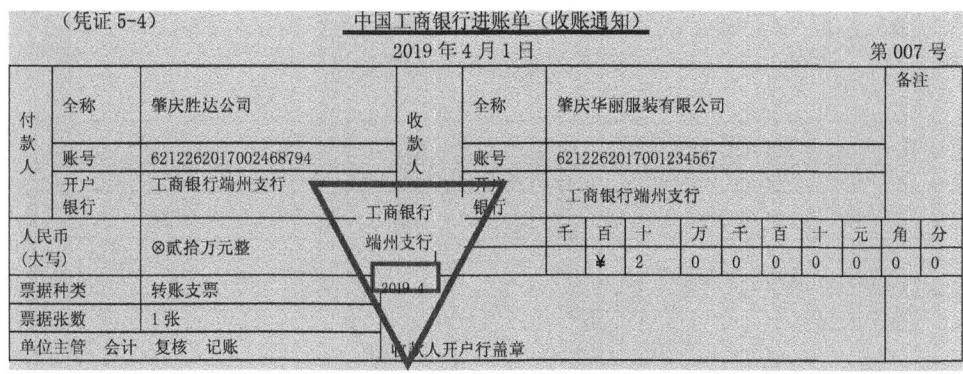

该公司会计人员根据有关原始凭证确定此项业务会计分录后，填制记账凭证中的收款凭证，如表5-8所示。

表5-8　　　　　　　　　　　收款凭证

借方科目：银行存款　　　　2019年4月1日　　　　　　　银收字第1号

2. 付款凭证的填制方法

付款凭证是根据审核无误的有关库存现金和银行存款的付款业务的原始凭证填制的。付款凭证的填制方法与收款凭证基本相同，不同的是在付款凭证的左上角应填列贷方科目，即"库存现金"或"银行存款"科目，"借方科目"栏应填写与"库存现金"或"银行存款"相应的一级科目和明细科目。

【例5-5】2019年4月7日，肇庆华丽服装有限公司以银行存款偿还前欠广州华兴纺织有限公司购货款40 365元。该笔业务相关的原始凭证附凭证5-6。

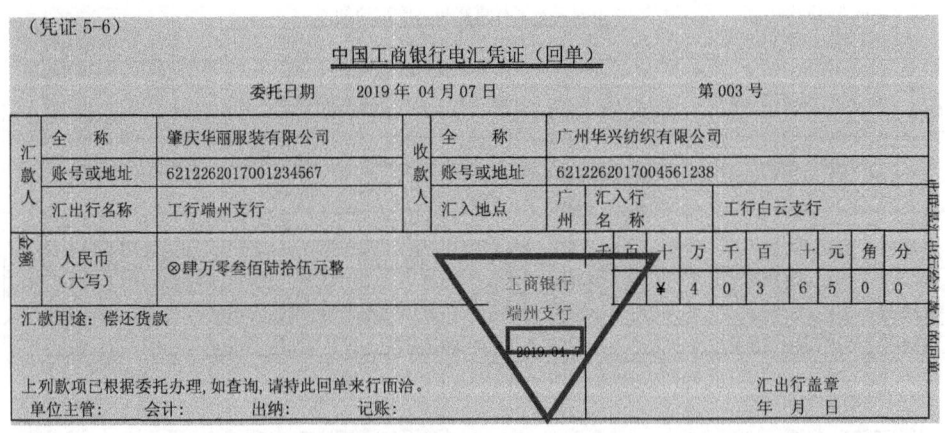

该公司会计人员根据有关原始凭证确定此项业务会计分录后，填制记账凭证中的付款凭证，如表5-9所示。

对于涉及"库存现金"和"银行存款"之间的相互划转业务，为了避免重复记账，一般只填制付款凭证，不再填制收款凭证。

【例5-6】2019年4月9日，肇庆华丽服装有限公司财务部出纳员张燕开出一张现金支票（支票号码30366781），从银行提取现金5 000元，以备用。该笔业务相关的原始凭证附凭证5-7。

表5-9 付款凭证

贷方科目：银行存款　　　　2019年4月7日　　　　　　银付字第3号

摘要	借方科目	明细科目	√	金额								
				千	百	十	万	千	百	十	元	角	分
偿还货款	应付账款	广州华兴公司					4	0	3	6	5	0	0
附单据 1 张		合计		¥			4	0	3	6	5	0	0

会计主管：刘新　　记账：陈敏　　出纳：张燕　　审核：李丽　　制单：陈敏

（凭证5-7）

该公司会计人员根据有关原始凭证确定此项涉及"库存现金"和"银行存款"之间的相互划转业务，为了避免重复记账，填制付款凭证，不再填制收款凭证。如表5-10所示。

表5-10 付款凭证

贷方科目：银行存款　　　　2019年4月9日　　　　　　银付字第4号

摘要	借方科目	明细科目	√	金额								
				千	百	十	万	千	百	十	元	角	分
提取现金	库存现金							5	0	0	0	0	0
附单据1张		合计		¥				5	0	0	0	0	0

会计主管：刘新　　记账：陈敏　　出纳：张燕　　审核：李丽　　制单：陈敏

出纳人员在办理收款或付款业务后,应在原始凭证上加盖"收讫"或"付讫"的戳记,以免重收重付。例如:职工出差回来报销差旅费交回多余的现金,出纳人员应在原始凭证上加盖"现金付讫"的戳记。

3. 转账凭证的填制方法

转账凭证通常是根据有关转账业务的原始凭证填制的。转账凭证中"总账科目"和"明细科目"栏填写应借、应贷的总账科目和明细科目,借方科目应记金额应在同一行的"借方金额"栏填列,贷方科目应记金额应在同一行的"贷方金额"栏填列,"借方金额"栏合计数与"贷方金额"栏合计数应相等。

【例 5 - 7】2019 年 4 月 4 日,肇庆华丽服装有限公司生产产品领用材料,其中:生产男 T 恤 2 000 件领用条纹纯棉面料 2 400 米,单价 15 元,共计 36 000 元;生产女 T 恤 3 000 件领用单色纯棉面料 3 000 米,单价 12 元,共计 36 000 元。该笔业务相关的原始凭证附凭证 5 - 8 和凭证 5 - 9。

(凭证 5-8)

材料领用单

2019 年 4 月 4 日

材料类别:原料及主要材料 领用部门编号:004
领用部门:基本生产车间 发料部门编号:003

材料编号	名称及规格	计量单位	数量		实际成本	
			请领数	实发数	单位成本(元)	总金额(元)
A1	条纹纯棉面料	米	2400	2400	15	36000
合计			¥36000.00			
用途	生产男 T 恤					
仓库主管:龙良		领料员:赵刚		发料人:龙良		记账:陈敏

(凭证 5-9)

材料领用单

2019 年 4 月 4 日

材料类别:原料及主要材料 领用部门编号:004
领用部门:基本生产车间 发料部门编号:003

材料编号	名称及规格	计量单位	数量		实际成本	
			请领数	实发数	单位成本(元)	总金额(元)
B2	单色纯棉面料	米	3000	3000	12	36000
合计			¥36000.00			
用途	生产男女恤					
仓库主管:龙良		领料员:赵刚		发料人:龙良		记账:陈敏

该公司会计人员根据有关原始凭证确定此项业务会计分录后,填制记账凭证中的付款凭证,如表 5 - 11 所示。

表 5-11　　　　　　　　　　　　　转账凭证
2019 年 4 月 4 日　　　　　　　　　　　　转字第 1 号

摘要	总账科目	明细科目	√	借方金额 千 百 十 万 千 百 十 元 角 分	√	贷方金额 千 百 十 万 千 百 十 元 角 分
领用材料	生产成本	男 T 恤		3 6 0 0 0 0		
领用材料	生产成本	女 T 恤		3 6 0 0 0 0		
领用材料	原材料	条纹纯棉面料				3 6 0 0 0 0
领用材料	原材料	单色纯棉面料				3 6 0 0 0 0
附单据 2 张		合计		￥ 7 2 0 0 0 0		￥ 7 2 0 0 0 0

会计主管:刘新　　　记账:李丽　　　审核:李丽　　　制单:陈敏

此外,某些既涉及收款业务又涉及转账业务的综合性业务,可分开填制不同类型的记账凭证。

【例 5-8】2019 年 4 月 11 日,肇庆华丽服装有限公司行政办公室主管李英出差归来,报销差旅费 1 900 元,交回现金 100 元。该笔业务相关的原始凭证附凭证 5-22 和凭证 5-23。

(凭证5-22)　　　　　　　　　　**收 款 凭 证**
2019 年 04 月 11 日

收 到	行政办公室主管李英	现金收讫
收款事由	交回多余差旅费借款	
金额	万 千 百 十 元 角 分　￥ 1 0 0 0 0	人民币(大写):⊗壹佰元整

复核:刘新　　　出纳:张燕　　　经手人:李英

(凭证5-23)　　　　　　　　　　**差旅费报销单**
部门:行政办公室　　　　　　　　　　2019 年 4 月 11 日

姓名	朱卫			出差事由	开会	出差自 2019 年 4 月 8 日 至 2019 年 4 月 11 日				共 4 天		
起讫时间及地点				车船票		夜间乘车补助费			出差乘车补费		住宿费	伙食费
月	日	起	月	日	讫	类别	金额	时间	标准	金额	日数	标准	金额	金额	日数	标准	金额
4	8	肇庆	4	8	广州	汽车	54										
4	11	广州	4	11	肇庆	汽车	54				4	48	192	1 200	4	100	400
		小计					108						192	1 200			400

合计金额(大写):⊗壹仟玖佰元整
备注:预借 2000.00　核销 1900.00　退补 100.00

单位领导:张华　　　财务主管:刘新　　　审核:李丽　　　填报人:朱卫

该公司会计人员根据有关原始凭证确定此项业务会计分录后,应分别填制收款凭证和转账凭证,如表5-12和5-13所示。

表5-12

转账凭证
2019年4月11日　　　　　　　　转字第3号

摘要	总账科目	明细科目	√	借方金额 千百十万千百十元角分	贷方金额 千百十万千百十元角分
报销差旅费	管理费用	差旅费		1 9 0 0 0 0	
报销差旅费	其他应收款	李英			1 9 0 0 0 0
附单据2张		合计		¥ 1 9 0 0 0 0	¥ 1 9 0 0 0 0

会计主管:刘新　　　记账:李丽　　　审核:李丽　　　制单:陈敏

表5-13　　　　　　　　　　收款凭证
借方科目:库存现金　　2019年4月11日　　　现收字第1号

摘要	贷方科目	明细科目	√	金额 千百十万千百十元角分
交回现金	其他应收款	李英		¥ 1 0 0 0 0
附于转字第3号凭证		合计		¥ 1 0 0 0 0

会计主管:刘新　　记账:李丽　　出纳:张燕　　审核:李丽　　制单:陈敏

三、记账凭证的审核

为了保证会计信息的质量,在记账之前应由有关稽核人员对记账凭证进行严格的审核,审核的内容主要包括:

(1)内容是否真实。审核记账凭证是否附有原始凭证,所附原始凭证的内容是否与记账凭证记录的内容一致,记账凭证汇总表与记账凭证的内容是否一致。

(2)项目是否齐全。审核记账凭证各项目的填写是否齐全,如日期、凭证编号、摘要、会计科目、金额、所附原始凭证张数及有关人员签章等。

(3)科目是否正确。审核记账凭证的应借、应贷科目是否正确,是否有明确的账户对应关系等。

(4) 金额是否正确。审核记账凭证所记录的金额与原始凭证的有关金额是否一致,记账凭证汇总表的金额与记账凭证的金额合计是否相符等。

(5) 书写是否规范。审核记账凭证中的记录是否文字工整、数字清晰,是否按规定使用蓝黑墨水或碳素墨水等。

(6) 手续是否完备。出纳人员在办理收款或付款业务后,应在原始凭证上加盖"收讫"或"付讫"的戳记,以免重收重付。

第四节 会计凭证的传递和保管

由于各部门发生的经济业务是多种多样的,每项经济业务的经办部门和人员不同,办理业务的手续、时间和程序也不相同,因此,有必要为每种会计凭证规定科学合理的传递程序。

一、会计凭证的传递

会计凭证的传递是指从会计凭证的取得或填制时起至归档保管过程中,在单位内部有关部门和人员之间的传送程序。会计凭证的传递,应当满足内部控制制度的要求,使传递程序合理有效,同时尽量节约传递时间,减少传递的工作量。各单位应根据具体情况确定每一种会计凭证的传递程序和方法。

会计凭证的传递具体包括传递程序和传递时间。各单位应根据经济业务特点、内部机构设置、人员分工和管理要求,具体规定各种凭证的传递程序;根据有关部门和经办人员办理业务的情况,确定凭证的传递时间。通常在制订合理的凭证传递程序和时间,要考虑以下几点:

(1) 根据不同经济业务的特点,企业内部机构的设置和人员的分工以及管理上的要求等,应当为每种会计凭证规定经过经办人员和部门传递以及每道手续过程中的停留时间,避免不必要的环节,加快传递速度。

(2) 由于原始凭证和记账凭证涉及不同部门和人员,所以要通过调查研究和协商来制定会计凭证的传递程序和传递时间。

(3) 建立严格的会计凭证交接和签收制度,保证会计凭证的安全完整。做到责任明确,手续齐全、严密。

【相关链接】

你懂得如何粘贴原始凭证吗?

原始凭证粘贴的一般规则:

(1) 在空白报销单(有的单位是用专门的"报销单据粘贴单",没有"报销单据粘贴单",就用空白报销单代替)上将原始凭证(原始凭证大部分是发票)按小票在下、大票在上的要求,从右至左呈阶梯状依次粘贴;若票据较少,可直接在正式报销单的反面粘贴(原始凭证的正面与报销单的正面同向);若票据较多,可在多张空白报销单上粘贴。

(2)将已填写完毕的正式报销单粘贴在已贴好原始凭证的空白报销单上(将左面对齐粘贴)。

原始凭证粘贴的注意事项:

(1)正式报销单与空白报销单是按格式印制的,完全一样,只是用处不一样。当作封面的是正式报销单(填写摘要、数字等),当作粘贴发票用的是空白报销单(有的单位是用专门的"报销单据粘贴单")。

(2)从右至左呈阶梯状依次均匀粘贴,超大凭证要折叠。

(3)只需粘牢原始凭证的左侧部分,不用将背面全部贴实。

(4)要将褶皱的凭证摊开、压平。

(5)尺寸太小的凭证如汽车票,可按上、中、下(二行或三行)或右、中、左(二列或三列)的方式进行复式粘贴,但不得累压粘贴。必要的时候,可多次重复使用单据粘贴单。

(6)对于粘贴超大凭证。通过折叠的办法处理,除特殊情况外,一般方法为齐左折右或齐上折下,并要在装订位置适度粘贴,以装订后不影响内容完整为原则。

(7)报销票据如有增值税专用发票,要把发票抵扣联单独交给相关会计,不得和发票联一起粘贴到粘贴单上。

(8)发票盖章必须为"发票专用章",盖章必须清晰。

(9)填制费用报销单,在经办人签字之后交由部门负责人、财务审核,由总经理审批之后到财务部办理报销手续。

二、会计凭证的保管

会计凭证的保管是指会计凭证记账后的整理、装订、归档和存查工作。

任何单位在完成经济业务手续和记账后,必须将会计凭证按规定的立卷归档制度形成会计档案资料,妥善保管,防止丢失,不得任意销毁,以便日后随时查阅。

会计凭证的保管要求主要有:

(1)会计凭证应定期装订成册,防止散失。会计部门在依据会计凭证记账以后,应定期(每天、每旬或每月)对各种会计凭证进行分类整理,将各种记账凭证按照编号顺序,连同所附的原始凭证一起加具封面(图5-8)和封底(图5-9),装订成册,并在装订线上加贴封签,由装订人员在装订线封签处签名或盖章。

第五章 日常业务处理——会计凭证填制

	凭 证 封 面	
	年　　月份	编号
单位名称		
凭证名称		
册　　数	第　　　册共　　　册	
起讫编号	自第　　号至第　　号止共计　　　张	
起讫日期	自　年　月　日至　年　月　日	
财会主管	装订	

图 5-8　凭证封面

抽　出　凭　证　记　录

抽出日期			抽出凭证名称	抽出原因	抽出人签字	经管人签字	归还日期
年	月	日					

图 5-9　会计凭证封底

【相关链接】

会计凭证如何装订?

会计凭证的装订方法有很多,下面介绍是的包角法:

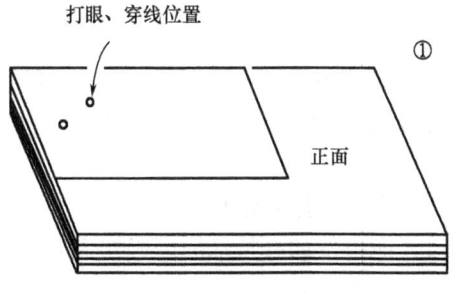

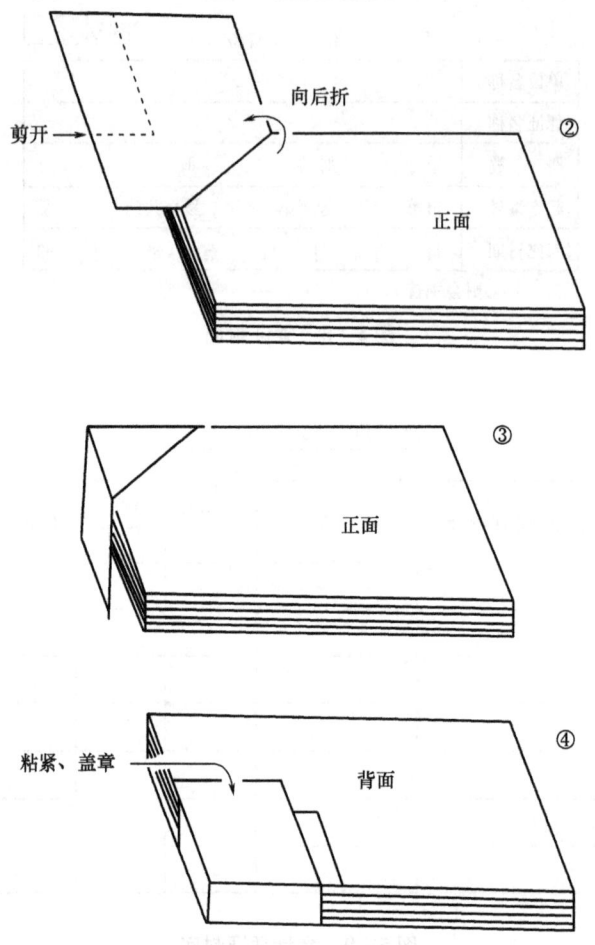

外来原始凭证丢失了,怎么办?

从外单位取得的原始凭证遗失时,应取得原签发单位盖有公章的证明,并注明原始凭证的号码、金额、内容等,由经办单位会计机构负责人(会计主管人员)和单位负责人批准后,才能代作原始凭证。若确实无法取得证明的,如车票丢失,则应由当事人写明详细情况,由经办单位会计机构负责人(会计主管人员)和单位负责人批准后,代作原始凭证。

(2)会计凭证封面应注明单位名称、凭证种类、凭证张数、起止号数、年度、月份、会计主管人员和装订人员等有关事项,会计主管人员和保管人员应在封面上签章。

(3)会计凭证应加贴封条,防止抽换凭证。

原始凭证不得外借,其他单位如有特殊原因确实需要使用时,经本单位会计机构负责人(会计主管人员)批准,可以复制。向外单位提供的原始凭证复制件,应在专设的登记簿上登记,并由提供人员和收取人员共同签名、盖章。

小知识

原始凭证较多时,可单独装订,但应在凭证封面注明所属记账凭证的日期、编号和种类,同时在所属的记账凭证上应注明"附件另订"及原始凭证的名称和编号,以便查阅。对各种重要的原始凭证,如押金收据、提货单等,以及各种需要随时查阅和退回的单据,应另编目录,单独保管,并在有关的记账凭证和原始凭证上分别注明日期和编号。

(4)原始凭证较多时,可单独装订,但应在凭证封面注明所属记账凭证的日期、编号和种类,同时在所属的记账凭证上应注明"附件另订"及原始凭证的名称和编号,以便查阅。对各种重要的原始凭证,如押金收据、提货单等,以及各种需要随时查阅和退回的单据,应另编目录,单独保管,并在有关的记账凭证和原始凭证上分别注明日期和编号。

(5)会计凭证的归档。每年装订成册的会计凭证,在年度终了时可暂由单位会计机构保管一年,期满后应当移交本单位档案机构统一保管;未设立档案机构的,应当在会计机构内部指定专人保管。出纳人员不得兼管会计档案。

(6)严格遵守会计凭证的保管期限要求,期满前不得任意销毁。保管期限见表5-14。

表5-14　　　　　企业和其他组织会计档案保管期限表

序号	档案名称	保管期限	备注
一	会计凭证类		
1	原始凭证	30年	
2	记账凭证	30年	
3	汇总凭证	30年	
二	会计账簿类		
4	总账	30年	包括日记总账
5	明细账	30年	
6	日记账	30年	
7	固定资产卡片		固定资产报废清理后保管5年

续表

序号	档案名称	保管期限	备注
8	辅助账簿	30年	
三	财务报告类		包括各级主管部门汇总财务报告
9	月、季度财务报告	10年	包括文字分析
10	年度财务报告（决算）	永久	包括文字分析
四	其他类		
11	会计移交清册	30年	
12	会计档案保管清册	永久	
13	会计档案销毁清册	永久	
14	银行余额调节表	10年	
15	银行对账单	10年	

实训任务

一、实训资料

肇庆华丽服装有限公司期初资料见第四章实训任务。

肇庆华丽服装有限公司2019年4月份发生下列经济业务：

1. 1日，华丽公司接受肇庆胜达公司投入资金200 000元，并存入银行存款账户。附凭证1-1和凭证1-2。

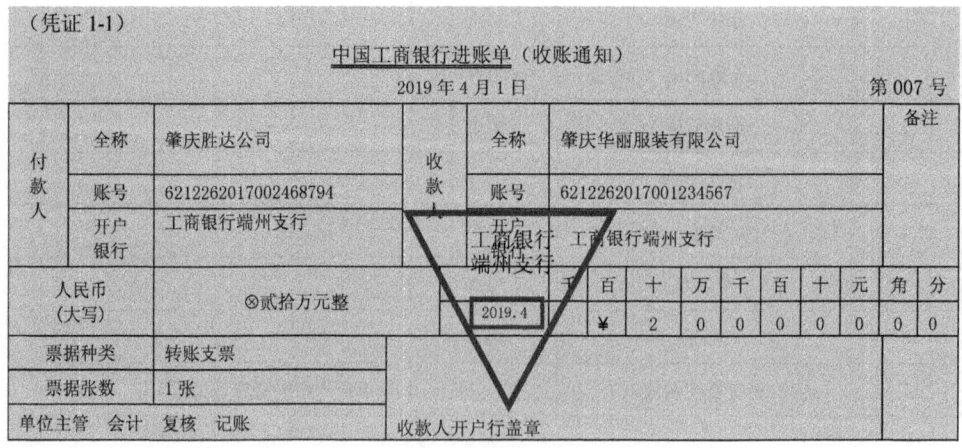

(凭证1-2)

收 据
2019年4月01日　　　　　　　　　　　NO 816745

科目	银行存款		
摘要	今收到肇庆胜达公司交来投资款项		
金额	人民币（大写）单位财务章	⊗贰拾万元整	￥200 000.00
会计主管：刘新	复核：李丽	收款人：张燕	交款人：孙玲

2. 1日，华丽公司为了宣传新款T恤，向肇庆阳光广告有限公司支付广告费用3 000元，开出工行转账支票一张，支票号码30366791。附凭证2-1和凭证2-2。

(凭证2-1)

广东省广告业专用发票
2019年04月01日

客户名称	肇庆华丽服装有限公司		地址	肇庆市端州区							
项目	摘要	数量	单价	金额							
				十万	万	千	百	十	元	角	分
广告费			3000.00			3	0	0	0	0	0
合计金额（大写）	⊗叁仟元整			￥		3	0	0	0	0	0
注：盖有公章，否则报销无效。											
服务单位：	肇庆阳光广告有限公司		地址	肇庆市端州区							

(凭证2-2)

中国工商银行
转账支票存根
No.30366791

附加信息
_____
_____

出票日期　2019年04月01日

收款人：肇庆阳光广告有限公司

金　额：￥3000.00

用　途：广告费

单位主管：　　会计：

3.2 日,华丽公司从广州华新纺织有限公司购入面料一批,增值税专用发票上列明的条纹纯棉面料 1 000 米,单价 15 元,货款为 15 000 元,增值税额 1 950 元;单色纯棉面料 2 000 米,单价 12 元,货款为 24 000 元,增值税额 3 120 元。全部款项已用一张转账支票(支票号码:30366792)付讫,面料已验收入库。全部款项已用一张转账支票(支票号:30366792)付讫,面料已验收入库。附凭证 3-1、凭证 3-2 和凭证 3-3。

(凭证 3-1)

广东增值税专用发票　NO 20190501

发票联　开票日期:2019 年 04 月 02 日

购货单位	名称:肇庆华丽服装有限公司 纳税人识别号:32070330839123 地址、电话:肇庆市端州区端州六路 开户行及账号:工行端州支行 6212262017001234567	密码区	68/-887/->59*<818<90 7>/0/433>2*3-0+672<7* 1+-<<51+41>*)58*8460 7650000<56+*31/58>)45

货物或应税劳务名称	规格型号	单位	数量	单价	金额	税率	税额
条纹纯棉面料	92%棉+8%氨纶	米	1 000	15	15 000.00	13%	1 950.00
单色纯棉面料	95%棉+5%氨纶	米	2 000	12	24 000.00	13%	3 120.00
合　计					¥39 000.00		¥5 070.00
价税合计(大写)	⊗肆万肆仟零柒拾元整				(小写)¥44 070.00		

销货单位名称:广州华新纺织有限公司
纳税人识别号:310105926795326
地址、电话:广州市白云区白云大道 20 号 020-38786888
开户行及账号:工商银行白云支行 0032-6120-0408

收款人:　复核:　开票人:刘英　销货单位:(章)

第三联:发票联　购货方记账凭证

(凭证 3-2)

中国工商银行
转账支票存根
No. 30366792

附加信息

出票日期　2019 年 04 月 02 日

收款人:广州华新纺织有限公司

金　额:¥44 070.00

用　途:采购材料款

单位主管:　会计:

第五章 日常业务处理——会计凭证填制

(凭证3-3)

收 料 单

供货单位：肇庆华丽服装有限公司
发票号码：20190501
材料类别：原料及主要材料　　　　2019年04月02日　　　　收料仓库：1

材料编号	名称	规格	计量单位	数量		实际成本					备注
				应收	实收	买价		运杂费	其他	合计	
						单价	金额				
01	单色纯棉面料	95%棉+5%氨纶	米	2 000	2 000	12	24 000			24 000	
02	条纹纯棉面料	92%棉+8%氨纶	米	1 000	1 000	15	15 000			15 000	
									合计	39 000	

仓库保管：龙良　　　验收：龙良　　　仓库主管：李飞

4.3日，华丽公司向佛山友邦连锁服装公司出售一批男T恤，增值税专用发票上注明男T恤2 000件，每件售价80元，计160 000元，增值税税率为13%，产品已经发出，收到转账支票一张(支票号：31404430)，金额为180 800元，款项收到并存入银行存款户。附凭证4-1与凭证4-2。

(凭证4-1)

广东增值税专用发票　　NO 0758151132

税务监制章略

记账联　　　开票日期：　年　月　日

购货单位	名称：佛山友邦连锁服装公司		密码区	68/-887/->59*<818<90
	纳税人识别号：22070330839456			7>/0/433>2*3-0+672<7*
	地址、电话：佛山市禅城区 0757-7385689			1+-<<51+41+>*>58<8460
	开户行及账号：工行禅城支行 6212262017001357896			7650000<56+*31/58>>45

货物或应税劳务名称	规格型号	单位	数量	单价	金额	税率	税额
合　计							
价税合计(大写)					(小写)		

销货单位名称：肇庆华丽服装有限公司　　备注
纳税人识别号：32070330839123
地址、电话：肇庆市端州区端州六路 0758-8388888
开户行及账号：工行端州支行 6212262017001234567

肇庆华丽服装有限公司
32070330839123
发票专用章

收款人：　　复核：　　开票人：　　销货单位：(章)

165

(凭证4-2)

中国工商银行进账单（收账通知）

2019年4月1日　　　　　　　　　　第007号

付款人	全称	佛山友邦连锁服装公司	收款人	全称	肇庆华丽服装有限公司	备注
	账号	6212262017001284567		账号	6212262017001234567	
	开户银行	工商银行禅城支行		开户银行	工商银行端州支行	

人民币（大写）	⊗拾捌万零捌佰元整	千	百	十	万	千	百	十	元	角	分
			¥	1	8	0	8	0	0	0	0

票据种类	转账支票	
票据张数	1张	
单位主管　会计　复核　记账		收款人开户行盖章

（印章：工商银行端州支行 2019.4）

5. 4日，华丽公司生产产品领用材料，其中：生产男T恤2000件领用条纹纯棉面料2 400米，单价15元，共计36 000元；生产女T恤3 000件领用单色纯棉面料3 000米，单价12元，共计36 000元。附凭证5-1和凭证5-2。

(凭证5-1)

材料领用单

材料类别：原料及主要材料　　　　　　　　　　　领用部门编号：004
领用部门：基本生产车间　　　2019年4月4日　　　发料部门编号：003

材料编号	名称及规格	计量单位	数量		实际成本	
			请领数	实发数	单位成本（元）	总金额（元）
A1	条纹纯棉面料	米	2 400	2 400	15	36 000.00
					合计	36 000.00

用途	生产男T恤					
仓库主管：龙良		领料员：赵刚		发料人：龙良		记账：陈敏

(凭证5-2)

材料领用单

材料类别：原料及主要材料　　　　　　　　　　　领用部门编号：004
领用部门：基本生产车间　　　2019年4月4日　　　发料部门编号：003

材料编号	名称及规格	计量单位	数量		实际成本	
			请领数	实发数	单位成本（元）	总金额（元）
B2	单色纯棉面料	米	3 000	3 000	12	36 000.00
					合计	36 000.00

用途	生产女T恤					
仓库主管：龙良		领料员：赵刚		发料人：龙良		记账：陈敏

6.5日,华丽公司收回广州佳佳连锁服装公司电汇的前欠的购货款109 980元,已存入银行存款户。附凭证6-1。

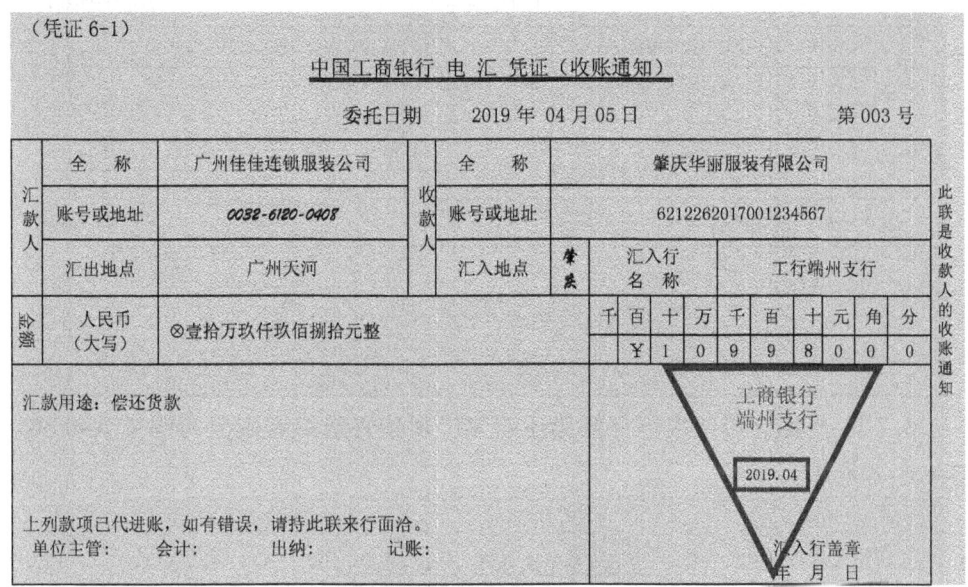

(凭证6-1)

7.6日,华丽公司向广州佳佳连锁服装公司销售一批产品,增值税专用发票上列明男T恤1 500件,每件售价80元,计120 000元,增值税税额为15 600元;女T恤2 100件,每件售价60元,计126 000元,增值税税额为16 380元。产品已经发出,根据发货证明及有关单证向工商银行端州支行办妥银行委托收款手续,双方约定2个月内付款。附凭证7-1和凭证7-2。

(凭证7-1)

(凭证7-2)

委托收款凭证（回单）

邮　　　　　　　　　　　　　2019年04月06日　　　　　　　　委托号：00324

付款人	全称	广州佳佳连锁服装公司	收款人	全称	肇庆华丽服装有限公司
	账号	6212262017007894561		账号	6212262017001234567
	开户银行	工行天河支行		开户银行	工行端州支行
人民币（大写）	⊗贰拾柒万柒仟玖佰捌拾元整				千百十万千百十元角分 ¥　　2 7 7 9 8 0 0 0
款项内容	销售货物款项	委托收款凭证名称			
备注：		款项收托日期 2019年04月04日		附寄单 工商银行 端州支行 2019.04 收款人开户行盖章	
单位主管		会计	复核		记账

8. 7日，华丽公司以银行存款偿还前欠广州华兴纺织有限公司购货款40 365元。附凭证8-1。

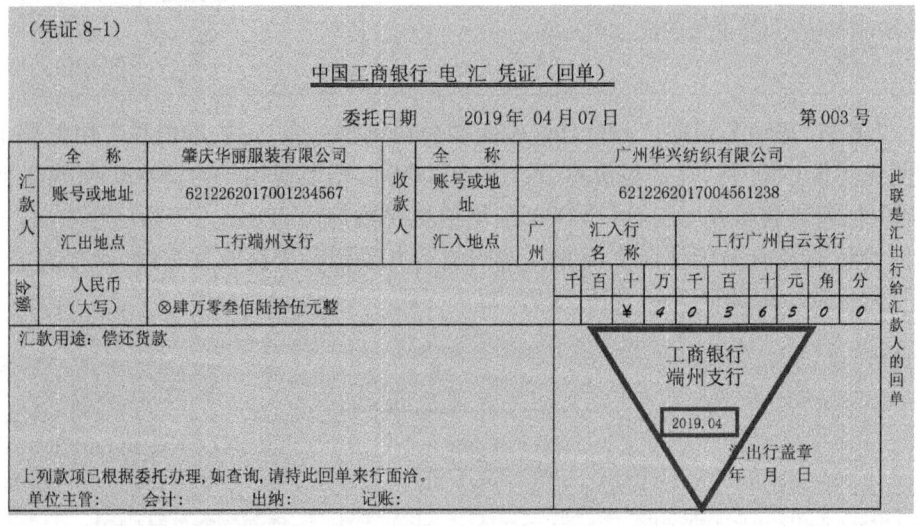

9. 8日，行政办公室主管李英去广州出差，预借差旅费2 000元，以现金付讫。附凭证9-1。

(凭证9-1)

借 款 单

资金性质：库存现金　　　　2019年4月08日　　　　　　　　现金付讫

部　门	行政办公室	借款事由	公差
借款金额	金额（大写）　⊗贰仟元整		¥2 000.00
批准金额	金额（大写）　⊗贰仟圆整		¥2 000.00
主管领导	张华	财务主管　刘新	借款人　李英

10. 9日,财务部出纳员张燕开出一张现金支票(支票号码30366781),从银行提取现金5 000元,以备用。附凭证10-1。

(凭证10-1)

中国工商银行
现金支票存根
No. 30366781

附加信息 _____
_____
_____

出票日期 2019年4月09日

收款人: 肇庆华丽服装有限公司

金　额: ¥5 000.00

用　途: 以备零用

单位主管:　　　会计:

11. 10日,华丽公司用现金从肇庆红光文化用品公司购入打印纸20包,单价25元,共计500元。直接发给公司管理部门16包,生产车间4包。附凭证11-1和凭证11-2。

(凭证11-1) 广东省商业零售统一发票

发票联　　　　　开票日期:2019年04月10日

品名规格	单位	数量	单价		金额						备注
					千	百	十	元	角	分	
打印纸	包	20	25	超过万元无效		5	0	0	0	0	现金付讫
合计金额	(大写) ⊗伍佰元整			小写合计	¥	5	0	0	0	0	
说明	①本发票为裁剪式。大写栏填写的仟位和佰位金额必须与剪票下的金额一致,否则为无效发票。②发票联发生裁剪错误,应作废,并全套保存。										
记账:		开票人:李欢					销售单位(章) 肇庆红光文化用品公司 32070330839456				

发票联　　　　　开票日期: 2019年04月10日

(凭证 11-2)　　　　　　　　　办公用品领用表
　　　　　　　　　　　　　　　2019 年 4 月 10 日　　　　　　　　　　　单位：元

领用部门	领用内容	费用项目	数量	单价	金额
生产车间	打印纸	办公费	4	25	100
管理部门	打印纸	办公费	16	25	400
合计					500

审核：李丽　　　　　　　　　　　　　　　　　　　　　　　制单：陈敏

　　12. 10 日，财务部出纳员张燕开出一张转账支票（支票号码 30366793），金额为 181 000 元，支付职工上月未发的工资。附凭证 12-1 和凭证 12-2。

(凭证 12-1)　　　　　　　　　工资结算汇总表
　　　　　　　　　　　　　　　2019 年 4 月 30 日　　　　　　　　　　　单位：元

部门	基本工资	加班加点工资	奖金	应扣工资		应付工资	代扣款项	实发工资
				病假	事假			
男 T 恤生产工人	50 000	13 120				63 120		63 120
女 T 恤生产工人	30 000	12 080				42 080		42 080
车间管理人员	10 000		2 000			12 000		12 000
行政管理人员	32 000		8 000			40 000		40 000
销售人员	23 000		800			23 800		23 800
合计	145 000	25 200	10 800			181 000		181 000

审核：李　　　　　　　　　　　　　　　　　　　　　　　制单：陈敏

(凭证 12-2)

中国工商银行
转账支票存根
No. 30366793

附加信息 _____
_____

出票日期　2019 年 04 月 10 日
收款人：肇庆华丽服装有限公司
金　额：￥181 000.00
用　途：发放工资

单位主管：　　　　会计：

13. 11日,行政办公室主管李英出差归来,报销差旅费1 900元,交回现金100元。附凭证13-1和凭证13-2。

(凭证13-1)

收 款 凭 证

2019 年 04 月 11 日

收　到	行政办公室主管李英	现金收讫
收款事由	交回多余差旅费借款	
金额	万 千 百 十 元 角 分 ¥ 1 0 0 0 0	人民币(大写):⊗壹佰元整
复核:刘新	出纳:张燕	经手人:李英

(凭证13-2) 差 旅 费 报 销 单
部门:行政办公室　　　　　　　　　　　2019年4月11日

姓名	朱卫			出差事由		开会		出差自2019年4月8日 至2019年4月11日			共4天		
	起讫时间及地点				车船票		夜间乘车补助费		出差乘车补费		住宿费	伙食费	
月	日	起	月	日	讫	类别	金额	时间	标准	金额	日数	标准	金额	金额	日数	标准	金额
4	8	肇庆	4	8	广州	汽车	54										
4	11	广州	4	11	肇庆	汽车	54				4	48	192	1200	4	100	400
		小计					108						192	1200			400

合计金额(大写):⊗壹仟玖佰元整
备注:预借2 000.00　核销1 900.00　退补100.00

| 单位领导:张华 | 财务主管:刘新 | 审核:李丽 | 填报人:朱卫 |

14. 12日,以银行存款缴纳上月增值税46 000元,城建税3 220元,教育费附加1 380元。附凭证14-1、凭证14-2、凭证14-3和凭证14-4。

(凭证14-1)

中华人民共和国(2019)　　NO 0652276　国

税收通用缴款书

隶属关系：							缴款书
号码：							
注册类型：有限责任公司			填发日期：2019年5月12日			征收机关：端州区国税	
缴款单位(人)	代码	234567	预算科目	编码	10110001		
	全称	肇庆华丽服装有限公司		名称	工业企业增值税		
	开户银行	工商银行端州支行		级次	中央75%、地方25%		
	账号	6212262017001234567		收款国库	肇庆市国家税务局		
缴款所属时间：		2019-3-01 至 31		税款限缴日期：2019年4月15日			
品目名称	课税数量	计税金额或销售收入	税率		已缴或扣除	实缴金额	
			13%		0	46 000.00	
金额合计		币(大写)⊗肆万陆仟元整				¥46 000.00	
缴款单位(人)(盖章)　财务专用章 经办人(章)	税务机关(盖章)　填票人(章)　征税专用章	上列款项已收妥并划转缴款单位账户国库(银行)盖章 2019年4月12日				备注：	

逾期不缴按税法规定加收滞纳金

(凭证14-2)

中国工商银行电子缴税付款凭证

中国工商银行	转账日期：2019年4月12日	凭证字号	凭证

纳税人全称及纳税人识别号：肇庆华丽服装有限公司　32070330839123

付款人全称：肇庆华丽服装有限公司　　征收机关名称：白云区国税
付款人账号：6212262017001234567　　收款国库(银行)名称：工商端州分理处
付款人开户银行：工商银行端州支行　　缴款书交易流水号：
小写(合计)金额：¥46 000.00　　税票号码：
大写(合计)金额：⊗肆万陆仟元整

税(费)种名称	所属日期	实缴金额
增值税	20190301-20190331	¥46 000.00
第一次打印	打印时间：2019年4月12日10时28分	

第二联　　作付款回单(无银行收讫章无效)　　复核　　记账

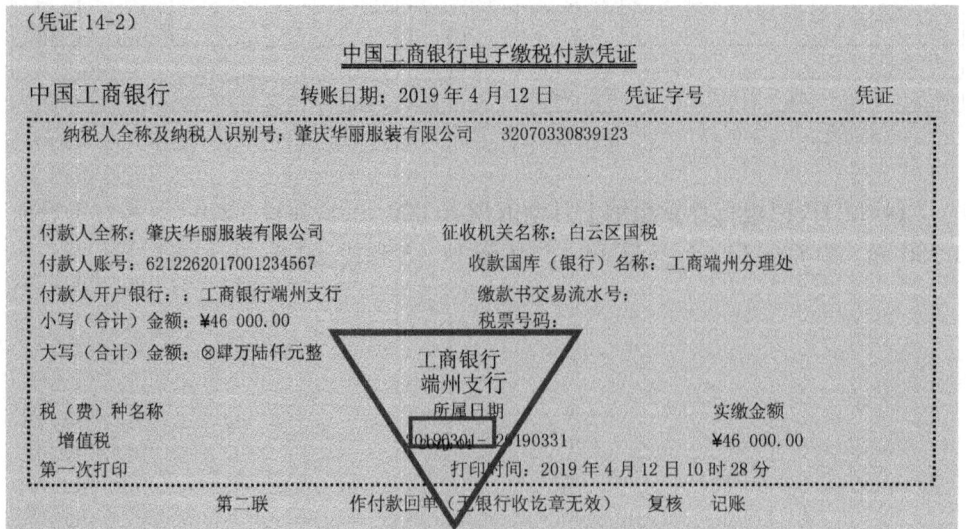

第五章 日常业务处理——会计凭证填制

（凭证14-3）

广州市地方税务局票证专用（2019）　　NO 3828934

电子缴库专用缴款书

填发日期：2019 年 4 月 12 日

☑已申报　　申报序号：0618588671098432　　□未申报

纳税人计算机代码	0645881	征收机关代码	21100000000
纳税人名称	肇庆华丽服装有限公司	征收机关名称	端州区地方税务局
付款人名称	肇庆华丽服装有限公司	收款国库名称	
付款人开户银行名称	中国工商银行端州支行	国库清算行号	1111000003
付款人账号	6212262017001234567		
纳税项目名称	计税金额	税率	实缴金额
城市维护建设税	46 000	7%	3 220.00
教育费附加	46 000	3%	1 380.00
金额合计（大写）：	⊗肆仟陆佰元整	金额合计（小写）	¥4 600.00
缴款单位(人)(盖章) 经办人(章)	税务机关　(盖章) 票人(章)	填　银行　　　记 账员盖章	备注：

（凭证14-4）　　中国工商银行电子缴税付款凭证

中国工商银行　　转账日期：2019 年 4 月 12 日　　凭证字号　　凭证

纳税人全称及纳税人识别号：肇庆华丽服装有限公司　32070330839123

付款人全称：肇庆华丽服装有限公司	征收机关名称：白云区国税
付款人账号：6212262017001234567	收款国库（银行）名称：工商端州分理处
付款人开户银行：工商银行端州支行	缴款书交易流水号：
小写（合计）金额：¥4 600.00	税票号码：
大写（合计）金额：⊗肆仟陆佰元整	

税（费）种名称	所属日期	实缴金额
城市维护建设税	20190301- 20190331	¥3 220.00
教育费附加	20190301- 20190331	¥1 380.00
第一次打印	打印时间：2019 年 4 月 12 日 10 时 28 分

第二联　　付款回单（无银行收讫章无效）　　复核　　记账

15.15日,收到肇庆市自来水有限公司增值税专用发票和银行的付款通知,采用委托收款方式支付水费1 000元,增值税额进项税额130元,共计耗用量200立方米,单位成本5元。其中:生产产品耗用160立方米,由男T恤负担90立方米,女T恤负担70立方米,共计800元;生产车间一般耗用30立方米,共计150元;管理部门耗用10立方米,共计50元。附凭证15-1、凭证15-2和凭证15-3。

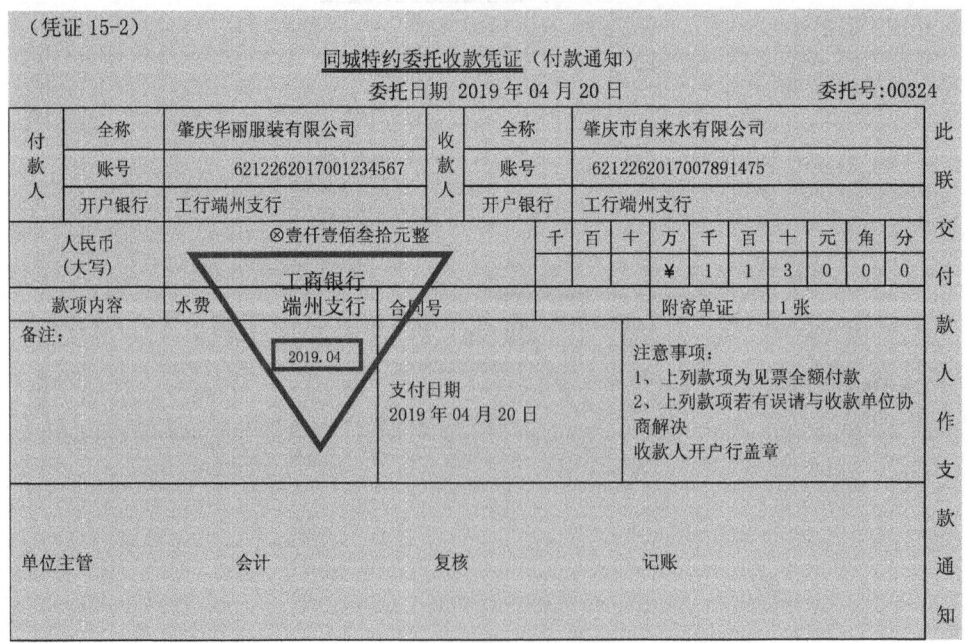

(凭证15-3)

水费分配表

2019年4月20日　　　　　　　　　　　　　　　　单位：元

使用部门及用途		数量	单价	金额
生产车间	男T恤	90	5	450
	女T恤	70	5	350
小计				800
生产车间一般耗用		30	5	150
管理部门		10	5	50
合计				¥1 000.00
审核：李丽			制表：陈敏	

16. 15日，收到肇庆市供电局增值税专用发票和银行的付款通知，采用委托收款方式支付电费10 000元，增值税额进项税额1 300元，共计耗用量10 000度，单位成本1元。其中：生产产品耗用8 000度，由男T恤负担3 600度，女T恤负担4 400度，共计8 000元；生产车间一般耗用1 200度，共计1 200元；管理部门耗用800度，共计800元。附凭证16-1、凭证16-2和凭证16-3。

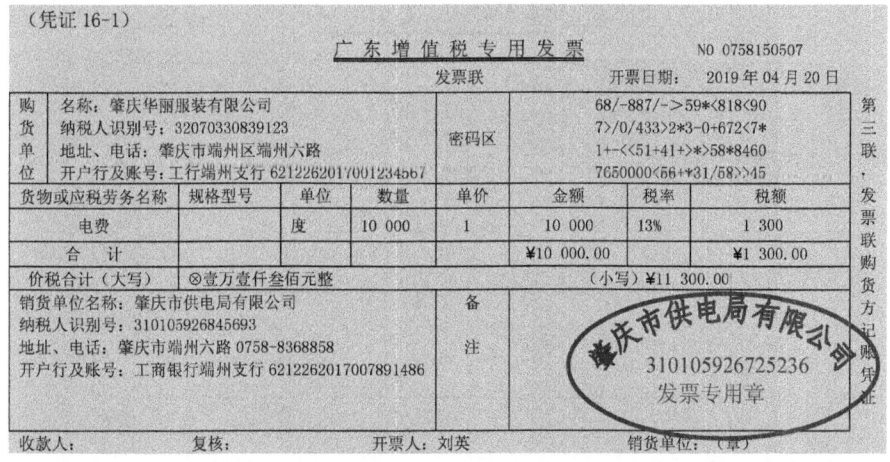

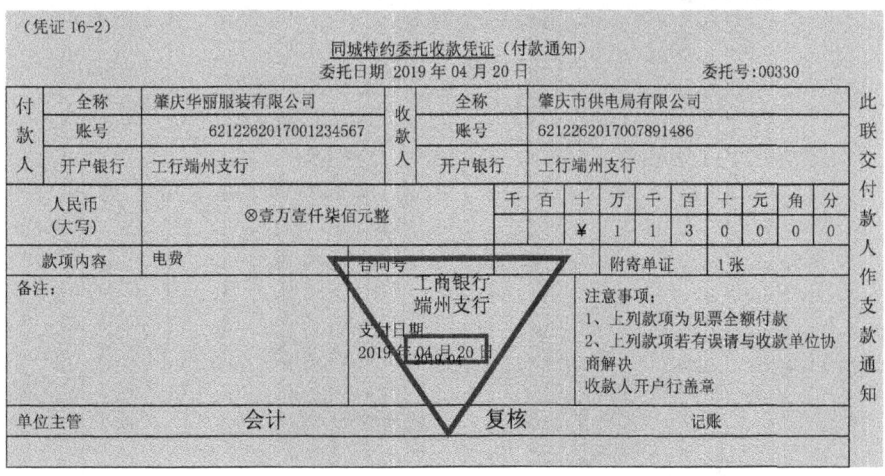

(凭证16-3)
电费分配表
2019年04月20日　　　　　　　　　　　　　　　　　　　　单位：元

使用部门及用途		数量	单价	金额
生产车间	男T恤	3 600	1	3 600
	女T恤	4 400	1	4 400
小计				8 000
生产车间一般耗用		1 200	1	1 200
管理部门		800	1	800
合计				¥10 000.00
审核：李丽			制表：陈敏	

17. 16日，华丽公司向肇庆大华连锁服装公司销售一批产品，增值税专用发票上列明男T恤1 000件，每件售价80元，计80 000元，增值税税额为10 400元；女T恤1 500件，每件售价60元，计90 000元，增值税税额为11 700元。产品已经发出，收到肇庆大华连锁服装公司开出并承兑的3个月期限的商业汇票一张。附凭证17-1和凭证17-2。

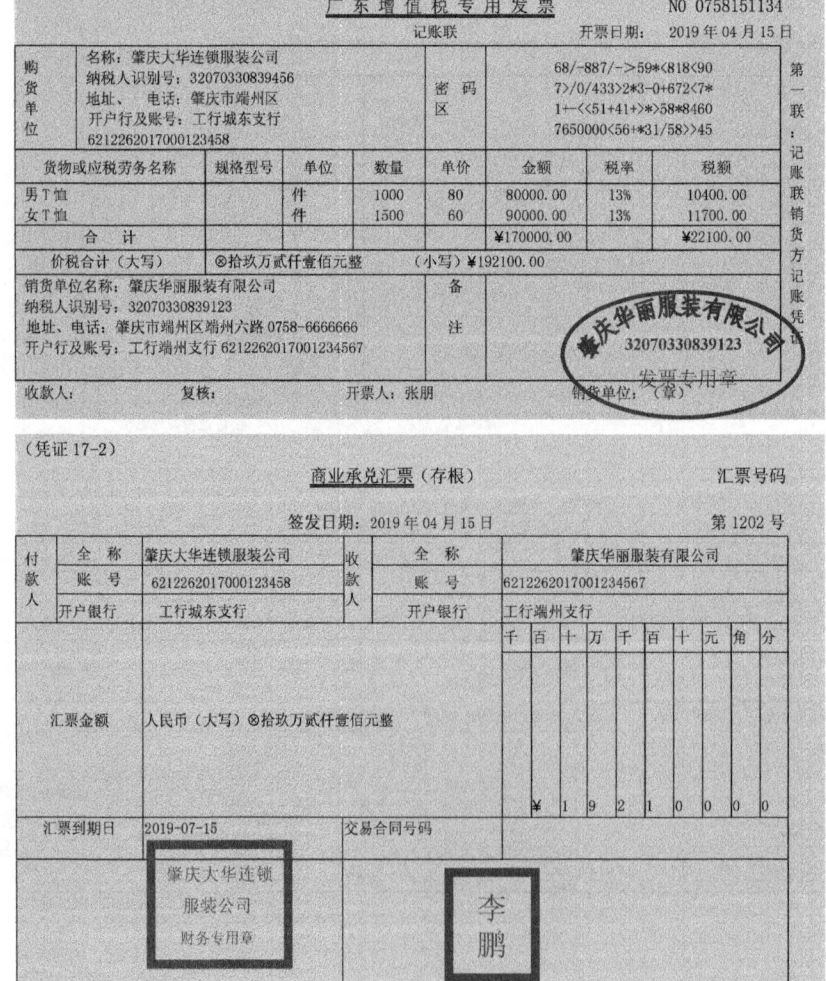

18. 18日,用现金向肇庆好友佳商场购买办公用品 1 000 元,其中生产车间领用 200 元,管理部门领用 800 元。附凭证 18-1 和凭证 18-2。

(凭证 18-1) 广东省商业销售统一发票
发票联 开票日期: 2019 年 04 月 18 日

品名规格	单位	数量	单价	金额 千 百 十 元 角 分	备注
计算器	个	8	50	4 0 0 0 0	
订书器	个	10	20	2 0 0 0 0	现金付讫
惠普墨盒	个	2	200	4 0 0 0 0	
合计金额(大写)	⊗壹仟元整		小写合计	1 0 0 0 0 0	

说明:①本发票为裁剪式。大写栏填写的仟位和佰位金额必须与剪票下的金额……效发票。
②发票联发生裁剪错误,应作废,并全套保存。

肇庆好友佳商场 32070330839147 发票专用章

(凭证 18-2) 办公用品领用表
2019 年 4 月 10 日   单位:元

领用部门	品名及数量			金额
	计算器	订书器	惠普墨盒	
生产车间			1	200
管理部门	8	10	1	800
合计				¥1 000.00

19. 22日,由于客户江门新意连锁服装公司违反购销合同规定,向其索赔,华丽公司取得罚款收入 20 000 元,已存入银行存款账户。附凭证19-1。

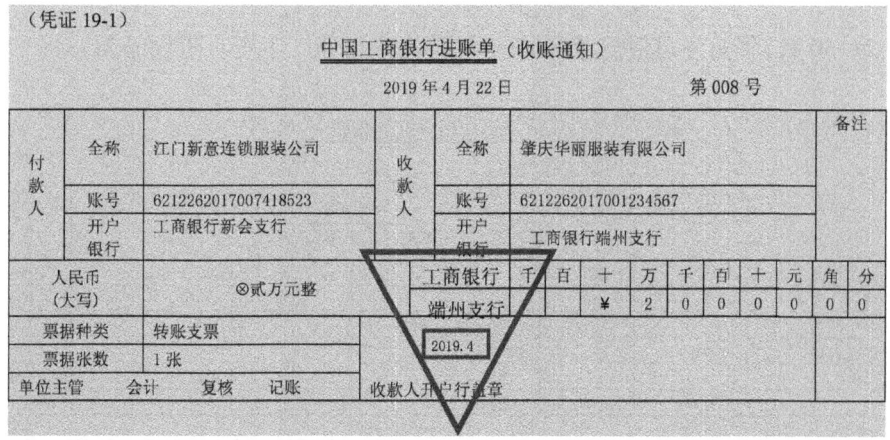

20. 25 日，华丽公司开出一张转账支票（支票号：30366794），金额为10 000元，捐赠广东扶贫基金会。附凭证20-1和凭证20-2。

（凭证20-1）

专用收款收据

2019 年 4 月 25 日

付款单位（付款人）	肇庆华丽服装有限公司	收款单位（收款人）	广东扶贫基金会	收款项目	扶贫款								
人民币（大写）		⊗壹万元整			千	百	十	万	千	百	十	元	角	分
							¥	1	0	0	0	0	0	0
收款单位（财务专用章）		捐赠扶贫款		经办部门										
		会计主管 刘新		稽核 李丽		出纳 张燕		交款人 张华						

（凭证20-2）

中国工商银行
转账支票存根
No. 30366794

附加信息 _____
_____
_____

出票日期 2019 年 04 月 25 日

收款人：广东扶贫基金会

金　额：¥10 000.00

用　途：扶贫款

单位主管：　　　　会计：

21. 30 日，华丽公司根据考勤记录，计算出应付职工工资。附凭证21-1。

（凭证21-1）

工资费用分配汇总表

2019 年 4 月 30 日

部门	基本工资	加班加点工资	奖金	应扣工资		应付工资	代扣款项	实发工资
				病假	事假			
男T恤生产工人	30 000	6 090				36 090		36 090
女T恤生产工人	48 000	4 460				52 460		52 460
车间管理人员	10 000		2 000			12 000		12 000
行政管理人员	32 000		8 000			40 000		40 000
销售人员	23 000		1 200			24 200		24 200
合计	143 000	10 550	11 200			16 4750		164 750
审核：李丽					制单：陈敏			

22. 30 日，华丽公司于 2019 年 1 月 1 日向工行端州支行借入的期限为 6 个月的借款 90 000 元，年利率为 4%，计算并提取当月借款利息。附凭证 22 - 1。

(凭证 22-1)　　　　　　　　利息计算表

2019 年 4 月 30 日　　　　　　　　　　　　单位：元

借款类别	借款期限	借款金额	年利率	月利息	备注
短期借款	2019/1/1～2019/6/30	90 000	4%	300	资金周转需要
合计		90 000		300	
审核：李丽				制表：陈敏	

23. 30 日，月末固定资产余额为 808 000 元，根据本月固定资产原值的 1%，计提固定资产折旧。其中生产车间固定资产余额为 600 000 元，公司管理部门固定资产余额为 208 000 元。附凭证 23 - 1。

(凭证 23-1)　　　　　　　固定资产折旧费分配表

2019 年 4 月 30 日

使用部门	固定资产原值（元）	折旧率	折旧额（元）
生产车间	600 000	1%	6 000
管理部门	208 000	1%	2 080
合计	808 000		8 080
审核：李丽		制表：陈敏	

24. 30 日，按生产工时比例将本月发生的制造费用，分配转入"生产成本"账户。其中：男 T 恤生产工时 6 000 小时，女 T 恤生产工时 9 000 小时。附凭证 24 - 1 和凭证 24 - 2。

(凭证 24-1)　　　　　　　制造费用明细表

2019 年 4 月 30 日　　　　　　　　单位：元

费用项目	金额
办公费	300
水费	150
电费	1 200
工资	12 000
折旧	6 000
合计	19 650
审核：李丽	制表：陈敏

(凭证 24-2)　　　　　　　制造费用分配表

2019 年 4 月 30 日　　　　　　　　单位：元

产品名称	分配标准（工时）	分配率	分配金额
男 T 恤	6 000	1.31	7 860
女 T 恤	9 000	1.31	11 790
合计	15 000	1.31	19 650
审核：李丽		制表：陈敏	

25. 30 日,本月生产的男 T 恤 2 000 件、女 T 恤 3 000 件全部完工入库,计算并结转两种产品的制造成本。附凭证 25 - 1、凭证 25 - 2 和凭证 25 - 3。

(凭证25-1)　　　　　　　产品成本计算表
产品名称:男T恤　　　　2019年4月30日　　　　完工数量:2000件

项目	直接材料	直接人工	制造费用	合计
月初在产品成本	—	—	—	—
本月生产费用	40 050	36 090	7 860	84 000
累计生产费用	40 050	36 090	7 860	84 000
月末在产品成本	—	—	—	—
完工产品成本	40 050	36 090	7 860	84 000
单位产品成本				42

审核:李丽　　　　　　　　　　　　　　　　制单:陈敏

(凭证25-2)　　　　　　　产品成本计算表
产品名称:女T恤　　　　2019年4月30日　　　　完工数量:3000件

项目	直接材料	直接人工	制造费用	合计
月初在产品成本	—	—	—	—
本月生产费用	40 750	52 460	11 790	105 000
累计生产费用	40 750	52 460	11 790	105 000
月末在产品成本	—	—	—	—
完工产品成本	40 750	52 460	11 790	105 000
单位产品成本				35

审核:李丽　　　　　　　　　　　　　　　　制单:陈敏

说明:水电费(动力费用)在产品成本中所占比重小,因此把由产品负担的水电费计入"直接材料"成本项目。

(凭证25-3)　　　　　　　产成品入库单　　　　　　　第4号
收货仓库:成品仓库　　　　2019年4月30日

类别	产品名称	单位	应收数量	实收数量	单位成本	金额
服装	男T恤	件	2 000	2 000	42	84 000
服装	女T恤	件	3 000	3 000	35	105 000
合计						18 900

审核:李丽　　　　　　　　　　　　　　　　制单:陈敏

26. 30 日,月末结转已销售的男 T 恤、女 T 恤的销售成本。本月共销售男 T 恤 4 500件,女 T 恤3 600件,男 T 恤单位成本为42元,女 T 恤单位成本为35元。附凭证 26 - 1、凭证 26 - 2、凭证 26 - 3 和凭证 26 - 4。

(凭证26-1)　　　　　　　产品出库单
接受单位:佛山友邦连锁服装公司　　　　　　　　　　　　No.123321
用途:销售　　　　2019年4月3日　　　　成品仓库

产品名称或编号	计量单位	数量	金额(元)	
			单位成本	总成本
男T恤	件	2 000	42	84 000
备注:			合计	84 000

仓库管理员:陈亮　　经手人:刘好　　　　　　制单:陈敏

（凭证 26-2）　　　　　　　　　产品出库单

接受单位：广州佳佳连锁服装公司　　　　　　　　　　No.123322
用途：销售　　　　　　　　2019年4月6日　　　　　成品仓库

产品名称或编号	计量单位	数量	金额（元）	
			单位成本	总成本
男T恤	件	1 500	42	63 000
女T恤	件	2 100	35	73 500
备注：			合计	136 500

仓库管理员：陈亮　　　经手人：刘好　　　制单：陈敏

（凭证 26-3）　　　　　　　　　产品出库单

接受单位：肇庆大华连锁服装公司　　　　　　　　　　No.123323
用途：销售　　　　　　　　2019年4月16日　　　　成品仓库

产品名称或编号	计量单位	数量	金额（元）	
			单位成本	总成本
男T恤	件	1 000	42	42 000
女T恤	件	1 500	35	52 500
备注：			合计	94 500

仓库管理员：陈亮　　　经手人：刘好　　　制单：陈敏

（凭证 26-4）　　　　　　产品销售成本计算单

2019年4月30日

商品名称	销售数量	计量单位	单位成本	总成本
男T恤	4 500	件	42	189 000
女T恤	3 600	件	35	126 000
合计				315 000

审核：李丽　　　　　　　　　　　　　　　　制表人：陈敏

27. 30日，转出未交增值税68 380元。经查宏达公司本月"应交税费——应交增值税"账户借方栏"进项税额"为6 500元，贷方"销项税额"为74 880元，抵扣后本月增值税额为68 380元。附凭证27－1。

（凭证 27-1）　　　　　转出未交增值税计算表

2019年4月30日　　　　　　　　　　　　　　单位：元

项目	进项税额	销项税额	本月未交增值税额
金额	6 500	74 880	68 380
合计	6 500	74 880	68 380

复核：李丽　　　　　　　　　　　　　　　　制表：陈敏

28. 30日，交纳城市维护建设税和教育费附加。经查宏达公司本月"应交税费——应交增值税"账户借方栏"进项税额"为6 500元，贷方"销项税额"为74 880元，抵扣后本月增值税额为68 380元，按应交增值税额的7%计提本月的城市维护建设税,按 3% 计提教育费附加。附凭证 28-1。

(凭证 28-1) 城建税等计提表

2019 年 4 月 30 日　　　　　　　　　　　单位:元

税种	计税依据	计税金额	税率	应纳税额
城市维护建设税	增值税	68 380	7%	4 786.6
教育费附加	增值税	68 380	3%	2 051.4
合计				6 838
审核:李丽			制单:陈敏	

29. 30 日,月末结转本月损益类账户的发生额至"本年利润"账户。(本业务无需凭证)

30. 30 日,假定利润总额与应纳税所得额一致,计算本月应交所得税,并结转所得税费用。附凭证 30-1。

(凭证 30-1) 所得税计算表

2019 年 4 月 30 日　　　　　　　　　　　单位:元

项目	本月应纳税所得额	税率	应纳所得税额
所得税	190 632	25%	47 658
合计			47 658
审核:李丽		制单:陈敏	

二、实训任务

1. 原始凭证填制与审核。

(1)请填制业务 4 的增值税专用发票。

(2)请审核业务 1 至业务 30 所附的原始凭证的内容是否填制完整。

2. 请根据业务 1 至业务 30 的经济业务内容和原始凭证写出相应的会计分录,并根据会计分录判断应该填制哪种专用记账凭证。(填写在课本大小的白纸上,做出准确无误的分录后贴在课本本章实训后面)

3. 请学生购买 1 本收款凭证,1 本付款凭证,1 本转账凭证,为业务 1 至业务 30 填制专用记账凭证。

4. 根据该公司 2019 年 4 月填制的所有分录或所有记账凭证登记"T"字形账户,结出各账户的本期发生额和余额。(期初余额见第四章实训任务)

第六章　日常业务处理——会计账簿登记

【教学目标】
1. 掌握账务处理程序的概念和各账务处理程序在账务处理流程上的本质区别。
2. 掌握账簿登记的一般流程和简化流程及其适用的业务范围。
3. 掌握各类账簿登记的一般技能要求。
4. 能够采用适当的错账更正方法，对出现的各类错账进行更正。

第一节　会计账簿登记的基本要求

登记账簿是日常会计核算工作的重要内容之一，当一笔经济业务发生并将有关原始凭证传递到会计人员手中时，会计人员首先要对其进行审核，在审核无误后，据以编制记账凭证并加以复核，再根据复核无误的会计凭证一方面登记相关的日记账、明细账，另一方面登记总分类账。通过登记账簿，将分散在会计凭证上的数据和资料进行分类记录，并逐步加工汇总成相关的会计信息，为编制会计报表提供依据。

为了保证账簿记录的正确性，必须根据审核无误的会计凭证登记会计账簿，并符合有关法律、行政法规和国家统一的会计准则制度的规定，主要有：

(1) 准确完整。必须根据审核无误的会计凭证，及时地登记各类账簿，以保证账簿记录的正确性。"登记会计账簿时，应当将会计凭证日期、编号、业务内容摘要、金额和其他有关资料逐项记入账内，做到数字准确、摘要清楚、登记及时、字迹工整。"每一项会计事项，一方面要记入有关的总账，另一方面要记入该总账所属的明细账。账簿记录中的日期，应该填写记账凭证上的日期；以自制的原始凭证，如收料单、领料单等，作为记账依据的，账簿记录中的日期应按有关自制凭证上的日期填列。

(2) 注明记账符号。"登记完毕后，要在记账凭证上签名或者盖章，并注明已经登账的符号，表示已经记账。"在记账凭证上设有专门的栏目供注明记账的符号，以免发生重记或漏记。

(3) 书写留空。账簿中书写的文字和数字上面要留有适当的空格，不要写满格，一般应占格距的1/2。这样，在一旦发生登记错误时，能比较容易地进行更正，同时也方便查账工作。

(4) 正常记账使用蓝黑墨水。为了保持账簿记录的持久性，防止涂改，登记账簿必须使用蓝黑墨水或者碳素墨水书写，不得使用圆珠笔（银行的复写账簿除外）

或者铅笔书写。

(5)特殊记账使用红墨水。在下列情况下,可以使用红色墨水:

①按照红字冲账的记账凭证,冲销错误记录。

②在不设借贷等栏的多栏式账页中,登记减少数。

③在三栏式账页的余额栏前,如未印明余额方向的,在余额栏内登记负数余额。

④根据国家统一会计制度的规定可以用红字登记的其他会计记录。

由于会计中的红字表示负数,因而除上述情况外,不得使用红色墨水登记账簿。

(6)顺序连续登记。各种账簿按页次顺序连续登记,不得跳行、隔页。如果发生跳行、隔页,更不得随便更换账页和撤出账页,作废的账页也要留在账簿中,如果发生跳行、隔页,应当将空行、空页划线注销,或者注明"此行空白""此页空白"字样,并由记账人员签名或者盖章。

(7)结出余额。凡需要结出余额的账户,结出余额后,应当在"借或贷"等栏内写明"借"或者"贷"等字样。没有余额的账户,应当在"借或贷"等栏内写"平"字,并在余额栏内用"0"表示。现金日记账和银行存款日记账必须逐日结出余额。一般说来,对于没有余额的账户,在余额栏内标注的"0"应当放在"元"位。

(8)过次承前。每一账页登记完毕结转下页时,应当结出本页合计数及余额,写在本页最后一行和下页第一行有关栏内,并在摘要栏内注明"过次页"和"承前页"字样;也可以将本页合计数及金额只写在下页第一行有关栏内,并在摘要栏内注明"承前页"字样。

不同账户的本页借、贷方发生额的结计方法有所不同,一般分为以下三种情况:

①月末需要结计本月发生额的账户:结计"过次页"的本页发生额为自本月初起至本页末止的借贷方发生额合计数。

②月末不需要结计本月发生额,但需结计本年累计发生额的账户:结计"过次页"的本页发生额为自年初起至本页末止的借贷方累计发生额。

③月末既不需要结计本月发生额,也不需要结计本年累计发生额的账户:可以只将各页的余额结转至次页,不需要结计本页发生额,其账页的最末一行,也可用来登记具体经济业务。在下一页的第一行摘要栏中注明"承前页",在余额栏中记入前页余额即可。

(9)不得涂改、刮擦、挖补。登记发生错误时,必须按规定方法更正,严禁刮、擦、挖、补,或使用化学药物清除字迹。发现差错必须根据差错的具体情况采用划线更正、红字更正、补充登记等方法更正。

第二节　日记账的登记方法

日记账是根据经济业务发生时间的先后顺序，逐日逐笔进行登记的会计账簿，主要包括现金日记账和银行存款日记账。为了加强对企业现金和银行存款的监管，现金和银行存款日记账采用订本式账簿，不得用银行对账单或其他方法代替日记账。

一、现金日记账的登记方法

(一)现金日记账的基本内容

现金日记账是用来核算和监督库存现金日常收、付和结存情况的序时账簿。现金日记账的格式主要有三栏式和多栏式两种，库存现金日记账必须使用订本账。

1. 三栏式库存现金日记账

三栏式现金日记账是用来登记库存现金的增减变动及其结果的日记账。设借方、贷方和余额三个金额栏目，一般将其分别称为收入、支出和结余三个基本栏目。

2. 多栏式库存现金日记账

多栏式现金日记账是在三栏式现金日记账基础上发展起来的。这种日记账的借方(收入)和贷方(支出)金额栏都按对方科目设专栏，也就是按收入的来源和支出的用途设专栏。这种格式在月末结账时，可以结出各收入来源专栏和支出用途专栏的合计数，便于对现金收支的合理性、合法性进行审核分析，便于检查财务收支计划的执行情况，其全月发生额还可以作为登记总账的依据。

(二)现金日记账的登记方法

现金日记账由出纳人员根据与现金收付有关的记账凭证，如现金收款、现金付款、银行付款(提现业务)凭证，按时间顺序逐日逐笔进行登记，逐日结出现金余额。登记现金日记账时，除了遵循账簿登记的基本要求外，还应注意以下栏目的填写方法：

1. 日期

"日期"栏中填入的应为据以登记账簿的会计凭证上的日期，现金日记账一般依据记账凭证登记，因此，此处日期为编制该记账凭证的日期。不能填写原始凭证上记载的发生或完成该经济业务的日期，也不是实际登记该账簿的日期。

2. 凭证字号

"凭证字号"栏中应填入据以登账的会计凭证类型及编号。如，企业采用通用凭证格式，根据记账凭证登记现金日记账时，填入"记×号"；企业采用专用凭证格式，根据现金收款凭证登记现金日记账时，填入"收×号"。

3. 摘要

"摘要"栏简要说明入账的经济业务的内容，力求简明扼要。

4. 对应科目

"对应科目"栏应填入会计分录中"库存现金"科目的对应科目,用以反映库存现金增减变化的来龙去脉。在填写对应科目时,应注意以下三点:

(1)对应科目只填总账科目,不需填明细科目。

(2)当对应科目有多个时,应填入主要对应科目,如销售产品收到现金,则"库存现金"的对应科目有"主营业务收入"和"应交税费",此时可在对应科目栏中填入"主营业务收入",在借方金额栏中填入取得的现金总额,而不能将一笔现金增加业务拆分成两个对应科目金额填入两行。

(3)当对应科目有多个且不能从科目上划分出主次时,可在对应科目栏中填入其中金额较大的科目,并在其后加上"等"字。如用现金800元购买零星办公用品,其中300元由车间负担,500元由行政管理部门负担,则在现金日记账"对应科目"栏中填入"管理费用"等,在贷方金额栏中填入支付的现金总额800元。

5. 借方、贷方

"借方金额"栏、"贷方金额"栏应根据相关凭证中记录的"库存现金"科目的借贷方向及金额记入。

6. 余额

"余额"栏应根据"本行余额 = 上行余额 + 本行借方 – 本行贷方"公式计算填入。

正常情况下库存现金不允许出现贷方余额,因此,现金日记账余额栏前未印有借贷方向,其余额方向默认为借方。若在登记现金日记账过程中,由于登账顺序等特殊原因出现了贷方余额,则在余额栏用红字登记,表示贷方余额。

【例6-1】以肇庆华丽服装有限公司2019年4月发生的经济业务为例,根据第五章实训任务已经填好的与现金有关的记账凭证(见表6-24至6-26)登记现金日记账。本实例采用三栏式账页登记。如表6-1所示。

表6-1　　　　　　　　　现金日记账　　　　　　　　　第5页

2019年		凭证号数	摘要	对方科目	借方 千百十万千百十元角分	贷方 千百十万千百十元角分	借或贷	余额 千百十万千百十元角分
4月	日							
4	1		承前页				借	7 0 0 0 0 0
4	8	现付1	预借差旅费	其他应收款		2 0 0 0 0 0	借	5 0 0 0 0 0
4	9	银付4	提现	银行存款	5 0 0 0 0 0		借	1 0 0 0 0 0 0
4	10	现付2	买办公用品	管理费用等		5 0 0 0 0	借	9 5 0 0 0 0
4	11	现收1	交回现金	其他应收款	1 0 0 0 0		借	9 6 0 0 0 0
4	18	现付3	买办公用品	管理费用等		1 0 0 0 0 0	借	8 6 0 0 0 0

二、银行存款日记账的登记方法

银行存款日记账是用来核算和监督银行存款每日的收入、支出和结余情况的账簿。银行存款日记账应按企业在银行开立的账户和币种分别设置,每个银行账户设置一本日记账。由出纳员根据与银行存款收付业务有关的记账凭证,按时间先后顺序逐日逐笔进行登记。根据银行存款收款凭证和有关的库存现金付款凭证登记银行存款收入栏,根据银行存款付款凭证登记其支出栏,每日结出存款余额。

银行存款日记账的登记方法与现金日记账的登记方法基本相同,而有所区别的是,银行存款日记账在摘要栏后增设"结算方式栏"。结算方式栏登记的是使银行存款增加或减少的各种结算方式,例如,转账支票及号码、电汇及号码等。银行存款日记要定期与银行转来的对账单核对,以保证银行存款账簿记录的正确性。

【例6-2】以肇庆华丽服装有限公司2019年4月发生的经济业务为例,根据第五章实训任务已经填好的与银行存款有关的记账凭证(见表6-24至6-26)登记银行存款日记账。采用三栏式账页登记。如表6-2所示。

表6-2　　　　　　　　　　　银行存款日记账　　　　　　　　　　　第6页

2019年4月		凭证号数	结算凭证		摘要	对方科目	借方	贷方	借或贷	余额
月	日		种类	号数						
4	1				承前页				借	115180500
4	1	银收1	略	略	接受投资	实收资本	20000000		借	135180500
4	1	银付1	略	略	付广告费	销售费用		300000	借	134880500
4	2	银付2	略	略	买材料	原材料等		4407000	借	130473500
4	3	银收2	略	略	销售T恤	主营业务收入	1808000		借	148553500
4	5	银收3	略	略	收回货款	应收账款	1099800		借	159551500
4	7	银付3	略	略	偿还货款	应付账款		4036500	借	155515000
4	9	银付4	略	略	提现	库存现金		500000	借	155015000
4	10	银付5	略	略	支付工资	应付职工薪酬		1810000	借	136915000
4	12	银付6	略	略	缴纳税款	应交税费		506000	借	131855000
4	15	银付7	略	略	支付水费	应付账款等		11300	借	131742000
4	15	银付8	略	略	支付电费	应付账款等		11300	借	130612000
4	22	银收4	略	略	罚款收入	营业外收入	200000		借	132612000
4	25	银付9	略	略	捐赠支出	营业外支出			借	131612000

第三节　明细分类账的登记方法

明细分类账是根据有关明细分类账户设置并登记的账簿。它能提供交易或事项比较详细、具体的核算资料,以补充总账所提供核算资料的不足。因此,各企业单位在设置总账的同时,还应设置必要的明细账。明细分类账一般采用活页式账簿、卡片式账簿。明细分类账一般根据记账凭证和相应的原始凭证来登记。

不同类型经济业务的明细分类账,可根据管理需要,依据记账凭证、原始凭证或原始凭证汇总表逐笔登记或定期汇总登记。原材料、库存商品收发明细账以及成本、收入、费用明细账可以逐笔登记,也可以定期汇总登记;其他明细分类账如固定资产、债权、债务等应逐笔登记。

明细分类账的格式有三栏式、数量金额式及多栏式等多种,其登记方法分别介绍如下。

一、三栏式明细分类账的登记

三栏式明细分类账适用于只进行金额核算的明细账户,一般根据记账凭证逐笔登记。三栏式账页中一般设有"日期""凭证字号""摘要""借方""贷方""余额"栏,登记时根据记账凭证依次填入各栏目内容,并结记余额。

【例6-3】以肇庆华丽服装有限公司2019年4月发生的经济业务为例,根据第五章实训任务已经填好的与应收账款明细账有关的记账凭证(见表6-24至6-26)登记应收账款明细账。采用三栏式账页登记。如表6-3和表6-4所示。

本账页数	
本户页数	3

表6-3　　　　　　　　　应收账款明细账

应收账款科目<u>广州佳佳连锁服装公司</u>

2019年		凭证号数	摘要	借方 千百十万千百十元角分	贷方 千百十万千百十元角分	借或贷	余额 千百十万千百十元角分
4月	日						
4	1		承前页			借	1 0 9 9 8 0 0 0
4	5	银收3	收回货款		1 0 9 9 8 0 0 0	平	—
4	6	转2	销售T恤	2 7 7 9 8 0 0 0		借	2 7 7 9 8 0 0 0

本账页数	
本户页数	2

表6-4　　　　　　　　　应收账款明细账

应收账款科目<u>佛山友邦连锁服装公司</u>

2019年		凭证号数	摘要	借方 千百十万千百十元角分	贷方 千百十万千百十元角分	借或贷	余额 千百十万千百十元角分
4月	日						
4	1		承前页			借	1 6 3 8 0 0 0 0

二、数量金额式账簿的登记

数量金额式账簿用于既要进行金额核算,又要进行数量核算的各项财产物资的明细分类账,如原材料、库存商品的明细分类账。

数量金额式账页格式与三栏式账页格式的差别在于:三栏式账页只进行货币量核算,设借、贷、余三个金额栏,而数量金额式账页既进行货币量核算,又进行实物量核算,设有收入、发出和结存三个栏目,并在各栏下又分设了数量、单价、金额三个项目。

数量金额式明细账一般采用简化的账簿登记流程,根据原材料、库存商品等存货的收入、发出原始凭证直接逐笔填列。

【例6-4】以肇庆华丽服装有限公司2019年4月发生的经济业务为例,根据第五章实训任务已经填好的与原材料明细账有关的记账凭证(见表6-24至6-26)登记原材料明细账。采用数量金额式账页登记。如表6-5和表6-6所示。

本账页数	
本户页数	4

表6-5　　　　　　　　　　　　　原材料明细账

类别:原料及主要材料　　名称:条纹纯棉面料　　规格:92%棉+8%氨纶　　计量单位:米　　编号:01

2019年		凭证号数	摘要	收入			发出			结存		
4月	日			数量	单价	十万千百十元角分	数量	单价	十万千百十元角分	数量	单价	十万千百十元角分
4	1		承前页							2400	15	3 6 0 0 0 0 0
4	3	银付2	买材料	1000	15	1 5 0 0 0 0 0				3400	15	5 1 0 0 0 0 0
4	4	转1	领用材料				2400	15	3 6 0 0 0 0 0	1000	15	1 5 0 0 0 0 0

本账页数	
本户页数	4

表6-6　　　　　　　　　　　　　原材料明细账

类别:原料及主要材料　　名称:单色纯棉面料　　规格:95%棉+5%氨纶　　计量单位:米　　编号:02

2019年		凭证号数	摘要	收入			发出			结存		
4月	日			数量	单价	十万千百十元角分	数量	单价	十万千百十元角分	数量	单价	十万千百十元角分
4	1		承前页							2000	12	2 4 0 0 0 0 0
4	3	银付2	买材料	2000	12	2 4 0 0 0 0 0				4000	12	4 8 0 0 0 0 0
4	4	转1	领用材料				3000	12	3 6 0 0 0 0 0	1000	12	1 2 0 0 0 0 0

三、多栏式明细分类账的登记

(一)应交增值税明细分类账的登记

应交增值税明细分类账,按增值税明细核算项目在借方、贷方均分设了多个专栏。其中借方设置了"合计""进项税额""已交税金""减免税款"等专栏,贷方设置了"合计""销项税额""出口退税""进项税额转出"等专栏,另外还设置了"借或贷"栏及"余额"栏。

应交增值税的明细分类账一般应根据记账凭证逐笔登记,并按以下步骤登记金额栏:

(1)按记账凭证中应交增值税的方向和明细科目记入账簿的相应专栏。

(2)结计本行记入借方或贷方各专栏的金额合计数,记入借方或贷方的合计栏。

(3)结计出余额填入余额栏,同时在"借或贷"栏内标明余额的借贷方向。

【例6-5】以肇庆华丽服装有限公司2019年4月发生的经济业务为例,根据第五章章节实训已经填好的与应交增值税明细分类账有关的记账凭证登记应交增值税明细分类账。采用多栏式账页登记。如表6-7所示。

表6-7　　　　　　　　应交税费—应交增值税　　　　　　账户第4页

2015年		借方			贷方			借或贷	余额
4月	日	进项税额	已交税金	转出未交增值税	销项税额	出口退税	转出多交增值税		
4	2	5 070						借	5 070
4	3				20 800			贷	15 730
4	6				31 980			贷	47 710
4	15	130						贷	47 580
4	15	1 300						贷	46 280
4	16				22 100			贷	68 380
4	30			68 380				平	0

(二)生产成本明细账的登记

生产成本按成本核算对象设置明细账,在明细账中按借方以成本构成项目设置专栏,不再设置贷方及余额栏。

生产成本明细分类账一般应根据记账凭证登记。对于发生的应记入生产成本借方的直接成本,以及分配转入的制造费用,登记时首先根据其费用性质记入相应的成本构成项目栏,再计算出记入本行各成本项目栏的金额合计数,填入"合计"栏。应特别注意"合计"栏填入的是本行成本构成项目栏合计数,上下行间数据不累加。

月末,计算并结转完工产品成本,应记入生产成本明细账的贷方,如果生产成本未设有贷方金额栏,登记时用红字在各成本构成项目栏中登记应结转出的金额,并计算出结转的生产成本总额,记入合计栏。

【例6-6】以肇庆华丽服装有限公司2019年4月发生的经济业务为例,根据第五章实训任务已经填好的与生产成本明细分类账有关的记账凭证(见表6-24至6-26)登记生产成本——男T恤明细分类账。采用多栏式账页登记。如表6-8所示。

表6-8　　　　　　　　　生产成本明细账

科目名称:男T恤　　　　　　　　　　　　　　　　　　　　　账户第4页

2019年		凭证号码	摘要	借方								贷方	余额
4月	日			直接材料		直接人工		制造费用		合计			
				万千百十元角分		万千百十元角分		万千百十元角分		万千百十元角分		万千百十元角分	万千百十元角分
4	4	转1	领用材料	3 6 0 0 0 0 0						3 6 0 0 0 0 0			
4	15	转4	水费	4 5 0 0 0 0						3 6 4 5 0 0 0			
4	15	转5	电费	3 6 0 0 0 0						4 0 0 5 0 0 0			
4	30	转7	分配工资			3 6 0 9 0 0 0				7 6 1 4 0 0 0			
4	30	转10	结转制造费用					7 8 6 0 0 0		8 4 0 0 0 0 0			
4	30	转11	结转完工产品									8 4 0 0 0 0 0	

(三)普通多栏账的登记

普通多栏账一般根据记账凭证逐笔登记。在实际工作中,普通多栏账有两种格式:

1. 设置借方或贷方专栏

根据账户性质,可以设置借方专栏,如"制造费用""主营业务成本""管理费用"等成本、费用账户,由于其账户贷方发生额每月很少,发生时以红字登记在借方。也可以设置贷方专栏,如"主营业务收入""其他业务收入"等收入账户,由于其账户借方发生额每月很少,发生时以红字登记在贷方。

登记时应注意:

(1)登记方向与栏目设置方向相反时,用红字记入。

(2)起始栏应设为"合计"栏,用以登记本行各栏合计数。登记时一方面要记入具体的项目专栏,另一方面计算本行记入各专栏的金额合计数,记入"合计栏"。

此种格式的多栏账优点是登账工作较简化,缺点是不能直接反映账户当前余额。

【例6-7】以肇庆华丽服装有限公司2019年4月发生的经济业务为例,根据第五章实训任务已经填好的与管理费用明细分类账有关的记账凭证(见表6-24至6-26)登记管理费用明细分类账。采用多栏式账页登记。如表6-9所示。

表 6-9　　　　　　　　管理费用明细分类账（无贷方余额栏）

2019年		凭证号码	摘要	借方					
月	日			办公费	差旅费	水电费	工资	折旧费	合计
4	10	现付2	购买办公用品	400.00					400.00
4	11	转3	报销差旅费		1900.00				2300.00
4	15	转4	水费			50.00			2350.00
4	15	转5	电费			800.00			3150.00
4	18	现付3	购买办公用品	800.00					3950.00
4	30	转7	分配工资				40000.00		43950.00
4	30	转9	计提折旧					2080.00	46030.00
4	30	转16	损益类结转	1200.00	1900.00	850.00	40000.00	2080.00	46030.00

注：表中转16这一行的金额为红字表示冲减作用。

2. 在设置借方、贷方、余额栏基础上，再设专栏对当前余额构成项目进行分析

登记时先按三栏式账簿的登记方法登记账页中借、贷、余额栏目，再在相应专栏中反映当前余额的构成情况。

此种格式的多栏账优点是能随时反映账户余额及构成情况，缺点是登账的工作量较大。其格式如表6-10所示，登记方法类同于例6-6生产成本——男T恤明细账的登记方法。

表 6-10　　　　　　　　管理费用明细账（有贷方余额栏）

年		凭证		摘要	借方						贷方	余额
月	日	种类	编号		办公费	水电费	职工薪酬	折旧费		合计		

第四节　总分类账的登记方法

在实务中，各单位可以根据实际情况，选择不同的方法和程序来登记总分类账。根据登记总分类账的方法和程序的不同，可以划分出各种不同的账务处理程序。

账务处理程序，又称会计核算组织程序或会计核算形式，是指会计凭证、会计账簿、财务报表相结合的方式，包括账簿组织和记账程序。账簿组织是指会计凭证和会计账簿的种类、格式，会计凭证与账簿之间的联系方法；记账程序是指由填制、

审核原始凭证到填制、审核记账凭证,登记日记账、明细分类账和总分类账,编制财务报表的工作程序和方法等。

目前,我国常用的账务处理程序有以下五种:记账凭证账务处理程序、汇总记账凭证账务处理程序、科目汇总表账务处理程序、日记总账账务处理程序、多栏式日记账账务处理程序。本书主要介绍前三种账务处理程序。前三种账务处理程序的基本账务处理流程是相同的,其主要区别在于登记总分类账的方法和程序有所不同。适应其登记总分类账的方法和程序,在凭证和账簿的种类和格式上也各有其特殊要求。

一、记账凭证账务处理程序的总账登记

(一)记账凭证账务处理程序概述

记账凭证账务处理程序是指对发生的经济业务,先根据原始凭证或汇总原始凭证填制记账凭证,再直接根据记账凭证登记总分类账的一种账务处理程序。记账凭证账务处理程序的特点是:直接根据记账凭证逐笔登记总分类账。

记账凭证账务处理程序对记账凭证和账簿的种类和格式无特殊要求。记账凭证可以采用统一的通用格式,也可以分成收、付、转三类;需设置总分类账、现金日记账、银行存款日记账和明细分类账;总账和日记账均可采用三栏式,明细分类账根据需要,可采用三栏式、数量金额式或多栏式。

(二)记账凭证账务处理程序的优缺点及适用性

记账程序账务处理程序作为账务处理的基本程序,其主要优点在于:一是会计凭证和账簿格式及账务处理程序简单明了,易于理解和运用;二是由于总分类账是直接根据各种记账凭证逐笔登记的,因此总分类账能比较详细和具体地反映各项经济业务,便于查账。主要缺点是要根据记账凭证逐笔登记总分类账,因此登记总分类账的工作量较大。

记账凭证账务处理程序一般适用于规模较小、业务量较少及记账凭证数量不多的企业。值得注意的是:此账务处理程序特别适宜于计算机处理,因为利用计算机可以弥补工作量大的缺点。同时在手工记账下,为了减少记账凭证的数量和登记总账的工作量,可以尽量将同类经济业务的原始凭证进行汇总,编制汇总原始凭证,再根据汇总原始凭证编制记账凭证。

(三)记账凭证账务处理程序的具体工作步骤

记账凭证账务处理程序的一般步骤是:

(1)根据原始凭证填制汇总原始凭证;

(2)根据原始凭证或汇总原始凭证,填制收款凭证、付款凭证和转账凭证,也可以填制通用记账凭证;

(3)根据收款凭证和付款凭证逐笔登记库存现金日记账和银行存款日记账;

(4)根据原始凭证、汇总原始凭证和记账凭证,登记各种明细分类账;

(5)根据记账凭证逐笔登记总分类账;

(6)期末,将库存现金日记账、银行存款日记账和明细分类账的余额与有关总分类账的余额核对相符;

(7)期末,根据总分类账和明细分类账的记录,编制财务报表。

记账凭证账务处理程序如图6-1所示。

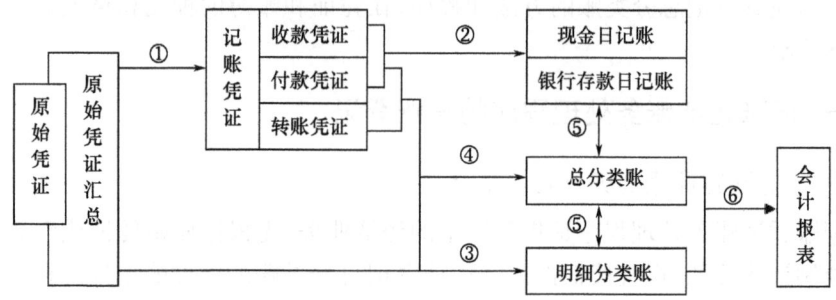

图6-1 记账凭证账务处理程序图

(四)记账凭证账务处理程序的登记实例

【例6-8】以肇庆华丽服装有限公司2019年4月发生的经济业务为例,根据第五章实训任务已经填好的所有专用记账凭证(见表6-24至6-26),在记账凭证账务处理程序下登记库存现金、应收账款和原材料、主营业务收入的总分类账。如表6-11、表6-12、表6-13和表6-14所示。

总页码	2
本户页次	2

表6-11　　　　　　　　　　总分类账

会计科目名称及编号:<u>库存现金</u>

2019年		凭证号数	摘要	借方 千百十万千百十元角分	贷方 千百十万千百十元角分	借或贷	余额 千百十万千百十元角分
4月	日						
4	1		承前页			借	7 0 0 0 0 0
4	8	现付1	预借差旅费		2 0 0 0 0 0	借	5 0 0 0 0 0
4	9	银付4	提现	5 0 0 0 0 0		借	1 0 0 0 0 0 0
4	10	现付2	买办公用品		5 0 0 0 0	借	9 5 0 0 0 0
4	11	现收1	交回现金	1 0 0 0 0		借	9 6 0 0 0 0
4	18	现付3	买办公用品		1 0 0 0 0 0	借	8 6 0 0 0 0

表 6-12　　　　　　　　　　　　　总分类账

总页码	18
本户页次	3

会计科目名称及编号：<u>应收账款</u>

2019年		凭证号数	摘要	借方									贷方									借或贷	余额								
4月	日			千	百	十	万	千	百	十	元	角	分	千	百	十	万	千	百	十	元	角	分		千	百	十	万	千	百	十	元	角	分
4	1		承前页																					借			2	7	3	7	8	0	0	0
4	5	银收3	收回货款														1	0	9	9	9	8	0	0	0	借			1	6	3	8	0	0	0	0
4	6	转2	销售T恤			2	7	7	9	8	0	0	0											借			4	4	1	7	8	0	0	0

表 6-13　　　　　　　　　　　　　总分类账

总页码	23
本户页次	3

会计科目名称及编号：<u>原材料</u>

2019年		凭证号数	摘要	借方									贷方									借或贷	余额								
4月	日			千	百	十	万	千	百	十	元	角	分	千	百	十	万	千	百	十	元	角	分		千	百	十	万	千	百	十	元	角	分
4	1		承前页																					借				6	0	0	0	0	0	0
4	2	银付2	购买材料				3	9	0	0	0	0	0											借				9	9	0	0	0	0	0
4	4	转1	领用材料														7	2	0	0	0	0	0	借				2	7	0	0	0	0	0

表 6-14　　　　　　　　　　　　　总分类账

总页码	998
本户页次	3

会计科目名称及编号：<u>主营业务收入</u>

2019年		凭证号数	摘要	借方									贷方									借或贷	余额								
4月	日			千	百	十	万	千	百	十	元	角	分	千	百	十	万	千	百	十	元	角	分		千	百	十	万	千	百	十	元	角	分
4	3	银收2	销售T恤													1	6	0	0	0	0	0	0	贷			1	6	0	0	0	0	0	0
4	6	转2	销售T恤													2	4	6	0	0	0	0	0	贷			4	0	6	0	0	0	0	0
4	16	转6	销售T恤													1	7	0	0	0	0	0	0	贷			5	7	6	0	0	0	0	0
4	30	转13	月末结转			5	7	6	0	0	0	0	0											平								⊖		

二、科目汇总表账务处理程序的总账登记

（一）科目汇总表账务处理程序概述

科目汇总表账务处理程序，又称记账凭证汇总表账务处理程序，是指根据记账凭证定期编制科目汇总表，再根据科目汇总表登记总分类账的一种账务处理程序。科目汇总表账务处理程序的特点是先将所有记账凭证汇总编制成科目汇总表，然后以科目汇总表为依据登记总分类账。

科目汇总表，又称记账凭证汇总表，是企业通常定期对全部记账凭证进行汇总后，按照不同的会计科目分别列示各账户借方发生额和贷方发生额的一种汇总凭证。科目汇总表的编制方法是，根据一定时期内的全部记账凭证，按照会计科目进行归类，定期汇总出每一个账户的借方本期发生额和贷方本期发生额，填写在科目汇总表的相关栏内。科目汇总表可每月编制一张，按旬汇总，也可每旬汇总一次编制一张。任何格式的科目汇总表，都只反映各个账户的借方本期发生额和贷方本期发生额，不反映各个账户之间的对应关系。

（二）记账凭证账务处理程序的优缺点及适用性

采用科目汇总表账务处理程序，可以通过定期编制科目汇总表起到试算平衡的作用，根据科目汇总表登记总分类账，也可以减轻登记总账的工作量。但科目汇总表不能反映各科目间的对应关系，不便于查账和了解经济业务的内容。因而，这种账务处理程序适用于规模较大、业务量较多的单位。

（三）科目汇总表账务处理程序的具体工作步骤

科目汇总表账务处理程序的一般步骤是：

（1）根据原始凭证填制汇总原始凭证；

（2）根据原始凭证或汇总原始凭证填制记账凭证；

（3）根据收款凭证、付款凭证逐笔登记库存现金日记账和银行存款日记账；

（4）根据原始凭证、汇总原始凭证和记账凭证，登记各种明细分类账；

（5）根据各种记账凭证编制科目汇总表；

（6）根据科目汇总表登记总分类账；

（7）期末将库存现金日记账、银行存款日记账和明细分类账的余额同有关总分类账的余额核对相符；

（8）期末根据总分类账和明细分类账的记录，编制财务报表。

科目汇总表账务处理程序如图 6-2 所示。

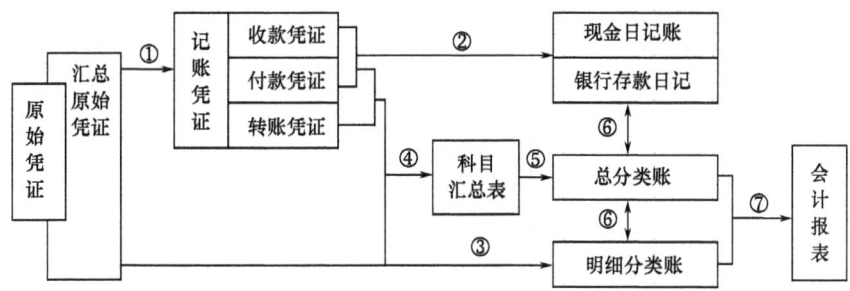

图6-2 科目汇总表账务处理程序图

(四)科目汇总表账务处理程序的登记实例

【例6-9】以肇庆华丽服装有限公司2019年4月发生的经济业务为例,根据第五章实训任务已经填好的全部专用记账凭证(见表6-24至6-26)编制4月份的科目汇总表。如表6-15所示。

表6-15　　　　　　　　　科目汇总表
　　　　　　　　　　　2019年4月　　　　　　　　　　编号:汇1

会计科目	总账页数	本期发生额		记账凭证起止号
		借方	贷方	
库存现金		5 100	3 500	
银行存款		510 780	346 465	
应收票据		192 100	—	
应收账款		277 980	109 980	
其他应收款		2 000	2 000	
原材料		39 000	72 000	
库存商品		189 000	315 000	
固定资产		—	—	现收字第1号;
无形资产		—	—	现付字第1—3号;
累计折旧		—	8 080	银收字第1—4号;
短期借款		—	—	银付字第1—9号;
应付账款		51 365	11 000	转字第1—18号。
应交税费		125 480	197 756	
应付利息		—	300	
应付职工薪酬		181 000	164 750	
实收资本		—	200 000	
本年利润		453 026	596 000	
利润分配				
生产成本		189 000	189 000	

续表

会计科目	总账页数	本期发生额		记账凭证起止号
		借方	贷方	
制造费用		19 650	19 650	
主营业务收入		576 000	576 000	
营业外收入		20 000	20 000	
管理费用		46 030	46 030	现收字第 1 号;
销售费用		27 200	27 200	现付字第 1—3 号;
财务费用		300	300	银收字第 1—4 号;
主营业务成本		315 000	315 000	银付字第 1—9 号;
税金及附加		6 838	6 838	转字第 1—18 号。
营业外支出		10 000	10 000	
所得税费用		47 658	47 658	
合计		3 284 507	3 284 507	

会计主管:刘新　　记账:李丽　　复核:李丽　　制单:陈敏

【例 6-10】以肇庆华丽服装有限公司 2019 年 4 月发生的经济业务为例,根据例 6-9 编好的科目汇总表,在科目汇总表(表 6-15)账务处理程序登记库存现金、应收账款和原材料、主营业务收入的总分类账。如表 6-16、表 6-17、表 6-18 和表 6-19 所示。

表 6-16　　　　　　　　　　总分类账

总页码	1
本户页次	1

会计科目名称及编号:**库存现金**

2019年		凭证号数	摘要	借方	贷方	借或贷	余额
4月	日			千百十万千百十元角分	千百十万千百十元角分		千百十万千百十元角分
4	1		承前页			借	7 0 0 0 0 0
4	30	汇1	1-30日发生额	5 1 0 0 0 0	3 5 0 0 0 0	借	8 6 0 0 0 0

表 6-17　　　　　　　　　总分类账

总页码	18
本户页次	3

会计科目名称及编号：<u>应收账款</u>

2019年		凭证号数	摘要	借方									贷方									借或贷	余额								
4月	日			千	百	十	万	千	百	十	元	角	分	千	百	十	万	千	百	十	元	角	分		千	百	十	万	千	百	十	元	角	分
4	1		承前页																					借			2	7	3	7	8	0	0	0
4	30	汇1	1-30日发生额			2	7	7	9	8	0	0	0			1	0	9	9	9	8	0	0	借			4	4	1	7	8	0	0	0

表 6-18　　　　　　　　　总分类账

总页码	23
本户页次	2

会计科目名称及编号：<u>原材料</u>

2019年		凭证号数	摘要	借方										贷方										借或贷	余额									
4月	日			千	百	十	万	千	百	十	元	角	分	千	百	十	万	千	百	十	元	角	分		千	百	十	万	千	百	十	元	角	分
4	1		承前页																					借				6	0	0	0	0	0	0
4	30	汇1	1-30日发生额				3	9	0	0	0	0	0					7	2	0	0	0	0	借				2	7	0	0	0	0	0

表 6-19　　　　　　　　　总分类账

总页码	98
本户页次	3

会计科目名称及编号：<u>主营业务收入</u>

2019年		凭证号数	摘要	借方										贷方										借或贷	余额									
4月	日			千	百	十	万	千	百	十	元	角	分	千	百	十	万	千	百	十	元	角	分		千	百	十	万	千	百	十	元	角	分
4	30	汇1	1-30日发生额			5	7	6	0	0	0	0	0			5	7	6	0	0	0	0	0	平									—	

三、汇总记账凭证账务处理程序的总账登记

(一)汇总记账凭证账务处理程序概述

汇总记账凭证账务处理程序是指先根据原始凭证或汇总原始凭证,填制记账凭证,定期根据记账凭证分类编制汇总收款凭证、汇总付款凭证和汇总转账凭证,再根据汇总记账凭证登记总分类账的一种账务处理程序。汇总记账凭证账务处理程序的特点是,先根据记账凭证编制汇总记账凭证,再根据汇总记账凭证登记总分类账。

汇总记账凭证是指对一段时期内同类记账凭证进行定期汇总而编制的记账凭证。汇总记账凭证可以分为汇总收款凭证、汇总付款凭证和汇总转账凭证,三种凭证有不同的编制方法。

(二)汇总记账凭证账务处理程序的优缺点及适用性

汇总记账凭证账务处理程序的优点是减轻了登记总分类账的工作量;缺点是当转账凭证较多时,编制汇总转账凭证的工作量较大,并且按每一贷方账户编制汇总转账凭证,不利于会计核算的日常分工。该账务处理程序适用于规模较大、经济业务较多的单位。

(三)汇总记账凭证账务处理程序的具体工作步骤

汇总记账凭证账务处理程序的具体工作步骤是:

(1)根据原始凭证填制汇总原始凭证;

(2)根据原始凭证或汇总原始凭证,填制收款凭证、付款凭证和转账凭证,也可以填制通用记账凭证;

(3)根据收款凭证、付款凭证逐笔登记库存现金日记账和银行存款日记账;

(4)根据原始凭证、汇总原始凭证和记账凭证,登记各种明细分类账;

(5)根据各种记账凭证编制有关汇总记账凭证;

(6)根据各种汇总记账凭证登记总分类账;

(7)期末,将库存现金日记账、银行存款日记账和明细分类账的余额与有关总分类账的余额核对相符;

(8)期末,根据总分类账和明细分类账的记录,编制财务报表。

汇总记账凭证账务处理程序如图6-3所示。

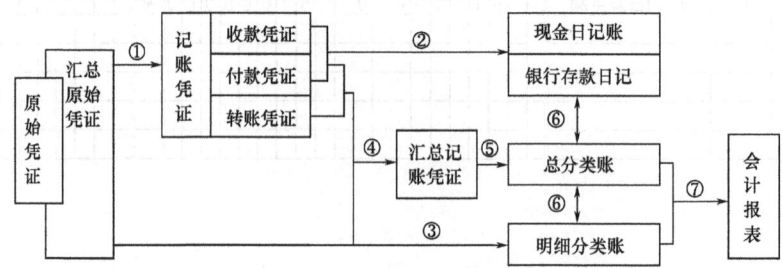

图6-3 汇总记账凭证账务处理程序图

(四)汇总记账凭证账务处理程序的登记实例

1. 汇总收款凭证的编制

汇总收款凭证根据"库存现金"和"银行存款"账户的借方进行编制。它汇总了一定时期内库存现金和银行存款的收款业务。

汇总收款凭证是在对各账户对应的贷方分类之后,进行汇总编制。总分类账根据各汇总收款凭证的合计数进行登记,分别记入"库存现金""银行存款"总分类账户的借方,并将汇总收款凭证上各账户贷方的合计数分别记入有关总分类账户的贷方。一般可5～10天汇总一次,每月编制一张。

【例6-11】以肇庆华丽服装有限公司2019年4月发生的经济业务为例,根据第五章实训任务已经填好的与现金有关的专用记账凭证(见表6-24至6-26),在汇总记账凭证账务处理程序下登记库存现金账户的汇总收款凭证。如表6-20所示。

分析:肇庆华丽服装有限公司2019年4月发生的经济业务有以下几项与现金收款业务有关的分录:

①业务10:付款凭证,银付字第4号。

借:库存现金　　　　　　　　　　　　　　　　5 000
　　贷:银行存款　　　　　　　　　　　　　　　　　5 000

②业务13:收款凭证,现收字第1号。

借:库存现金　　　　　　　　　　　　　　　　100
　　贷:其他应收款——李英　　　　　　　　　　　　100

表6-20　　　　　　　　汇总收款凭证　　　　　　　　单位:元

借方科目:库存现金　　　2019年4月　　　　　　　第1号

贷方科目	金额				总账页次	
	1～10日	11～20日	21～31日	合计	借方	贷方
银行存款	5 000	—	—	5 000	略	略
其他应收款	100	—	—	100	略	略
合计	5 100	—	—	5 100	略	略

2. 汇总付款凭证的编制

汇总付款凭证根据"库存现金"和"银行存款"账户的贷方进行编制。它汇总了一定时期内库存现金和银行存款的付款业务。

汇总付款凭证是在对各账户对应的借方分类之后,进行汇总编制。总分类账根据各汇总付款凭证的合计数进行登记,分别记入"库存现金""银行存款"总分类账户的贷方,并将汇总付款凭证上各账户借方的合计数分别记入有关总分类账户的借方。一般可5～10天汇总一次,每月编制一张。

【例6-12】以肇庆华丽服装有限公司2019年4月发生的经济业务为例,根据第五章实训任务已经填好的与现金有关的专用记账凭证(见表6-24至6-26),在汇总记账凭证账务处理程序下登记库存现金账户的汇总付款凭证。如表6-21所示。

分析:肇庆华丽服装有限公司2019年4月发生的经济业务有以下几项与现金收款业务有关的分录:

①业务9:付款凭证,现付字第1号。

 借:其他应收款——李英   2 000
  贷:库存现金   2 000

②业务11:付款凭证,现付字第2号。

 借:制造费用——办公费   100
   管理费用——办公费   400
  贷:库存现金   500

③业务18:付款凭证,现付字第3号。

 借:制造费用——办公费   200
   管理费用——办公费   800
  贷:库存现金   1 000

表6-21   汇总付款凭证   单位:元

贷方科目:库存现金   2019年4月   第1号

借方科目	金额				总账页次	
	1~10日	11~20日	21~31日	合计	借方	贷方
其他应收款	2 000	—	—	2 000	略	略
制造费用	100	200	—	300	略	略
管理费用	400	800	—	1 200	略	略
合计	2 500	1 000	—	3 500	略	略

3. 汇总转账凭证的编制

汇总转账凭证通常根据所设置账户的贷方进行编制。它汇总了一定时期内的转账业务。

汇总转账凭证是在对所设置账户相对应的借方账户分类之后,进行汇总编制。总分类账根据各汇总转账凭证的合计数进行登记,分别记入对应账户的总分类账户的贷方,并将汇总转账凭证上各账户借方的合计数分别记入有关总分类账户的借方。值得注意的是,在编制的过程中贷方账户必须唯一,借方账户可一个或多个,即转账凭证必须一借一贷或多借一贷。

一般可5~10天汇总一次,每月编制一张。如果在一个月内某一贷方账户的转账凭证不多,可不编制汇总转账凭证,直接根据单个的转账凭证登记总分类账。

【例6-13】以肇庆华丽服装有限公司2019年4月发生的经济业务为例,根据第五章实训任务已经填好的与原材料有关的专用记账凭证(见表6-24至6-26),在汇总记账凭证账务处理程序下登记原材料账户的汇总转账凭证。如表6-22所示。

分析:肇庆华丽服装有限公司2019年4月发生的经济业务与现金收款业务有关的分录为:

业务5:转账凭证,转字第1号。

借:生产成本——男T恤　　　　　　　　　　　　36 000
　　　　　　——女T恤　　　　　　　　　　　　36 000
　　贷:原材料——条纹纯棉面料　　　　　　　　36 000
　　　　　　——单色纯棉面料　　　　　　　　　36 000

表6-22　　　　　　　　　汇总转账凭证　　　　　　　　　单位:元
贷方科目:原材料　　　　　　2019年4月　　　　　　　第4号

借方科目	金额				总账页次	
	1~10日	11~20日	21~31日	合计	借方	贷方
生产成本	72 000			72 000	略	略
合计	72 000			72 000	略	略

【例6-14】以肇庆华丽服装有限公司2019年4月发生的经济业务为例,根据例6-11和例6-12与现金有关的汇总收款凭证和汇总付款凭证,在汇总记账凭证账务处理程序下登记现金总账,如表6-23。

表6-23　　　　　　　　　总分类账

总页码	1
本户页次	1

会计科目名称及编号:<u>库存现金</u>

2019年		凭证号数	摘要	借方	贷方	借或贷	余额
4月	日			千百十万千百十元角分	千百十万千百十元角分		千百十万千百十元角分
4	1		承前页			借	7 0 0 0 0 0
4	30	收汇1	1-30日汇总	5 1 0 0 0 0		借	1 2 1 0 0 0 0
4	30	付汇1	1-31日汇总		3 5 0 0 0 0	借	8 6 0 0 0 0

第五节 错账更正

会计人员填制会计凭证和登记账簿,必须严肃认真,以保证会计账簿记录的正确性。由于工作不慎,一旦发生账簿记录错误,不得采用涂改、挖补、刮擦、药水消除字迹等手段更正,也不允许重抄,而必须采用正确的方法更正。更正错账的方法一般有三种,即划线更正法、红字更正法和补充登记法。

一、划线更正法

在结账前发现账簿记录有文字或数字错误,而记账凭证正确,采用划线更正法。具体做法是:更正时,应在错误的文字或数字上面画一条红线注销,但必须使原有的笔迹仍可辨认清楚。然后在红线的上方空白处用蓝字填写正确的文字和数字,并在更正处盖记账人员、会计机构负责人(会计主管人员)名章,以明确责任。对于错误数字必须全部用红线注销,不能只划销整个数中的个别位数。对于文字错误,可只划去错误的部分(见图6-4)。

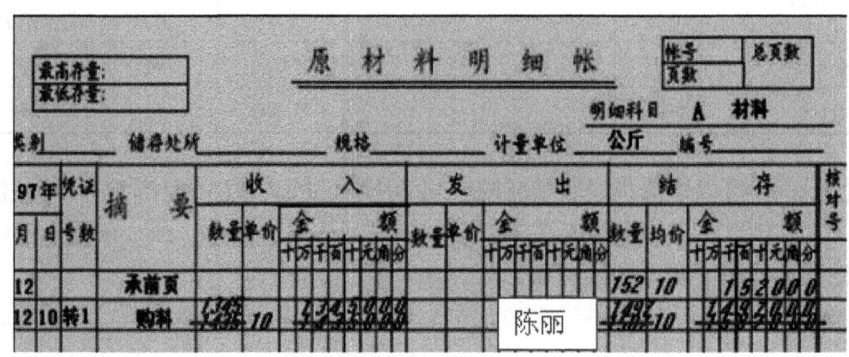

图6-4 划线更正法

二、红字更正法

红字更正法是指用红字冲销原来错误的账户记录或凭证记录,以更正或调整账簿记录的一种方法。其适用于以下两种情形:

(1)记账后发现记账凭证中的应借、应贷会计科目有错误所引起的记账错误,可以采用红字更正法。具体做法是:更正时,先用红字金额填制一张内容与错误记账凭证完全相同的记账凭证,并在摘要栏中写明"冲销×月×日×类×号错误凭证",并据以用红字金额登入账,冲销原有的错误记录,然后,再用蓝字重填一张正确的记账凭证,并登记入账。

【例6-15】2019年4月8日,肇庆华丽服装有限公司行政办公室主管李英去广州出差,预借差旅费 2 000 元,以现金付讫。假若误将"其他应收款"科目记为"应收账款"科目,并已登记入账。

(1) 原错误的会计分录如下:

借:应收账款——李英   2 000
 贷:库存现金   2 000

(2) 发现错误时,先用红字金额填制一张与原错误记账凭证内容完全相同的记账凭证,以冲销原错误记录,并登记入账。会计分录如下:

借:应收账款——李英 |2 000|
 贷:库存现金 |2 000|

(3) 再用蓝字填制一张正确的记账凭证,并登记入账。

借:其他应收款——李英   2 000
 贷:库存现金   2 000

(2)记账以后,发现记账凭证中应借、应贷科目正确,只是所记金额大于应记金额所引起的记账错误,可采用红字更正法进行更正。具体做法是:按多记的金额用红字编制一张与原记账凭证应借、应贷科目完全相同的记账凭证,以冲销多记的金额,并据以记账。

【例 6-16】2019 年 4 月 8 日,肇庆华丽服装有限公司行政办公室主管李英去广州出差,预借差旅费 2 000 元,以现金付讫。假若误记为下列记账凭证,并已登记入账。

(1) 原错误的会计分录如下:

借:其他应收款——李英   20 000
 贷:库存现金   20 000

(2) 发现错误后,应将多记金额填制一张红字金额的记账凭证,并登记入账。

借:应收账款——李英 |18 000|
 贷:库存现金 |18 000|

三、补充登记法

记账后发现记账凭证和账簿记录中应借、应贷会计科目无误,只是所记金额小于应记金额时,采用补充登记法。具体做法是:采用补充登记法时,将少填的金额用蓝字填制一张记账凭证,并在"摘要"栏内注明"补充第×号凭证少计数",并据以登记入账。这样便将少记的金额补充登记入账。

【例 6-17】2019 年 4 月 8 日,肇庆华丽服装有限公司行政办公室主管李英去广州出差,预借差旅费 2 000 元,以现金付讫。假若误记为下列记账凭证,并已登记入账。

(1) 原错误的会计分录如下:

借：其他应收款——李英　　　　　　　　　　　　　　　200
　　　　贷：库存现金　　　　　　　　　　　　　　　　　　　　200
　（2）发现错误后，将少记金额1 800元用蓝字填制一张记账凭证，并登记入账。
　　借：其他应收款——李英　　　　　　　　　　　　　　1 800
　　　　贷：库存现金　　　　　　　　　　　　　　　　　　　1 800

实训任务

实训任务一：

根据前面的第五章实训任务已经编制好的2019年4月肇庆华丽服装有限公司发生的经济业务中所有的收款凭证、付款凭证、转账凭证（见表6-24至表6-26），登记各种账簿：

1. 在第四章实训任务已经做好日记账期初建账的账页基础上，登记2019年4月肇庆华丽服装有限公司的现金日记账和银行存款日记账。

2. 在第四章实训任务已经做好总账期初建账的账页基础上，在科目汇总表账务处理程序下，对2019年4月肇庆华丽服装有限公司各总分类账户进行总账登记。

3. 在第四章实训任务已经做好三栏式期初建账的账页基础上，登记2019年4月肇庆华丽服装有限公司的应收账款、应付账款三栏式明细账。

4. 在第四章实训任务已经做好多栏式期初建账的账页基础上，登记2019年4月肇庆华丽服装有限公司的原材料、库存商品多栏式明细账。

5. 准备1张多栏式明细账账页，登记2019年4月肇庆华丽服装有限公司的制造费用多栏式明细账。

表6-24　　　　　　肇庆华丽服装有限公司记账凭证简表1

2019年		凭证号数	摘要	一级科目	明细科目	借方金额	贷方金额	业务题号
月	日							
4	1	银收1	接受投资	银行存款		200 000		1
				实收资本	肇庆胜达公司		200 000	
4	1	银付1	支付广告费	销售费用	广告费	3 000		2
				银行存款			3 000	
4	2	银付2	购入面料	原材料	条纹纯棉面料	15 000		3
				原材料	单色纯棉面料	24 000		
				应交税费	增值税（进项税）	5 070		
				银行存款			44 070	

续表

2019年		凭证号数	摘要	一级科目	明细科目	借方金额	贷方金额	业务题号
月	日							
4	3	银收2	销售T恤	银行存款		180 800		4
				主营业务收入	男T恤		160 000	
				应交税费	增值税(销项税)		20 800	
4	4	转1	领用材料	生产成本	男T恤	36 000		5
				生产成本	女T恤	36 000		
				原材料	条纹纯棉面料		36 000	
				原材料	单色纯棉面料		36 000	
4	5	银收3	收回货款	银行存款		109 980		6
				应收账款	广州佳佳公司		109 980	
4	6	转2	销售产品	应收账款	广州佳佳公司	277 980		7
				主营业务收入	男T恤		120 000	
				主营业务收入	女T恤		126 000	
				应交税费	增值税(销项税)		31 980	
4	7	银付3	偿还货款	应付账款	广州华兴公司	40 365		8
				银行存款			40 365	
4	8	现付1	预借差旅费	其他应收款	李英	2 000		9
				库存现金			2 000	
4	9	银付4	提取现金	库存现金		5 000		10
				银行存款			5 000	
4	10	现付2	购买打印纸	制造费用	办公费	100		11
				管理费用	办公费	400		
				库存现金			500	
4	10	银付5	支付职工工资	应付职工薪酬	工资	181 000		12
				银行存款			181 000	

表 6-25　　肇庆华丽服装有限公司记账凭证简表 2

2019 年 月	日	凭证号数	摘要	一级科目	明细科目	借方金额	贷方金额	业务题号
4	11	转3, 现收1	报销差旅费	管理费用	差旅费	1 900		13
				库存现金			100	
				其他应收款	李英		2 000	
4	12	银付6	缴纳税款	应交税费	未交增值税	46 000		14
				应交税费	城市维护建设税	3 220		
				应交税费	教育费附加	1 380		
				银行存款			50 600	
4	15	转4	分配水费	生产成本	男 T 恤	450		15
				生产成本	女 T 恤	350		
				制造费用	水费	150		
				管理费用	水费	50		
				应付账款	自来水公司		1 000	
4	15	银付7	支付水费	应付账款	自来水公司	1 000		
				应交税费	进项税额	130		
				银行存款			1 130	
4	15	转5	分配电费	生产成本	男 T 恤	3 600		16
				生产成本	女 T 恤	4 400		
				制造费用	电费	1 200		
				管理费用	电费	800		
				应付账款	供电局		10 000	
4	15	银付8	支付电费	应付账款	供电局	10 000		
				应交税费	增值税(进项税)	1 300		
				银行存款			11 300	
4	16	转6	销售产品	应收票据	大华公司	192 100		17
				主营业务收入	男 T 恤		80 000	
				主营业务收入	女 T 恤		90 000	
				应交税费	增值税(销项税)		22 100	

续表

2019年		凭证号数	摘要	一级科目	明细科目	借方金额	贷方金额	业务题号
月	日							
4	18	现付3	购买办公用品	制造费用	办公费	200		18
				管理费用	办公费	800		
				库存现金			1 000	
4	22	银收4	收到赔款	银行存款		20 000		19
				营业外收入			20 000	
4	25	银付9	捐赠扶贫基金	营业外支出		10 000		20
				银行存款			10 000	

表6-26　　肇庆华丽服装有限公司记账凭证简表3

2019年		凭证号数	摘要	一级科目	明细科目	借方金额	贷方金额	业务题号
月	日							
4	30	转7	分配工资	生产成本	男T恤	36 090		21
				生产成本	女T恤	52 460		
				制造费用	工资	12 000		
				管理费用	工资	40 000		
				销售费用	工资	24 200		
				应付职工薪酬	工资		164 750	
4	30	转8	计提利息	财务费用		300		22
				应付利息			300	
4	30	转9	计提折旧	制造费用		6 000		23
				管理费用		2 080		
				累计折旧			8 080	
4	30	转10	结转制造费用	生产成本	男T恤	7 860		24
				生产成本	女T恤	11 790		
				制造费用			19 650	
4	30	转11	结转生产成本	库存商品	男T恤	84 000		25
				库存商品	女T恤	105 000		
				生产成本	男T恤		84 000	
				生产成本	女T恤		105 000	

续表

2019年		凭证号数	摘要	一级科目	明细科目	借方金额	贷方金额	业务题号
月	日							
4	30	转12	结转销售成本	主营业务成本	男T恤	189 000		26
				主营业务成本	女T恤	126 000		
				库存商品	男T恤		189 000	
				库存商品	女T恤		126 000	
4	30	转13	结转增值税	应交税费	转出未交增值税	68 380		27
				应交税费	未交增值税		68 380	
4	30	转14	计提税费	税金及附加		6 838		28
				应交税费	城市维护建设税		4 786.6	
				应交税费	教育费附加		2 051.4	
4	30	转15	结转损益类账户	主营业务收入		576 000		29
				营业外收入		20 000		
				本年利润			596 000	
4	30	转16	结转损益类账户	本年利润		405 368		29
				主营业务成本			315 000	
				税金及附加			6 838	
				管理费用			46 030	
				财务费用			300	
				销售费用			27 200	
				营业外支出			10 000	
4	30	转17	计提所得税	所得税费用		47 658		30
				应交税费	应交所得税		47 658	
4	30	转18	结转所得税费用	本年利润		47 658		30
				所得税费用			47 658	

实训任务二:错账更正

资料:天华公司会计李亮在月末对账时发现以下错误:

1.4月1日,生产产品领用原材料一批,价值为7 500元。填制记账凭证时,误写应借科目记为"制造费用",并已登记入账。

2.4月6日,生产完工库存商品一批,其成本为8 000元。填制记账凭证时,将金额误记为80 000元,且已登记入账。

3.4月15日,收回正大公司的前欠货款28 000元,存入银行,填制记账凭证时,将金额误记为2 800元,并已登记入账。

要求:判断采用何种错账更正方法并按规定的更正方法进行更正。

第七章 期末账项处理

【教学目标】
1. 熟练掌握期末账务处理的内容和程序。
2. 掌握账证核对、账账核对的方法。
3. 掌握账实核对的方法,包括:
(1)货币资金、存货和往来款项的清查方法。
(2)现金、存货、固定资产盘盈盘亏的账务处理。
4. 掌握各类账户期末结账的方法。

在将日常发生的各项经济业务登记入账的基础上,期末要对会计资料做进一步的加工,即所谓的期末处理。首先根据权责发生制原则,采用折旧、摊销、预提等方式调整本期的收入和费用,然后根据企业会计制度规定和成本计算的要求计算并结转成本,结转损益,确认本期财务成果,并进行利润分配,最后在对账无误后,进行结账并根据相关账簿记录编制会计报表,同时将本期形成的会计档案整理归档。

第一节 期末账务处理

各单位日常发生的各项经济业务,一般都有明确而具体的业务内容,在业务发生或完成时,业务经办人员必须取得或填制原始凭证,用来记录经济业务的具体内容以及明确业务经办人员的经济责任。当原始凭证传递到会计部门后,会计人员根据原始凭证做出相应的账务处理。而期末账务处理,是根据会计假设、会计准则、会计制度以及成本核算方法的要求,所进行的账项调整及结转,易出现错漏,更加依赖于会计人员的职业判断。因此,在进行期末账务处理时,应注意两点,一是为了便于检查,期末所作的账项调整和结转,应尽可能将调整依据编制成诸如"摊销表""折旧计算表""成本计算表""税金计算表"等,以便于查证;二是期末账务处理存在着一定的逻辑顺序,应按正确的账务处理顺序进行。

一、账项调整

日常处理的实际发生的会计事项,有些会影响到多个会计期间的损益确定,在期末,为了按权责发生制的原则反映财务成果,就必须对有关账户的内容进行调整。需要调整的项目有:

(一)采用折旧、摊销等方法分摊应负担的已记账支出

企业发生的各项支出在日常处理时根据其受益期情况分别记入了不同的会计账户,若该支出只在本期受益,则直接记入本期损益账户,若该支出有多个会计期

间受益,则先根据受益期的长短分别记入"固定资产""无形资产""长期待摊费用"等账户,在期末再采用一定的方法计算出本期应分摊的支出,采用折旧、摊销等方法记入本期损益。

如第三章第三节生产过程业务的核算实例中,期末应分摊的已记账的支出有一项:固定资产折旧。

根据本期固定资产折旧资料,编制如下记账凭证并据以登记入账:

借:制造费用　　　　　　　　　　　　　　　　　　　17 700
　　管理费用　　　　　　　　　　　　　　　　　　　 2 300
　　贷:累计折旧　　　　　　　　　　　　　　　　　 20 000

(二)计提应负担但尚未记账的费用

企业有些费用是先受益后支出的,在会计期末,要将本期已发生、因款项尚未支付而未登记入账的费用,如借款利息、工资及附加费、某些应交税费等,采用预提等方式记入当期损益。

如第三章第三节生产过程业务的核算实例中,期末应计提的本期应负担但尚未记账的费用有以下几项:

1. 计提各项借款利息

根据企业短期借款的金额、利率、期限,计算本期应负担的借款利息为200元,则应编制如下记账凭证:

借:财务费用　　　　　　　　　　　　　　　　　　　　200
　　贷:应付利息　　　　　　　　　　　　　　　　　　 200

2. 提取应付职工薪酬

根据工资结算资料,计算出本月应付工资,并按受益对象进行分配,编制如下记账凭证并据以登记入账:

借:生产成本——A产品　　　　　　　　　　　　　　74 100
　　　　　　——B产品　　　　　　　　　　　　　　62 700
　　制造费用　　　　　　　　　　　　　　　　　　　13 680
　　管理费用　　　　　　　　　　　　　　　　　　　27 360
　　销售费用　　　　　　　　　　　　　　　　　　　19 950
　　贷:应付职工薪酬——工资　　　　　　　　　　　197 790

(三)计提相关税费

由于税收申报和缴纳程序的影响,企业期末会有本月应缴但尚未入账的相关税金,应予以计提并登记入账。如第三章第五节销售过程业务的核算实例中,月末应计提以下相关税费:

1. 计算本期应交的城市维护建设税及教育费附加

本月应交增值税为43 030元,按应交增值税额的7%计提本月的城市维护建设税3 012.1元,按3%计提教育费附加1 290.9元。

2. 应编制如下记账凭证并据以登记入账

借:税金及附加 4 303
 贷:应交税费——应交城市维护建设税 3 012.1
   ——应交教育费附加 1 290.9

二、成本计算及结转

期末需要计算及结转的成本包括:材料采购成本、发出材料成本、产品生产成本以及销售产品成本。

(一)计算并结转材料采购成本

当企业材料采购业务较少时,材料入库时可在日常处理中逐笔计算并结转材料采购成本。当企业材料采购业务较多时,材料入库时在日常处理中只根据收料单登记原材料的明细分类账,以反映原材料的增减变化情况,而不编制结转材料采购成本的记账凭证。定期根据收料单汇总编制"材料收入汇总表",并据以编制结转材料采购成本的记账凭证,再根据审核无误的记账凭证登记材料采购等科目的明细分类账,并采用一定的方法和程序登记原材料和材料采购等相关科目的总分类账。

(二)计算并结转发出材料成本

当企业材料发出业务较少时,材料的发出可根据领料单,逐笔编制结转发出材料成本的记账凭证,并据以登记相关明细账和总分类账。当企业材料发出业务较多,日常发料时,只根据领料单登记原材料的明细分类账,暂不编制结转发出材料成本的记账凭证,定期根据领料单汇总编制"发出材料汇总表",并据以编制结转发出材料成本的记账凭证,再根据审核无误的记账凭证登记相关成本费用的明细分类账,并采用一定的方法和程序登记"原材料"及相关成本费用的总分类账。

如第三章第四节生产过程业务的核算实例中,在日常核算中只根据领料单登记原材料的明细分类账,月末根据本月领料单汇总编制"材料发出汇总表",如表7-1所示。

表7-1 材料耗用汇总表

用途	甲材料		乙材料		合计金额 (元)
	数量 (千克)	金额(元)	数量 (千克)	金额(元)	
生产A产品	1 505	30 100	1 000	30 000	60 100
生产B产品	1 403	28 060	796	23 880	51 940
生产车间一般耗用	300	6 000			6 000
行政管理部门耗用			100	3 000	3 000
合计		64 160	1 900	56 880	121 040

根据"材料发出汇总表"编制如下记账凭证：

借：生产成本——A 产品		60 100
——B 产品		51 940
制造费用		6 000
管理费用		3 000
贷：原材料——甲材料		64 160
——乙材料		56 880

以上记账凭证审核无误后，据以登记借方"生产成本"等科目的明细分类账，再采用一定的方法和程序登记"原材料"和"生产成本"等相关成本费用的总分类账。

（三）计算并结转本期完工产品生产成本

1. 分配结转本期制造费用

根据制造费用账户中归集的本月发生的制造费用金额，以生产工时、机器工时、生产工人工资、耗用直接材料成本等标准在不同的产品间进行分配。如第三章第四节生产过程业务的核算实例中，宏达公司本月共发生的制造费用为 38 400 元，按生产工人工资的比例在 A、B 产品之间进行分配，其中 A 产品本月耗用生产工人工资为 74 100 元，B 产品本月耗用生产工人工资为 62 700 元，计算出 A 产品应负担 20 800 元，B 产品应负担 17 600 元，根据制造费用分配表编制如下记账凭证并据以登记入账：

借：生产成本——A 产品		20 800
——B 产品		17 600
贷：制造费用		38 400

2. 计算并结转本月完工产品成本

根据生产成本明细账及完工产品入库单，计算出本月完工产品成本，编制结转完工产品成本的记账凭证并据以登记入账。如第三章第四节生产过程业务的核算实例中，宏达公司 A 产品 3 875 件全部完工入库，其生产成本明细账中归集的总成本为 155 000 元，则单位成本为 40 元，B 产品 3 480 件全部完工入库，其生产成本明细账中归集的总成本为 132 240 元，则单位成本为 38 元，根据产品成本计算表，编制如下记账凭证并据以登记入账：

借：库存商品——A 产品		155 000
——B 产品		132 240
贷：生产成本——A 产品		155 000
——B 产品		132 240

（四）计算并结转本期销售产品成本

根据本期销售产品的出库单以及库存商品明细分类账，计算本期销售产品的实际生产成本，并将其结转入"主营业务成本"账户。如第三章第五节销售过程业务的核算实例中,宏达公司根据销售产品出库单汇总本期共销售 A 产品 2 900 件,从库存商品明细账中,查明该产品单位成本为 40 元,销售成本为 116 000 元;销售 B 产品 2 000 件,查明该产品单位成本为 38 元,销售成本为 76 000 元,编制如下记账凭证并据以登记入账:

借:主营业务成本——A 产品　　　　　　　　　　　　116 000
　　　　　　　——B 产品　　　　　　　　　　　　 76 000
　贷:库存商品——A 产品　　　　　　　　　　　　　116 000
　　　　　　　——B 产品　　　　　　　　　　　　　76 000

三、结转损益,确认本期财务成果

根据相关规定,企业应分期结算账目,计算当期损益,具体步骤为:

(一)将本期取得的各项收入结转到"本年利润"账户

如第三章第六节财务成果业务的核算实例中,宏达公司结转本期收入时编制如下记账凭证:

借:主营业务收入　　　　　　　　　　　　　　　　450 000
　　其他业务收入　　　　　　　　　　　　　　　　 7 000
　　投资收益　　　　　　　　　　　　　　　　　 30 000
　　营业外收入　　　　　　　　　　　　　　　　　 20 000
　贷:本年利润　　　　　　　　　　　　　　　　　 507 000

(二)将本期发生的费用结转到"本年利润"账户

如第三章第六节财务成果业务的核算实例中,宏达公司结转本期费用时编制如下记账凭证:

借:本年利润　　　　　　　　　　　　　　　　　　266 473
　贷:主营业务成本　　　　　　　　　　　　　　　192 000
　　　其他业务成本　　　　　　　　　　　　　　　 4 000
　　　营业税金及附加　　　　　　　　　　　　　　 4 303
　　　管理费用　　　　　　　　　　　　　　　　　36 020
　　　财务费用　　　　　　　　　　　　　　　　　 200
　　　销售费用　　　　　　　　　　　　　　　　　21 950
　　　营业外支出　　　　　　　　　　　　　　　　 8 000

故　　　本期的利润总额 = 507 000 - 266 473 = 240 527(元)

(三)计算并结转所得税

根据本期的利润总额,按本企业适用的所得税税率计算并结转本月应交所得税。如第三章第六节财务成果业务的核算实例中 240 527 元,适用的所得税率为 25%,则本月应交所得税为 60 131.75 元,应根据计算结果编制如下记账凭证:

借:所得税费用 60 131.75
　　贷:应交税费——应交所得税 60 131.75
同时将所得税费用结转到"本年利润"科目:
借:本年利润 60 131.75
　　贷:所得税费用 60 131.75
故　　　本期净利润 = 240 527 - 60 131.75 = 180 395.25(元)

四、利润分配

企业的税后利润可以根据相关法规制度的规定以及投资者的决议进行分配,在利润分配时根据利润分配的情况编制记账凭证并据以登记入账。第三章第六节财务成果的核算实例中,宏达公司在期末进行利润分配时,应编制如下记账凭证并据以登记入账:

(1)按本年净利润的10%计提法定盈余公积:
借:利润分配——提取法定盈余公积 183 039.6
　　贷:盈余公积 183 039.6
(2)向投资者分配利润 900 000 万元:
借:利润分配——应付利润 900 000
　　贷:应付股利 900 000

五、年末账目结转

根据相关会计制度的规定,在每个会计年度结束时,应将"本年利润"及"利润分配"的各明细账户的余额,全额结转到"利润分配——未分配利润"账户中。也就是说,"本年利润"及"利润分配"下属各明细科目中除"未分配利润"外,年末均应无余额。第三章第六节财务成果业务的核算实例中,宏达公司在12月末作完以上期末账务处理后,还需结转"本年利润"及"利润分配"的各明细账户余额,结转时,编制如下记账凭证并据以登记入账:

(1)结转"本年利润"余额:
借:本年利润 1 830 396
　　贷:利润分配——未分配利润 1 830 396
(2)结转"利润分配"各明细账户余额:
借:利润分配——未分配利润 1 174 559.4
　　贷:利润分配——提取法定盈余公积 183 039.6
　　　　　　　——提取任意盈余公积 91 519.8
　　　　　　　——应付利润 900 000

第二节　对账

会计账簿是编制会计报表的重要依据,账簿记录是否正确将直接影响会计报表的质量,因此,为了保证账簿记录的真实准确,在记账后必须做好对账工作。对账,是指对账簿记录进行的检查和核对工作,以保证账证相符、账账相符和账实相符。对账的主要内容包括以下三个方面。

一、账证核对

账证核对是指将各种账簿的记录与有关的会计凭证进行核对,保证账证相符。其中,账簿与原始凭证核对,主要是对账簿记录的经济业务的真实性、合法性和合理性进行检查;账簿与记账凭证进行核对,主要是检查过账工作是否正确,即是否根据记账凭证记入相关的日记账、明细账和总分类账,记录的金额和方向是否与记账凭证上指明的金额和方向相同。账证核对,主要是在日常工作中通过复核进行。月末,如果对账中发现账账不符、账实不符,也应根据试算平衡等方式发现的记账错误,按一定的线索将账簿记录与会计凭证进行核对,以确保账证相符。

二、账账核对

账账核对是指各账簿之间的相关数据要互相核对相符。由于账簿之间存在着内在的关联关系,通过账账核对,可以检查、验证账簿间数据的勾稽关系,从而及时发现问题,纠正错误。具体核对的内容包括:

第一,总分类账簿中各账户核对相符。这一核对主要通过编制"总账科目试算平衡表"来完成。具体操作步骤如下:

(1)从总分类账簿中将各账户的期初余额、本期借方发生额、本期贷方发生额及期末余额逐个抄算在"总账科目试算平衡表"中,抄算中应注意不要出现遗漏,不要记错余额的借贷方向。

(2)计算总分类账户的期初借贷方余额合计数、本期借贷方发生额合计数和期末借贷方余额合计数。

(3)检查计算出的各总分类账户的期初借贷方余额合计数、本期借贷方发生额合计数和期末借贷方余额合计数是否相等。若相等,则说明总分类账簿的记录有可能是正确的,可以继续进行其他的账簿核对工作;若不相等,则说明在编制"试算平衡表"及登记总分类账簿的工作中一定存在错误,需要根据"试算平衡表"中提供的错误线索对相关账证资料进行检查,对查出的错误进行更正,直至总分类账户试算平衡为止。

第二,总分类账簿中各账户应与其所属的各明细分类账户核对相符。

第三,总分类账中"现金""银行存款"账户应与"现金日记账""银行存款日记账"核对相符。

第四,会计部门有关财产物资明细账应与财产物资保管、使用部门的明细账核对相符。

三、账实核对

账实核对是指各种财产物资和往来款项的账面余额,与实存数相核对。这一核对方法称为财产清查。账实核对的内容主要包括:库存现金日记账账面余额与库存现金实际库存数逐日核对是否相符;银行存款日记账账面余额与银行对账单的余额定期核对是否相符;各项财产物资明细账账面余额与财产物资的实有数额定期核对是否相符;有关债权债务明细账账面余额与对方单位的账面记录核对是否相符等。

(一)财产清查概念

财产清查是指通过实地盘点、核对、查询等方法,确定各项财产物资、货币资金、往来款项的实际结存数,并与账面结存数相核对,以确定账实是否相符的一种专门方法。

会计核算要以真实的经济业务为对象,如实反映企业财务状况和经营成果,提供客观的会计核算指标,这是会计核算的一般原则。因此,在会计核算工作中,加强对会计凭证的日常审核,定期进行账证核对、账账核对,在一定程度上能保证账簿记录本身的正确性,但账簿记录的正确并不能保证其反映的财务状况和经营成果的客观真实。

在实际工作中,会由于多方面的原因造成各项财产物资的账面结存数与实际结存数不符,一般来讲,造成账实不符的原因主要有以下几种:

(1)财产物资收发时,由于度量衡具的误差造成的差异。

(2)工作人员在填制凭证、登记账簿的过程中,出现重记、漏记、错记或计算错误。

(3)财产物资在保管中发生自然损耗,如鲜活商品的腐烂变质、易挥发物资的自然挥发等造成数量或质量上的降低。

(4)由于管理不善或工作人员失职,而发生的财产物资残损、变质、短缺,如将物资露天堆放,遭受雨淋发生霉变等。

(5)由于贪污盗窃、营私舞弊造成财产损失。

(6)由于发生自然灾害,如水灾、火灾、地震,造成财产物资损失。

(7)在结算过程中,由于往来双方记账时间不一致造成记录上的差异。

这些造成账实不符的原因有些是正常的,难以避免的,有些是非正常的,可以避免的。为了掌握财产物资的真实情况,必须对各项财产物资进行定期或不定期的盘点与核对,确保账实相符。若在财产清查中发现账实不符,应根据实存数调整账面记录,并查明原因,采取相应措施,改进财产物资的保管工作,保障财产物资的安全完整。

(二)财产清查的种类

财产清查按不同分类标准,可分为不同的类别:

1. 按清查的范围和对象,可分为全面清查和局部清查两种

(1)全面清查,是指对所有的财产进行全面的盘点和核对。全面清查涉及的范围较大,清查的对象包括货币资金、存货、固定资产等财产物资,应收、应付等往来款项及各种借款,在建工程、各种代管物资和外购商品等。全面清查由于范围广泛,涉及的内容繁多,需要时间较长,需动用大量的人力、物力,因此一般只是在以下情况下才需要进行全面清查:

①为确保年度会计报表的正确性与可靠性,在年度决算前进行财产全面清查;

②企业撤销、合并、或改变隶属关系,为了明确经营责任和确定资产、负债实际数量和金额,需要进行财产全面清查;

③中外合资、国内合资前;

④企业股份制改制前;

⑤单位负责人调离工作时,需要进行一次全面清查;

⑥开展全面资产评估、清产核资等活动时,为了摸清家底,需要全面清查。

(2)局部清查,是指根据需要只对部分财产进行盘点和核对。各单位可以根据需要对其部分资产或负债进行局部清查。例如,对库存现金,应在每日营业终了,由出纳员进行清点、核对,以及时发现长、短款情况;对银行存款,每月末要与银行对账单核对,并编制"银行存款余额调节表";对流动性强又易于发生短缺的原材料、在产品、产成品等,要定期盘点;对于往来款项,每年至少要核对一至两次。通过局部清查,及时发现和解决财产物资在保管中存在的问题。

2. 按清查的时间,可分为定期清查和不定期清查

(1)定期清查,指按预先规定好的时间进行的财产清查。一般在月度、季度、年度末对账时进行。定期清查的范围和对象,可以根据实际需要,进行局部清查,如在月末、季末进行的清查;也可以是全面清查,如在年末进行的清查。

(2)不定期清查,指事先未规定好清查日期,根据实际需要而进行的临时性清查。不定期清查的范围和对象,可以根据需要,进行全面清查或局部清查,如,更换财产保管人员时,应对其保管的财产物资进行局部清查,以分清保管责任;在关、停、并、转等情况下,应进行全面清查,以确定实有资产情况。

3. 按财产清查的执行单位,可分为内部清查和外部清查两种

(1)内部清查,是指由本单位内部自行组织清查工作小组所进行的财产清查工作。大多数财产清查都是内部清查。

(2)外部清查,是指由上级主管部门、审计机关、司法部门、注册会计师根据国家有关规定或情况需要对本单位所进行的财产清查。一般来讲,进行外部清查时

应有本单位相关人员参加。

(三)财产清查的准备工作

在进行财产清查前,应做好各项准备工作,以保证财产清查的顺利进行。包括:

1. 组织准备

在财产清查前,必须抽调财会、仓库以及其他业务人员组成清查小组,通过简短学习和培训,使其明确本次清查的目的,掌握清查的技术、方法。

在进行实际清查前,清查小组要制订详细的清查计划,对财产清查的对象和范围、清查进度、清查方法以及清查人员等事先做好安排,并通知各有关部门做好相关准备。清查小组在清查中应监督清查工作质量,并在清查结束后写出财产清查的书面报告,对发生的盘盈、盘亏提出处理意见。

2. 业务准备

为了使财产清查工作能准确、顺利进行,有关部门必须协助清查小组,在清查前做好以下准备工作:

(1)财会部门应在财产清查前,将所有的经济业务登记入账,结出余额,并核对正确,做到账证相符、账账相符,为财产清查提供准确可靠的账存数据。

(2)财产物资部门和保管人员,应将截至清查日前的所有经济业务,办好原始凭证,并传递至相关部门,登记入账,结出余额。同时,对使用和保管的物资应按财产清查的要求,分类整理排列整齐,并挂上标签,以便财产清查顺利进行。

(3)对银行存款、银行借款和往来结算款项,要取得对账单。

(4)准备好清查中需使用的各种度量衡具,并对其进行检查校正,以减少误差。

(5)准备好清查中需使用的各种空白单据。

(四)财产清查的内容和方法

1. 货币资金的清查

货币资金包括库存现金、银行存款和其他货币资金。

(1)库存现金的清查。库存现金的清查是采用实地盘点法确定库存现金的实存数,然后与库存现金日记账的账面余额相核对,确定账实是否相符。

在清查前,出纳员应将收、付款凭证全部登记入账,并结计出余额。清点时出纳员应在场,逐张查点库存现钞,盘点结束后,根据盘点结果和现金日记账余额编制"库存现金盘点报告表"(格式见表7-2),并由清查人员和出纳员签章,作为调整账簿记录的重要原始凭证,也是分析账实差异原因、明确经济责任的依据。

表7-2　　　　　　　　　　库存现金盘点报告表
单位名称:肇庆华丽服装有限公司　　　2019年1月30日

币别	实存金额	账存金额	对比结果		备注
			盘盈	盘亏	
人民币	9 010	9 000			

盘点人:李丽　　　　　　　　　　　　　　　　　　　　　　出纳员:张燕

在清查库存现金时,除了要查明账实是否相符外,还要查明现金管理制度的执行情况,如是否有挪用现金,有无白条抵库,现金库存是否超过银行核定限额,有无坐支现金等现象。

(2)银行存款的清查。银行存款的清查是采用与开户银行核对账目的方法进行的,即将本单位银行存款日记账的账簿记录与开户银行转来的对账单逐笔进行核对,来查明银行存款的实有数额。银行存款的清查一般在月末进行。银行存款应至少每月与银行核对一次。

一般来讲,造成银行对账单与单位银行存款日记账不符的原因,主要有三个:一是单位记录银行存款日记账有误;二是银行存在记账错误;三是存在未达账项。

未达账项,是指由于结算手续和凭证传递处理时间的影响,造成单位与银行一方已入账,另一方尚未入账的账项。单位与银行的未达账项,一般有以下四种情况:

①企业已收,银行未收的款项。如企业销售产品收到支票,送存银行后即可根据银行盖章退回的"进账单"回单联登记银行存款的增加,而银行则要等款项收妥后才能记增加,如果此时对账,就形成了企业已收款入账,银行尚未收款入账的款项。

②企业已付,银行未付的款项。如企业开出一张支票支付购料款,企业可根据支票存根、发票及收料单等记银行存款的减少,而这时银行由于未接到支付款项的凭证而尚未记银行存款减少,如果此时对账,就形成了企业已付款入账,银行尚未付款入账的款项。

③银行已收,企业未收的款项。如外地某单位给企业汇来货款,银行收到汇款单后,登记企业银行存款增加,企业由于未收到汇款凭证尚未登记银行存款增加,如果此时对账就形成了银行已收款入账,企业尚未收款入账的款项。

④银行已付,企业未付的款项。如银行代企业支付款项,银行已取得支付款项的凭证记银行存款的减少,企业由于未接到凭证尚未记银行存款减少,如果此时对账,就形成了银行已付款入账,企业尚未付款入账的款项。

上述任何一种未达账项的产生,都会造成银行存款日记账和银行对账单余额的不一致。因此,在核查时如果双方账上没有错记、漏记的业务,应注意有无未达账项。如果发现存在未达账项,必须根据未达账项及有关数据编制"银行存款余额调节表"来调整双方余额,再看双方结余数额是否一致。

银行存款的清查按以下四个步骤进行。

①将本单位银行存款日记账与银行对账单,以结算凭证的种类、号码和金额为依据,逐日逐笔核对。凡双方都有记录的,用铅笔在金额旁打上记号"√"。

②找出未达账项(即银行存款日记账和银行对账单中没有打"√"的款项)。

③将日记账和对账单的月末余额及找出的未达账项填入"银行存款余额调节表",并计算出调整后的余额。

④将调整平衡的"银行存款余额调节表",经主管会计签章后,呈报开户银行。

凡有几个银行户头以及开设有外币存款户头的单位,应分别按存款户头开设"银行存款日记账"。每月月底,应分别将各户头的"银行存款日记账"与各户头的"银行对账单"核对,并分别编制各户头的"银行存款余额调节表"。

银行存款余额调节表的编制,是以双方账面余额为基础,各自分别加上对方已收款入账而己方尚未入账的数额,减去对方已付款入账而己方尚未入账的数额。其计算公式如下:

企业银行存款日记账余额 + 银行已收企业未收款 − 银行已付企业未付款 = 银行对账单存款余额 + 企业已收银行未收款 − 企业已付银行未付款

下面举例说明银行存款余额调节表的格式和编制方法。

【例7−1】2019年1月30日,肇庆华丽服装有限公司银行存款日记账余额820 000元,银行对账单存款余额821 000元,已逐笔核对,发现有下列未达账项,请编制银行存款余额调节表(表7−3)。

①1月29日,企业销售产品收到转账支票一张计22 000元,企业已登记入账,银行尚未入账。

②1月30日,企业支付货款开出转账支票一张计12 000元,企业已登记入账,银行尚未入账。

③1月30日,银行收到企业委托收款21 000元,银行已登记入账,企业尚未入账。

④1月31日,银行代企业支付水电费10 000元,银行已登记入账,企业尚未入账。

表7−3　　　　　　　　　　银行存款余额调节表　　　　　　2019年1月30日

项目	金额	项目	金额
银行存款日记账余额	820 000	银行对账单余额	821 000
加:银行已记增加,企业未记增加的账项	21 000	加:企业已记增加,银行未记增加的账项	22 000
减:银行已记减少,企业未记减少的账项	10 000	减:企业已记减少,银行未记减少的账项	12 000
调节后的存款余额	831 000	调节后的存款余额	831 000

经过调节后的存款余额才是企业可以动用的银行存款实有数额。如经调节后双方的余额不等,说明双方账面记录有差错,需进一步核对账目,查找原因,及时处理。由于未达账项不是错账、漏账,编制银行存款余额调节表的目的只是检查账簿记录的正确性,不能将之作为调整银行存款账面余额的原始凭证,应等到以后收到有关的原始凭证后,再作账务处理。

2. 实物资产的清查

(1)财产物资的盘存制度。财产物资的盘存制度,即确定实物资产账面结存数的方法,有"永续盘存制"和"实地盘存制"两种。

①永续盘存制,又称账面盘存制,是指对财产物资的收入数和发出数,都应根据相关会计凭证,在账簿中逐笔进行登记,并随时在账上结出结存数的一种方法。计算公式为:

$$本期减少数量 = 发出财产物资数量 \times 单价$$

$$账面期末结存金额 = 账面期初结存金额 + 本期增加金额 - 本期减少金额$$

采用永续盘存制,财产物资的明细核算工作量较大,但财产物资的明细账可随时动态反映其增减变化情况,便于对财产物资进行监控和管理,加快资金周转。另外,财产物资的账存数可以对其实存数起监督和控制作用,通过实地盘点可以发现账实差异,更有利于财产物资的安全完整。因此,各单位的财产物资一般应采用永续盘存制。

②实地盘存制,又称"实地盘点法",是指平时根据会计凭证在账簿中只登记财产物资的增加数,不登记减少数,月末,根据实地盘点来确定财产物资的实际结存数量,作为期末账面结存数记入账簿,倒挤出本期减少数的一种方法。计算公式为:

$$期末结存金额 = 期末财产物资盘点数 \times 单价$$

$$本期减少数 = 账面期初结存数 + 本期增加数 - 期末实际结存数$$

采用实地盘存制,财产物资的明细账平时只登记购进成本,对减少及结存不作记录,明细核算工作较简单。但财产物资的明细账不能随时反映财产物资的增减变化情况,不利于及时提供核算资料。另外,由于根据实际结存来倒挤本期发出成本,凡未包含在期末实际结存中的减少都被视为销售或耗用,从而掩盖了贪污、盗窃、浪费等非正常损耗,削弱了账簿记录对实物的控制作用,不利于财产物资的安全有效管理。因此,实地盘存制一般只适用于价值低、易于损耗、进出频繁和计量确有困难的财产物资,特别是对易腐烂变质的鲜活商品等可以采用。

(2)财产物资的清查方法。财产物资实物的清查主要是指对原材料、在产品、库存商品等存货的清查及对固定资产的清查。由于各种实物资产的形态、体积、重量、堆放方式等的不同,其清查方法也不同。常用的方法有实地盘点和技术推算法。

①实地盘点法,是对各项实物通过逐一清点或用计量仪器来确定其实存数。这种方法适用性强,结果较精确,对能够点清的财产一般都应采用此方法。

②技术推断法则适应于那些量大、成堆、逐一清点有困难的物品,如煤炭、沙石等,采用丈量、目测、按体积、比重等推算其实有数。在清查中,不仅要清查数量,还要检查实物质量,采用物理或化学方法鉴定其性能及使用情况。

在清查盘点时,为明确责任,也为方便咨询,财产保管人员应在清查现场,参加盘点工作。对于清查结果,需及时登记"盘存单"(见表7-4),由盘点人员及保管员签字或盖章。

表7-4　　　　　　　　　　　　盘存单

单位名称:　　　　　　　　盘点时间:
财产类别:　　　　　　　　存放地点:　　　　　　　　　　编号:

编号	名称	规格	计量单位	实存数量	单价	金额	备注

盘点人签章:　　　　　　　　实物保管人签章:

盘存单是记录实物盘点结果的书面文件,也是反映资产实有数量的原始凭证。为将账面数据与实有数据相对比,以确定账实是否一致,还需要依据盘存单和账面记录编制"账存实存对比表"(见表7-5)。该表一般填列账实不符的财产物资,是调整账簿记录的依据,也是分析差异原因、查清事实的依据。因而,该表是一个非常重要的原始凭证。

表7-5　　　　　　　　　　　账存实存对比表

单位名称:　　　　　　　　　年　月　日　　　　　　　　　编号:

编号	类别及名称	计量单位	单价	实存		账存		对比结果		备注
				数量	金额	数量	金额	盘盈	盘亏	

主管:　　　　　　　　　复核:　　　　　　　　　　制表:

3. 往来款项的清查

往来款项主要包括对各种应收款、应付款、预收款、预付款等款项的清查。往来款项的清查一般采用发函询证的方法进行核对。具体步骤为:

(1)将本单位的往来账款核对清楚,确认总分类账与明细分类账的余额相等、各明细分类账的余额相符。

（2）在保证往来账户记录完整正确的基础上，按每一个经济往来单位编制"往来款项对账单"一式两联，其中一联作为回单，对方单位核对后退回，另一联送交对方单位核对账目。

（3）对方单位经过核对相符后，在回单上加盖公章退回；如有数字不符，对方单位应在对账单中注明情况退回本单位。

（4）收到上述回单后，应据此编制"往来款项清查表（见表7-6）"，注明核对相符与不符的款项，对不符的款项按有争议、未达账项、无法收回等情况归类合并，针对具体情况及时采取措施予以解决。

表7-6　　　　　　　　　　往来款项清查表

总分类账户名称：　　　　　　　　　　年　月　日

明细分类账户		清查结果		核对不符原因分析			备注
名称	账面金额	核对相符金额	核对不符金额	未达账项金额	有争议款项金额	其他	

（五）财产清查结果的处理

1. 财产清查结果处理的要求

对于财产清查中发现的问题，如财产物资的盘盈、盘亏、毁损或其他各种损失，应核实情况，调查分析产生的原因，按照国家有关法律法规的规定，进行相应的处理。财产清查结果处理的具体要求有：

（1）分析产生差异的原因和性质，提出处理建议；

（2）积极处理多余积压财产，清理往来款项；总结经验教训，建立和健全各项管理制度；

（3）及时调整账簿记录，保证账实相符。

2. 财产清查结果处理的步骤与方法

对于财产清查结果的处理可分为以下两种情况：

（1）审批之前的处理。根据"清查结果报告表""盘点报告表"等已经查实的数据资料，填制记账凭证，记入有关账簿，使账簿记录与实际盘存数相符，同时根据权限，将处理建议报股东大会或董事会，或经理（厂长）会议或类似机构批准。

（2）审批之后的处理。企业清查的各种财产的损溢，应于期末前查明原因，并根据企业的管理权限，经股东大会或董事会，或经理（厂长）会议或类似机构批准后，在期末结账前处理完毕。企业应严格按照有关部门对财产清查结果提出的处理意见进行账务处理，填制有关记账凭证，登记有关账簿，并追回由于责任者原因造成的财产损失。

企业清查的各种财产的损溢,如果在期末结账前尚未经批准,在对外提供财务报表时,先按上述规定进行处理,并在附注中作出说明;其后批准处理的金额与已处理金额不一致的,调整财务报表相关项目的年初数。

3. 财产清查结果的账务处理

(1)设置"待处理财产损溢"账户。

①性质:双重性质的资产类账户。

②核算内容:用以核算企业在财产清查过程中查明的各种财产物资的盘盈、盘亏、毁损及其处理情况。企业清查的各种财产的盘盈、盘亏和毁损应在期末结账前处理完毕,所以"待处理财产损溢"账户在期末结账后没有余额。

③明细账户:可按"待处理流动资产损溢"和"待处理非流动资产损溢"设置明细账户。

④账户结构:

借方　　　　　　　　　　　待处理财产损溢　　　　　　　　　　　贷方	
①待处理财产物资的盘亏数、毁损数	②待处理财产物资的盘盈数
③批准转销的财产物资盘盈数	④批准转销的财产物资盘亏及毁损数

(2)库存现金清查结果的账务处理。

①库存现金盘盈的账务处理。库存现金盘盈时,应及时办理库存现金的入账手续,调整库存现金账簿记录,即按盘盈的金额借记"库存现金"科目,贷记"待处理财产损溢——待处理流动资产损溢"科目。

对于盘盈的库存现金,应及时查明原因,按管理权限报经批准后,按盘盈的金额借记"待处理财产损溢——待处理流动资产损溢"科目,按需要支付或退还他人的金额贷记"其他应付款"科目,按无法查明原因的金额贷记"营业外收入"科目。

【例7-2】2018年12月10日,华丽公司在现金清查中发现现金溢余200元,后查明其中的100元系应付给职工李明的报销款,100元无法查明原因。

盘盈时,华丽公司应根据"库存现金盘点报告表",编制会计分录如下:

借:库存现金　　　　　　　　　　　　　　　　　　　　　　　200
　　贷:待处理财产损溢——待处理流动资产损溢　　　　　　　　　　200

批准后,根据批准处理意见,华丽公司应编制会计分录如下:

借:待处理财产损溢——待处理流动资产损溢　　　　　　　　　　200
　　贷:其他应付款——李明　　　　　　　　　　　　　　　　　　100
　　　　营业外收入　　　　　　　　　　　　　　　　　　　　　100

②库存现金盘亏的账务处理。库存现金盘亏时,应及时办理盘亏的确认手续,

调整库存现金账簿记录,即按盘亏的金额借记"待处理财产损溢——待处理流动资产损溢"科目,贷记"库存现金"科目。

对于盘亏的库存现金,应及时查明原因,按管理权限报经批准后,按可收回的保险赔偿和过失人赔偿的金额借记"其他应收款"科目,按管理不善等原因造成净损失的金额或无法查明原因的金额借记"管理费用"科目,按原记入"待处理财产损溢——待处理流动资产损溢"科目借方的金额贷记本科目。

【例7-3】2018年12月30日,华丽公司在现金清查中发现现金短缺100元,后查明是由于管理不善原因造成的。

盘亏时,华丽公司应根据"库存现金盘点报告表",编制会计分录如下:

借:待处理财产损溢——待处理流动资产损溢　　　　　　100
　　贷:库存现金　　　　　　　　　　　　　　　　　　　100

批准后,根据批准处理意见,华丽公司应编制会计分录如下:

借:管理费用　　　　　　　　　　　　　　　　　　　　100
　　贷:待处理财产损溢——待处理流动资产损溢　　　　　100

(3)存货清查结果的账务处理。

①存货盘盈的账务处理。存货盘盈时,应及时办理存货入账手续,调整存货账簿的实存数。盘盈的存货应按其重置成本作为入账价值借记"原材料""库存商品"等科目,贷记"待处理财产损溢——待处理流动资产损溢"科目。

对于盘盈的存货,应及时查明原因,按管理权限报经批准后,冲减管理费用,即按其入账价值,借记"待处理财产损溢——待处理流动资产损溢"科目,贷记"管理费用"科目。

【例7-4】2018年12月31日,华丽公司在财产清查中,盘盈单色纯棉面料50米,单价12元,价值为600元。后查明原因,系材料收发计理错误。

在报经批准前,华丽公司应根据"实存账存对比表",确定的材料盘盈数,编制会计分录如下:

借:原材料——单色纯棉面料　　　　　　　　　　　　　600
　　贷:待处理财产损溢——待处理流动资产损溢　　　　　600

在批准后,应根据批准意见,转销材料盘盈,编制会计分录如下:

借:待处理财产损溢——待处理流动资产损溢　　　　　　600
　　贷:管理费用　　　　　　　　　　　　　　　　　　　600

②存货盘亏的账务处理。存货盘亏时,应按盘亏的金额借记"待处理财产损溢——待处理流动资产损溢"科目,贷记"原材料""库存商品"等科目。材料、产成品、商品采用计划成本(或售价)核算的,还应同时结转成本差异(或商品进销差价)。涉及增值税的,还应进行相应处理。

对于盘亏的存货,应及时查明原因,按管理权限报经批准后,按可收回的保险赔偿和过失人赔偿的金额借记"其他应收款"科目,按管理不善等原因造成净损失的金额借记"管理费用"科目,按自然灾害等原因造成净损失的金额借记"营业外支出"科目,按原记入"待处理财产损溢——待处理流动资产损溢"科目借方的金额贷记本科目。

【例7-5】2018年12月31日,华丽公司在财产清查中发现盘亏条纹纯棉面料30米,单价15元,经查属于一般经营损失。假定不考虑税费。

在报经批准前,华丽公司应根据"实存账存对比表"确定的材料盘亏数,编制会计分录如下:

借:待处理财产损溢——待处理流动资产损溢　　　　　　450
　　贷:原材料　　　　　　　　　　　　　　　　　　　　450

在批准后,应根据批准意见,转销材料盘亏,编制会计分录如下:

借:管理费用　　　　　　　　　　　　　　　　　　　　450
　　贷:待处理财产损溢——待处理流动资产损溢　　　　　450

【例7-6】2018年12月31日,华丽公司在财产清查中发现盘亏男T恤50件,单位42元。经查50件产品全部在一次火灾中烧毁,根据保险合同规定,保险公司赔偿1 260元,假定不考虑相关税费。

在报经批准前,华丽公司应根据"实存账存对比表"确定的产品盘亏数,编制会计分录如下:

借:待处理财产损溢——待处理流动资产损溢　　　　　　2 100
　　贷:库存商品　　　　　　　　　　　　　　　　　　　2 100

在批准后,应根据批准意见,编制会计分录如下:

借:其他应收款——保险公司　　　　　　　　　　　　　1 260
　　营业外支出　　　　　　　　　　　　　　　　　　　　840
　　贷:待处理财产损溢——待处理流动资产损溢　　　　　2 100

(4)固定资产清查结果的账务处理。

①固定资产盘盈的账务处理。企业在财产清查过程中盘盈的固定资产,经查明确属企业所有,按管理权限报经批准后,应根据盘存凭证填制固定资产交接凭证,经有关人员签字后送交企业会计部门,填写固定资产卡片账,并作为前期差错处理,通过"以前年度损益调整"科目核算。盘盈的固定资产通常按其重置成本作为入账价值借记"固定资产"科目,贷记"以前年度损益调整"科目。涉及增值税、所得税和盈余公积的,还应按相关规定处理。

【例7-7】2018年12月31日,华丽公司在财产清查中,盘盈服装样板切割机一台,同类设备的市场价格为40 000元,估计已损耗18 000元。经批准,该盘盈的设备作为前期差错计入"以前年度损益调整"账户。编制会计分录如下:

借:固定资产　　　　　　　　　　　　　　　　　　　　22 000

贷：以前年度损益调整　　　　　　　　　　　　　　　　　　　22 000

　　②固定资产盘亏的账务处理。固定资产盘亏时，应及时办理固定资产注销手续，按盘亏固定资产的账面价值，借记"待处理财产损溢——待处理非流动资产损溢"科目，按已提折旧额，借记"累计折旧"科目，按其原价，贷记"固定资产"科目。涉及增值税和递延所得税的，还应按相关规定处理。

　　对于盘亏的固定资产，应及时查明原因，按管理权限报经批准后，按过失人及保险公司应赔偿额，借记"其他应收款"科目，按盘亏固定资产的原价扣除累计折旧和过失人及保险公司赔偿后的差额，借记"营业外支出"科目，按盘亏固定资产的账面价值，贷记"待处理财产损溢——待处理非流动资产损溢"科目。

　　【例7-8】2018年12月31日，华丽公司在财产清查时发现短缺服装绘图仪一台，账面价值5 000元，已提折旧500元。

　　盘亏时，根据"固定资产盘盈盘亏报告表"确定的固定资产盘亏数，编制会计分录如下：

　　借：待处理财产损溢——待处理流动资产损溢　　　　　　　4 500
　　　　累计折旧　　　　　　　　　　　　　　　　　　　　　　500
　　　贷：固定资产　　　　　　　　　　　　　　　　　　　　5 000

　　在批准后，应根据批准意见，编制会计分录如下：

　　借：营业外支出　　　　　　　　　　　　　　　　　　　　4 500
　　　贷：待处理财产损溢——待处理流动资产损溢　　　　　　4 500

　　(5)结算往来款项盘存的账务处理。

　　①在财产清查过程中发现的长期未结算的往来款项，应及时清查。对于经查明确实无法支付的应付款项，可按规定程序报经批准后，转作营业外收入。

　　【例7-9】2018年12月31日，华丽公司确定一笔应付账款3 000元为无法支付的款项，应予转销。编制会计分录如下：

　　借：应付账款　　　　　　　　　　　　　　　　　　　　3 000
　　　贷：营业外收入　　　　　　　　　　　　　　　　　　3 000

　　②对于无法收回的应收款项，则作为坏账损失冲减坏账准备。坏账是指企业无法收回或收回的可能性极小的应收款项。由于发生坏账而产生的损失，称为坏账损失。企业通常应将符合下列条件之一的应收款项确认为坏账：

　　a. 债务人死亡，以其遗产清偿后仍然无法收回；
　　b. 债务人破产，以其破产财产清偿后仍然无法收回；
　　c. 债务人较长时间内未履行其偿债义务，并有足够的证据表明无法收回或者收回的可能性极小。

　　企业对有确凿证据表明确实无法收回的应收款项，经批准后作为坏账损失。

对于已确认为坏账的应收款项,并不意味着企业放弃了追索权,一旦重新收回,应及时入账。

第三节 结账

一、结账的概念

结账是一项将账簿记录定期结算清楚的账务工作。在一定时期结束时(如月末、季末或年末),为了编制财务报表,需要进行结账,具体包括月结、季结和年结。结账的内容通常包括两个方面:一是结清各种损益类账户,并据以计算确定本期利润;二是结出各资产、负债和所有者权益账户的本期发生额合计和期末余额。

二、结账的程序

第一,结账前,将本期发生的经济业务全部登记入账,并保证其正确性。对于发现的错误,应采用适当的方法进行更正。

第二,在本期经济业务全面入账的基础上,根据权责发生制的要求,调整有关账项,合理确定应计入本期的收入和费用。

第三,将各损益类账户余额全部转入"本年利润"账户,结平所有损益类账户。

第四,结出资产、负债和所有者权益账户的本期发生额和余额,并转入下期。

上述工作完成后,就可以根据总分类账和明细分类账的本期发生额和期末余额,分别进行试算平衡。

三、结账的方法

结账可分为月度结账(月结)、季度结账(季结)、年度结账(年结)。

结账方法的要点主要有:

(1)对不需按月结计本期发生额的账户,如各项应收应付款明细账和各项财产物资明细账等,每次记账以后,都要随时结出余额,每月最后一笔余额是月末余额,即月末余额就是本月最后一笔经济业务记录的同一行内余额。月末结账时,只需要在最后一笔经济业务记录之下通栏划单红线,不需要再次结计余额。

【例7-10】以肇庆华丽服装有限公司2019年4月登记的应收账款明细账为例,对其进行月结。参见表7-7。

表 7-7　　　　　　　　　　应收账款明细账

本账页数	
本户页数	3

应收账款科目　广州佳佳连锁服装公司

2019年		凭证号数	摘要	借方	贷方	借或贷	余额
4月	日			千百十万千百十元角分	千百十万千百十元角分		千百十万千百十元角分
4	1		承前页			借	10998 00
4	5	银收3	收回货款		10998 00	平	⊖
4	6	转2	销售T恤	27798 00		借	27798 00
5							

注：表上4月6日这一行为4月份最后一笔经济业务，在这一行下线划的是通栏单红线。

（2）库存现金、银行存款日记账和需要按月结计发生额的收入、费用等明细账，每月结账时，要在最后一笔经济业务记录下面通栏划单红线，结出本月发生额和余额，在摘要栏内注明"本月合计"字样，并在下面通栏划单红线。

【例7-11】以肇庆华丽服装有限公司2019年4月登记的现金日记账为例，对其进行月结。参见表7-8。

表 7-8　　　　　　　　　　现金日记账　　　　　　　　　　第　　页

2019年		凭证号数	摘要	对方科目	借方	贷方	借或贷	余额
4月	日				千百十万千百十元角分	千百十万千百十元角分		千百十万千百十元角分
4	1		承前页				借	700 00
4	8	现付1	预借差旅费	其他应收款		200 00	借	500 00
4	9	银付4	提现	银行存款	500 00		借	1000 00
4	10	现付2	买办公用品	管理费用等		50 00	借	950 00
4	11	现收1	交回现金	其他应收款	10 00		借	960 00
4	18	现付3	买办公用品	管理费用等		100 00	借	860 00
4	30		本月合计		510 00	350 00	借	860 00

注：表中4月30日这一行上下线均为通栏单红线。

（3）对于需要结计本年累计发生额的明细账户，如产品销售收入、成本费用等明细账，在每月结账时，应在"本月合计"行下结出自年初起至本月末止的累计发生额，登记在月份发生额下面，在摘要栏内注明"本年累计"字样，并在下面通栏划单红线。12月末的"本年累计"就是全年累计发生额，全年累计发生额下通栏划双红线。但1月份不需要结计"本年累计"数，因其"本月合计"就是本年累计。

【例7-12】以肇庆华丽服装有限公司2019年4月登记的管理费用明细账为例，对其进行月结、年结。参见表7-9。

表 7-9　　　　　　　　　　　管理费用明细账　　　　　　　　　第 4 页

2019年		凭证号码	摘要	借方 办公费	差旅费	水电费	工资	折旧费	合计
4月	日								
4	10	现付2	购买办公用品	400.00					400.00
4	11	转3	报销差旅费		1900.00				2300.00
4	15	转4	水费			50.00			2350.00
4	15	转5	电费			800.00			3150.00
4	18	现付3	购买办公用品	800.00					3950.00
4	30	转7	分配工资				4000.00		4395.50
4	30	转9	计提折旧					2080.00	4603.00
4	30	转16	损益类结转	1200.00	1900.00	850.00	4000.00	2080.00	4603.00
4	30		本月合计	1200.00	1900.00	850.00	4000.00	2000.00	……
4	30		本年累计	……	……	……	……	……	……
12	30		本年累计	……	……	……	……	……	……

注：表中"4 月 30 日本月合计"这一行上下线通栏划单红线；"4 月 30 日本年累计"下线也是通栏单红线；"12 月 30 日本年累计"上线通栏单红线，下线通栏双红线。

（4）总账账户平时只需结出月末余额。年终结账时，为了总括地反映全年各项资金运动情况的全貌，核对账目，要将所有总账账户结出全年发生额和年末余额，在摘要栏内注明"本年合计"字样，并在合计数下通栏划双红线。

【例 7-13】以肇庆华丽服装有限公司 2019 年 4 月登记的现金总账为例，对其进行月结、年结。参见表 7-10。

总页码	1
本户页次	1

表 7-10　　　　　　　　　　　现金总账

2019年		凭证号数	摘要	借方	贷方	借或贷	余额
4月	日						
4	1		承前页			借	70000.00
4	30	汇1	1-30日发生额	51000.00	35000.00	借	86000.00
12	31		本年合计	……	……		……

注：表中"4 月 30 日汇 1"这一行下线为通栏单红线；"12 月 31 日本年合计"下线为通栏双红线。

（5）年度终了结账时，有余额的账户，应将其余额结转下年，并在摘要栏注明"结转下年"字样；在下一会计年度新建有关账户的第一行余额栏内填写上年结转的余额，并在摘要栏注明"上年结转"字样，使年末有余额账户的余额如实地在账户中加以反映，以免混淆有余额的账户和无余额的账户。

【例 7-14】以肇庆华丽服装有限公司 2019 年 4 月登记的现金总账为例，在上例的基础对其进行结转下年。参见表 7-11。

表 7-11　　　　　　　　　现金总账

总页码	1
本户页次	1

2019年		凭证号数	摘要	借方 千百十万千百十元角分	贷方 千百十万千百十元角分	借或贷	余额 千百十万千百十元角分
4月	日						
4	1		承前页			借	7 0 0 0 0 0
4	30	汇1	1-30日发生额	5 1 0 0 0 0	3 5 0 0 0 0	借	8 6 0 0 0 0
			……				……
12	31		本年合计				
			结转下年				……

注:表中"4月30日汇1"这一行下线为通栏单红线;"12月31日本年合计"下线为通栏双红线。

第四节　会计账簿的更换和保管

一、会计账簿的更换

会计账簿的更换通常在新会计年度建账时进行。总账、日记账和多数明细账应每年更换一次,备查账簿可以连续使用。在年初启用新账本时将各账户的余额结转到新账本的第一行余额栏内,注明方向,在摘要栏注明"上年结转"。对于变动较小的明细账,不必每年更换。

二、会计账簿的保管

年度终了,各种账户在结转下年、建立新账后,一般应将旧账集中统一管理。会计账簿暂由本单位财务会计部门保管一年,期满后,由本单位财务会计部门编造清册移交本单位的档案部门保管。现金、银行存款日记账、总账、明细账、其他日记账、辅助账簿保管期限30年,固定资产卡片报废清理后保管5年。

各种账簿应当按年度分类归档,编造目录,妥善保管。既保证在需要时迅速查阅,又保证各种账簿的安全和完整。保管期满后,还要按照规定的审批程序经批准后才能销毁。

实训任务

实训任务一:编制银行存款余额调节表

资料1:南方公司2019年6月30日银行存款日记账余额为238 000元,银行对账单为243 000元。经逐笔核对,发现有以下几笔未达账项:

(1)该公司开出转账支票,用以支付甲企业货款15 000元,已登记入账,因持

票人未承兑,银行尚未登记入账;

(2)该公司收到乙企业交来的用以支付购货款25 000元转账支票一张,公司已登记入账,但因未送存银行,银行尚未登记入账;

(3)银行已从该公司账户划转电费5 000元,但该企业尚未收到付款通知单,尚未登记入账;

(4)银行已收到外地汇入该公司账户的货款20 000元,但该公司尚未收到收款通知单,尚未登记入账。

要求:编制银行存款余额调节表(表7-12)。

表7-12　　　　　　　　　银行存款余额调节表

项目	金额	项目	金额
企业银行存款日记账余额		银行对账单余额	
加:银行已收企业未收的款项合计		加:企业已收银行未收的款项合计	
减:银行已付企业未付的款项合计		减:企业已付银行未付的款项合计	
调节后余额		调节后余额	

资料2:天华公司2019年5月的银行存款日记账和银行对账单资料如表7-1和表7-14所示。

表7-13　　　　　　　　　银行存款日记账

2019年		记账凭证		摘要	结算凭证		借方	贷方	余额
月	日	字	号		种类	号数			
5	24			余额					250 000
	25	银付	228	付购料款	转支	045		200 000	50 000
	26	银付	229	付运费	转支	046		1 000	49 000
	27	银收	108	收销货款	电汇		234 000		283 000
	30	银付	230	付购料款	电汇			90 000	193 000
	30	银付	231	付修理费	转支	047		2 500	190 500
	31	银收	109	收销货款	转支	127	150 000		340 500

表7-14　　　　　　　　　银行对账单

2019年		摘要	结算凭证		借方	贷方	余额
月	日		种类	号数			
5	24						250 000
	26	宏江工厂	电汇		234 000		484 000

续表

2019年		摘要	结算凭证		借方	贷方	余额
月	日		种类	号数			
	28	二场	转支	046		1 000	483 000
	28	丰立公司	转支	045		200 000	283 000
	28	电费	信汇			23 000	260 000
	28	中天公司	汇票	148	3 200		263 200
	29	三环公司	信汇		60 000		323 200
	30	货款	电汇			90 000	233 200

要求：

（1）根据上述资料将银行存款日记账与银行对账单进行逐笔核对（用笔画"√"表示对讫），确定未达款项。

（2）编制 5 月 31 日银行存款余额调节表（表 7 - 15），将调节后的银行存款余额进行检查核对。

表 7 - 15   银行存款余额调节表
                              年   月   日   单位：

项目	金额	项目	金额
企业银行存款日记账余额		银行对账单余额	
加：银行已收入账 　　企业尚未入账		加：企业已收入账 　　银行尚未入账	
减：银行已付入账 　　企业尚未入账		减：企业已付入账 　　银行尚未入账	
调节后余额		调节后余额	

实训任务二：对账

1. 将肇庆华丽服装有限公司 2019 年 4 月总分类账簿中各账户相互核对。这一核对主要通过编制"总账账户试算平衡表"来完成。具体操作步骤如下：

（1）从总分类账簿中将各账户的期初余额、本期借方发生额、本期贷方发生额及期末余额逐个抄算在"总账账户试算平衡表"（表 7 - 16）中，抄算中应注意不要出现遗漏，不要记错余额的借贷方向。从第四章实训任务已知肇庆华丽服装有限公司 2019 年 4 月 1 日总分类账簿中各总账账户的期初余额（表 4 - 19），从第六章科目汇总表账务处理程序下已经编制出各总账账户的科目汇总表（表 6 - 15）有本期发生额，从第六章实训任务中在科目汇总表账务处理程序下登记的各总账账户结出的月末余额,三者金额抄在表7-16中。

表7-16　　　　　　　　　肇庆华丽服装有限公司试算平衡表
2019年4月30日

会计科目	期初余额		本期发生额		期末余额	
	借方	贷方	借方	贷方	借方	贷方
库存现金						
银行存款						
应收票据						
应收账款						
其他应收款						
原材料						
库存商品						
固定资产						
无形资产						
累计折旧						
短期借款						
应付账款						
应交税费						
应付利息						
应付职工薪酬						
实收资本						
盈余公积						
本年利润						
利润分配						
生产成本						
制造费用						
主营业务收入						
营业外收入						
管理费用						
销售费用						
财务费用						
主营业务成本						

续表

会计科目	期初余额		本期发生额		期末余额	
	借方	贷方	借方	贷方	借方	贷方
税金及附加						
营业外支出						
所得税费用						
合计						

(2)计算总分类账户的期初借贷方余额合计数、本期借贷方发生额合计数和期末借贷方余额合计数。

(3)检查计算出的各总分类账户的期初借贷方余额合计数、本期借贷方发生额合计数和期末借贷方余额合计数是否相等，若相等。则说明总分类账簿的记录有可能是正确的，可以继续进行其他的账簿核对工作；若不相等，则说明在编制"试算平衡表"及登记总分类账簿的工作中一定存在错误，需要根据"试算平衡表"中提供的错误线索对相关账证资料进行检查，对查出的错误进行更正，直至总分类账户试算平衡为止。试算平衡后，把总分类账户的期末余额抄在表 7-17 中，为第八章编制报表做准备。

表 7-17　　　　　肇庆华丽服装有限公司总分类账户余额表

2019 年 4 月 30 日　　　　　　　　　　　　单位:元

账户名称	借或贷	期末数	账户名称	借或贷	期末数
库存现金			累计折旧		
银行存款			短期借款		
应收票据			应交税费		
应收账款			应付利息		
其他应收款			应付职工薪酬		
原材料			长期借款		
库存商品			实收资本		
固定资产			资本公积		
无形资产			盈余公积		
			本年利润		
			利润分配		

续表

账户名称	借或贷	期末数	账户名称	借或贷	期末数
合计			合计		

2. 将总分类账簿中各账户与其所属的各明细分类账户相互核对。

3. 将总分类账中"现金""银行存款"账户与"现金日记账""银行存款日记账"相互核对。

实训任务三：结账

根据第六章实训任务中学生已经编制好的2019年4月肇庆华丽服装有限公司总账、日记账、明细账等账簿。

1. 对总账账户进行月结。

2. 对现金日记账、银行存款日记账进行月结。

3. 对各类明细账账户进行月结。

第八章　编制财务报告

【教学目标】
1. 了解财务报表的概念与分类。
2. 熟悉财务报表编制的基本要求。
3. 熟悉资产负债表的列示要求与编制方法。
4. 熟悉利润表的列示要求与编制方法。
5. 掌握资产负债表、利润表的作用。

第一节　财务报告的概述

一、财务会计报告的概述

(一) 财务会计报告的概念

财务会计报告,是指企业对外提供的反映企业某一特定日期的财务状况和某一会计期间的经营成果、现金流量等会计信息的文件。财务会计报告是企业会计信息的主要载体,财务会计报告包括:会计报表、会计报表附注和财务情况说明书。

会计报表,是企业财务会计报告的主要组成部分,是财务会计报告的主体和核心。它是指企业以一定的会计方法和程序,由会计账簿的数据整理得出,以表格的形式反映企业财务状况、经营成果和现金流量的书面文件。企业会计报表按其反映的内容不同,分为资产负债表、利润表、现金流量表、所有者权益(股东权益)变动表。其中,相关附表是反映企业财务状况、经营成果和现金流量的补充报表,主要包括利润分配表以及国家统一会计制度规定的其他附表。财务报表是对企业财务状况、经营成果和现金流量的结构性表述。

会计报表附注,是为便于会计报表使用者理解会计报表的内容而对会计报表的编制基础、编制依据、编制原则和方法及主要项目等所做的解释。会计报表附注是财务会计报告的一个重要组成部分,它有利于增进会计信息的可理解性,提高会计信息的可比性和突出重要的会计信息。

(二) 会计报表的种类

企业的会计报表可以按照其反映的内容、编报时间、编制单位和服务对象进行分类。

1. 按反映的内容不同分类

按反映的内容不同,会计报表可分为资产负债表、利润表、现金流量表、所有者权益(或股东权益)变动表和报表附注。

2. 按列报时间不同分类

按列报时间不同,会计报表可分为年度会计报表和中期会计报表。

年度会计报表,是指年度终了对外提供的会计报表,是指以一个完整会计年度(自公历1月1日起至12月31日止)为基础编制的财务报表,至少包括资产负债表、利润表、现金流量表、会计报表附注、财务情况说明书及相关附表。其中,相关附表主要包括利润分配表、股东权益增减变动表等。

中期会计报表是指一年以内的报表,主要包括月度报表、季度报表和半年度报表,至少应当包括资产负债表、利润表、现金流量表、会计报表附注。年度报表要求揭示完整、反映全面;月度报表是按月编报的报表,要求简明扼要、及时编报;季度报表和半年度报表的详细程度介于年度报表与月度报表之间。

3. 按编制单位不同分类

按编制单位的不同,会计报表可分为单位报表和合并报表

单位报表,是在自身会计核算基础上对账簿记录进行加工编制的会计报表,反映企业自身的财务状况、经营成果和现金流量情况。

合并报表,是以母公司和子公司组成的企业集团为会计主体,根据母、子公司的会计报表,由母公司编制的综合反映企业集团财务状况、经营成果和现金流量情况的会计报表。

4. 按服务对象不同分类

按服务对象的不同,会计报表可分为对外报表和内部报表。

对外报表是指按照会计准则所规定的格式和编制要求编制的公开报告的会计报表。

内部报表是根据企业内部管理需要而编制的会计报表,一般不需要对外报告,没有统一的编制要求与格式。

二、财务会计报表的编制要求

为了保证会计报表的质量,企业必须按照以下基本要求来编制会计报表:

(一)数字真实,计算准确

编制会计报表的数字来源于各账户,而各账户的数字来源于记账凭证,记账凭证的数字来源于经过确认的原始凭证,因此,为了保证会计报表数字的真实、准确,在报表数字来源正确的前提下,最关键在于对原始凭证数字的确认和计量。不能以估计数代替实际数,更不能弄虚作假、隐瞒谎报。

在编制报表之前,应完成以下几项工作:

(1)严格审核会计账簿的记录和有关资料;

(2)进行全面财产清查、核实债务,并按规定程序报批,进行相应的会计处理;

(3)按规定的结账日进行结账,结出有关会计账簿的余额和发生额,并核对各会计账簿之间的余额;

(4)检查相关的会计核算是否按照国家统一的会计制度的规定进行；

(5)检查是否存在因会计差错、会计政策变更等原因需要调整前期或本期相关项目的情况等。

(二)内容完整,说明清楚

按照会计准则规定的编制基础、编制依据、编制原则和方法,按统一规定的报表种类、格式和内容编制会计报表；报表内所涉及的所有表内项目及补充资料必须填列完整,必要时应对有关事项用文字加以简要说明。

(三)及时编制,及时报送

为了保证会计信息的及时性,要求各单位应及时编制,并按国家或上级部门的有关规定的期限和程序及时报送会计报表。

第二节　资产负债表

一、资产负债表的概念

资产负债表,是指反映企业在某一特定日期(如月末、季末、年末)财务状况的会计报表。该表根据"资产＝负债＋所有者权益"这一会计恒等式设计,依据一定的分类标准和顺序,将企业在一定日期的资产、负债和所有者权益各项目予以适当排列,并对日常核算中形成的大量数据进行整理汇总后编制而成,反映企业资产、负债、所有者权益的总体规模和结构,是静态报表。

二、资产负债表的格式

资产负债表由表头和表体组成。表头部分列示报表的名称、编制单位、编制日期和货币计量单位等内容。资产负债表的表体根据"资产＝负债＋所有者权益"的基本公式,按照一定的标准和次序,把企业某一时日的资产、负债和所有者权益各要素按流动性(即周转、变现能力)进行项目分类。

资产负债表常见的格式主要有账户式与报告式两种格式。目前,我国企业的资产负债表通常采用账户式结构,分为左右两边。资产负债表的基本格式如表8－1所示。

表8－1　　　　　　　　　　　资产负债表　　　　　　　　　　　会企01表

编制单位：　　　　　　　　　　　年　　　月　　　日　　　　　　　　　　单位:元

资产	期末余额	上年年末余额	负债和所有者权益（或股东权益）	期末余额	上年年末余额
流动资产：			流动负债：		
货币资金			短期借款		

续表

资产	期末余额	上年年末余额	负债和所有者权益（或股东权益）	期末余额	上年年末余额
交易性金融资产			交易性金融负债		
衍生金融资产			衍生金融负债		
应收票据			应付票据		
应收账款			应付账款		
应收款项融资			预收款项		
预付款项			合同负债		
其他应收款			应付职工薪酬		
存货			应交税费		
合同资产			其他应付款		
持有待售资产			持有待售负债		
一年内到期的非流动资产			一年内到期的非流动负债		
其他流动资产			其他流动负债		
流动资产合计			流动负债合计		
非流动资产：			非流动负债：		
债权投资			长期借款		
其他债权投资			应付债券		
长期应收款			其中:优先股		
长期股权投资			永续债		
其他权益工具投资			租赁负债		
其他非流动金融资产			长期应付款		
投资性房地产			预计负债		
固定资产			递延收益		
在建工程			递延所得税负债		
生产性生物资产			其他非流动负债		
油气资产			非流动负债合计		
使用权资产			负债合计		
无形资产			所有者权益(或股东权益)：		
开发支出			实收资本(或股本)		
商誉			其他权益工具		
长期待摊费用			其中:优先股		
递延所得税资产			永续债		

续表

资产	期末余额	上年年末余额	负债和所有者权益（或股东权益）	期末余额	上年年末余额
其他非流动资产			资本公积		
非流动资产合计			减：库存股		
			其他综合收益		
			专项储备		
			盈余公积		
			未分配利润		
			所有者权益（或股东权益）合计		
资产总计			负债和所有者权益（或股东权益）总计		

三、资产负债表的结构

账户式资产负债表的结构可以概括为如下方面：

（1）资产负债表分为左右两方，左方为资产项目，右方为负债和所有者权益项目，左方的资产总计等于右方的负债和所有者权益总计。

（2）资产项目按照各项资产的流动性的大小或变现能力的强弱顺序排列。流动性大、变现能力强的项目排前面，流动性小、变现能力弱的项目排后面，依此，先是流动资产，后是非流动资产。

（3）负债与所有者权益项目按照权益顺序排列。由于负债是必须清偿的债务，属于第一顺序的权益，具有优先清偿的特征，而所有者权益则是剩余权益，在正常经营条件下不需要偿还，所以负债在先、所有者权益在后。

（4）负债内部项目按照偿还的先后顺序排列。按照到期日由近至远的顺序，偿还期近的负债项目排前面，偿还期较远的负债项目排后面，依此，先是流动负债，后是非流动负债。

（5）所有者权益内部项目按照稳定性程度或永久性程度高低顺序排列。稳定性程度或永久性程度高的项目排前面，稳定性程度或永久性程度较低的项目排后面，依此，先是实收资本（或股本），因为实收资本是企业经过法定程序登记注册的资本金，通常不会改变，所以稳定性最好，其次是资本公积、盈余公积和未分配利润项目。

四、资产负债表的编制方法

（一）"年初余额"栏的填列方法

本表的"年初余额"栏通常根据上年末有关项目的期末余额填列，且与上年末资产负债表"期末余额"栏一致。如果企业上年度资产负债表规定的项目名称和内容与本年度不一致,应当对上年末资产负债表相关项目的名称和数字按照本年度的规定进行调整,填入"年初余额"栏。

(二)"期末余额"栏的填列方法

资产负债表"期末余额"栏内各项数字,一般应根据资产、负债和所有者权益类科目的期末余额填列,具体方法如下:①根据一个或几个总账科目的余额填列;②根据明细账科目的余额计算填列;③根据总账科目和明细账科目的余额分析计算填列;④根据有关科目余额减去其备抵科目余额后的净额填列;⑤综合运用上述填列方法分析填列。

1. 根据总分类账户期末余额直接填列

例如:资产负债表中的大部分项目,都可以根据相应的总账账户余额直接填列。

(1)资产方:"其他权益工具投资""长期待摊费用"等项目。

(2)负债及所有者权益方:"短期借款"、"应付票据"、"应付职工薪酬"(借方余额用"—"填列)、"应交税费"(借方余额用"—"填列)、"实收资本(或股本)"、"资本公积"、"盈余公积"等项目。

应注意的是,"应付职工薪酬"和"应交税费"项目应分别根据"应付职工薪酬"科目和"应交税费"科目的期末贷方余额填列。如果"应付职工薪酬"科目或"应交税费"科目期末为借方余额,则以"—"号填列。

2. 根据几个总分类账户期末余额计算填列

例如:

(1)货币资金项目:反映企业期末持有的库存现金、银行存款和其他货币资金等总额。本项目应根据"库存现金""银行存款""其他货币资金"科目的期末余额合计数填列。公式为:

"货币资金"项目金额 = "库存现金"账户期末余额 + "银行存款"账户期末余额 + "其他货币资金"账户期末余额

(2)存货项目:反映企业期末在库、在途和在加工中的各项存货的可变现净值,包括各种材料、在产品、半成品、产成品、周转材料等。本项目应根据"材料采购""在途物资""原材料""生产成本""库存商品""发出商品""委托加工物资""周转材料"等科目的期末借方余额合计数,减去"存货跌价准备"科目期末贷方余额后的金额填列。材料采用计划成本核算以及库存商品采用计划成本或售价核算的企业,应加或减"材料成本差异"、商品进销差价后的金额填列。公式为:

"存货"项目金额 = "在途物资"账户期末余额 + "材料采购"账户期末余额 + "原材料"账户期末余额 + "生产成本"账户期末余额(借方余额表示月末在产品) + "库存商品"账户期末余额 + "周转材料"账户期末余额 + "委托加工物资"账户期末余额 + "发出商品"账户期末余额 ± "材料成本差异"账户期末余额(借方加,贷方减)等 - "存货跌价准备"账户期末余额

(3)未分配利润项目:反映企业尚未分配的利润。应根据"本年利润"账户期

末余额和"利润分配"账户的期末余额计算填列。未弥补的亏损,年终时,可根据"利润分配"账户的贷方余额直接填列。在本项目中以"—"数填列。公式为:

①1-11月份未分配利润项目:根据"本年利润"账户和"利润分配"账户的余额计算填列。

1-11月份未分配利润项目 = "利润分配"账户期末余额(贷方加、借方减) + "本年利润"账户期末余额(贷方)

②12月,年终结转后:根据"利润分配——未分配利润"账户余额直接填列。

3. 根据有关资产账户期末余额与其备抵账户抵销后的净额填列

例如:

(1)长期股权投资项目:反映企业不准备在一年内变现的各种股权性质的投资的可收回金额。应根据"长期股权投资"科目的借方余额,减去"长期股权投资减值准备"科目的期末贷方余额后填列。

(2)固定资产项目:反映资产负债表日企业固定资产的期末账面价值和企业尚未清理完毕的固定资产清理净损益。该项目应根据"固定资产"科目的期末余额,减去"累计折旧"和"固定资产减值准备"科目的期末余额后的金额,以及"固定资产清理"科目的期末余额填列。

(3)无形资产:反映企业期末持有的无形资产的实际价值。应根据"无形资产"科目的期末借方余额,减去"累计摊销""无形资产减值准备"科目期末贷方余额后的金额填列。

4. 根据几个明细账户期末余额分析填列

例如:根据明细分类账户期末余额分析填列主要是针对"应付账款""预付账款""应收账款""预收账款"项目。"应收账款"应根据"应收账款"和"预收账款"所属明细分类账户的期末借方余额合计数填列,上述两个账户所属明细分类账户的期末贷方余额合计数填列在"预收账款"项目。"应付账款"应根据"应付账款"和"预付账款"所属明细分类账户的期末贷方余额合计数填列,上述两个账户所属明细分类账户的期末借方余额合计数填列在"预付账款"项目。公式为:

(1)应收账款项目金额(资产) = 应收账款所属明细科目期末借方余额 + 预收账款所属明细科目期末借方余额 - 坏账准备账户期末余额

(2)预付账款项目金额(资产) = 预付账款所属明细科目借方期末余额 + 应付账款所属明细科目借方期末余额

(3)应付账款项目金额(负债) = 应付账款所属明细科目贷方期末余额 + 预付账款所属明细科目贷方期末余额

(4)预收账款项目金额(负债) = 预收账款所属明细科目贷方期末余额 + 应收账款所属明细科目贷方期末余额

【例8-1】宏达公司2018年12月31日结账后,"应收账款"账户总账借方余额为450 000元,其中①"应收账款——A公司"账户借方余额为500 000元,"应收账款——B 公司"账户贷方余额为 50 000 元。当年对应收账款计提的坏账准备为 60 000 元,②"预收账款"账户总账贷方余额为 300 000 元,其中"预收账款——C 公司"账户贷方余额为 320 000 元,"预收账款——D 公司"账户借方余额为 20 000 元。请求出应收账款项目的金额和预收账款项目的金额。

分析:

①应收账款项目的金额 = (500 000 + 20 000) - 60 000 = 460 000(元)

②预收账款项目的金额 = (320 000 + 50 000) = 370 000(元)

5. 根据总分类账户期末余额和明细分类账户的余额分析计算填列

例如:

(1)债权投资项目:反映资产负债表日企业以摊余成本计量的长期债权投资的期末账面价值。该项目应根据"债权投资"科目的相关明细科目期末余额,减去"债权投资减值准备"科目中相关减值准备的期末余额后的金额分析填列。

自资产负债表日起一年内到期的长期债权投资的期末账面价值,在"一年内到期的非流动资产"项目反映。企业购入的以摊余成本计量的一年内到期的债权投资的期末账面价值,在"其他流动资产"项目填列。

(2)长期应收款项目:反映企业尚未收回的长期应收款。应根据"长期应收款"账户期末余额减去将于一年内摊销的数额后的金额填列。长期应收款中将于一年内收回的部分,应在本表"一年内到期的非流动资产"项目内填列。公式为:

长期应收款 = 长期应收款总账余额 - 将于一年内收回的长期应收款
(列入一年内到期的非流动资产项目)

(3)长期借款项目:反映企业借入尚未归还的一年期以上的借款本息。根据"长期借款"科目的期末余额减去将于一年内到期本息后的余额填列。将于一年以内到期的长期借款部分,合并在本表"一年内到期的非流动负债"项目内填列。公式为:

长期借款 = 长期借款总账期末余额 - 长期借款明细账中将于一年内到期的长期借款
(列入一年内到期的非流动负债项目)

(4)"长期应付款"项目:反映资产负债表日企业除长期借款和应付债券以外的其他各种长期应付款项的期末账面价值。该项目应根据"长期应付款"科目的期末余额,减去相关的"未确认融资费用"科目的期末余额后的金额,以及"专项应付款"科目的期末余额填列。如"长期应付款"账户的期末余额中有将于一年内到期(含一年)的长期应付款,应在"一年内到期的非流动负债"项目内填列。

【例 8-2】宏达公司长期借款情况如表 8-2 所示。

表 8-2

借款起始日期	借款期限(年)	金额(元)
2009年1月1日	3	1 000 000
2007年1月1日	5	2 000 000
2006年6月1日	4	1 500 000

要求:计算该企业2009年12月31日资产负债表中"长期借款"项目金额。

分析:"长期借款"项目金额为 1 000 000 + 2 000 000 = 3 000 000(元)

一年内到期的长期借款 1 500 000 元(列入一年内到期的非流动负债项目)

五、资产负债表的编制实例

【例8-3】编制肇庆华丽服装有限公司2019年4月份的资产负债表。资料如下:

1. 收集肇庆华丽服装有限公司2019年4月所有记录完整的总分类账户和明细分类账户。总分类账户的期末余额见表8-3。

表 8-3　　　　肇庆华丽服装有限公司总分类账户余额表

2019年4月30日　　　　　　　　　　　单位:元

账户名称	借或贷	期末数	账户名称	借或贷	期末数
库存现金	借	8 600	累计折旧	贷	105 040
银行存款	借	1 316 120	短期借款	贷	90 000
应收票据	借	299 740	应付账款	贷	—
应收账款	借	441 780	应交税费	贷	122 876
其他应收款	借	3 000	应付利息	贷	600
原材料	借	27 000	应付职工薪酬	贷	164 750
库存商品	借	224 000	实收资本	贷	1 100 000
固定资产	借	808 000	盈余公积	贷	162 000
无形资产	借	200 000	本年利润	贷	502 974
			利润分配	贷	1 080 000
合计	借	3 328 240		贷	3 328 240

附注:有关明细分类账户余额为:

应收账款有关明细账期末余额情况为:应收账款——广州佳佳连锁服装公司 277 980

——佛山友邦连锁服装公司 163 800

2. 编制资产负债表前应该做好的准备工作。

(1)编制"总分类账户试算平衡表",将所有总分类账户的期初余额、本期发生额及期末余额过入试算平衡表的相关项目中,分别计算其借方与贷方合计金额,进行试算平衡。

(2)将所有总分类账户与其所属明细分类账户进行核对。

(3)对各登记正确、核对无误的账户进行期末结账。

财务部负责人刘新经过对账和结账后,得出如下结果:

①试算平衡表结果见表8-4。

表8-4　　　　肇庆华丽服装有限公司总分类账户试算平衡表

2019年4月30日　　　　　　　　　　　　　　　　　　　　单位:元

会计科目	期初余额		本期发生额		期末余额	
	借方	贷方	借方	贷方	借方	贷方
库存现金	7 000		5 100	3 500	8 600	
银行存款	1 151 805		510 780	346 465	1 316 120	
应收票据	107 640		192 100		299 740	
应收账款	273 780		277 980	109 980	441 780	
其他应收款	3 000		2 000	2 000	3 000	
原材料	60 000		39 000	72 000	27 000	
库存商品	350 000		189 000	315 000	224 000	
固定资产	808 000				808 000	
无形资产	200 000				200 000	
累计折旧		96 960		8 080		105 040
短期借款		90 000				90 000
应付账款		40 365	51 365	11 000		—
应交税费		50 600	125 480	197 756		122 876
应付利息		300		300		600
应付职工薪酬		181 000	181 000	164 750		164 750
实收资本		900 000		200 000		1 100 000
盈余公积		162 000				162 000
本年利润		360 000	453 026	596 000		502 974
利润分配		1 080 000				1 080 000
生产成本			189 000	189 000		—

续表

会计科目	期初余额		本期发生额		期末余额	
	借方	贷方	借方	贷方	借方	贷方
制造费用			19 650	19 650	—	
主营业务收入			576 000	576 000	—	
营业外收入			20 000	20 000		
管理费用			46 030	46 030	—	
销售费用			27 200	27 200		
财务费用			300	300		
主营业务成本			315 000	315 000	—	
税金及附加			6 838	6 838		
营业外支出			10 000	10 000		
所得税费用			47 658	47 658	—	
合计	2 961 225	2 961 225	3 284 507	3 284 507	3 328 240	3 328 240

②各账户核对后账账相符。

③各账户均做完结账工作。

3. 根据肇庆华丽服装有限公司2019年4月经过核对无误的资产、负债、所有者权益各总分类账和明细分类账的余额(见表8－5及附注内容)，编制资产负债表。

表8－5　　　　　　　　　　　资产负债表　　　　　　　　　　会企01表

编制单位：肇庆华丽服装有限公司　　　2019年4月30日　　　　　　单位：元

资产	期末余额	上年年末余额	负债和所有者权益（或股东权益）	期末余额	上年年末余额
流动资产：			流动负债：		
货币资金	1 324 720	略	短期借款	90 000	
交易性金融资产			交易性金融负债		
衍生金融资产			衍生金融负债		
应收票据	299 740		应付票据		
应收账款	441 780		应付账款		
应收款项融资			预收款项		
预付款项			合同负债		
其他应收款	3 000		应付职工薪酬	164 750	
存货	251 000		应交税费	122 876	
合同资产			其他应付款	600	

续表

资产	期末余额	上年年末余额	负债和所有者权益（或股东权益）	期末余额	上年年末余额
持有待售资产			持有待售负债		
一年内到期的非流动资产			一年内到期的非流动负债		
其他流动资产			其他流动负债		
流动资产合计	2 320 240		流动负债合计	378 226	
非流动资产：			非流动负债：		
债权投资			长期借款		
其他债权投资			应付债券		
长期应收款			其中：优先股		
长期股权投资			永续债		
其他权益工具投资			租赁负债		
其他非流动金融资产			长期应付款		
投资性房地产			预计负债		
固定资产	702 960		递延收益		
在建工程			递延所得税负债		
生产性生物资产			其他非流动负债		
油气资产			非流动负债合计		
使用权资产			负债合计	378 226	
无形资产	200 000		所有者权益（或股东权益）：		
开发支出			实收资本（或股本）	1 100 000	
商誉			其他权益工具		
长期待摊费用			其中：优先股		
递延所得税资产			永续债		
其他非流动资产			资本公积		
非流动资产合计	902 960		减：库存股		
			其他综合收益		
			专项储备		
			盈余公积	162 000	
			未分配利润	1 582 974	
			所有者权益（或股东权益）合计	2 844 974	
资产总计	3 223 200		负债和所有者权益（或股东权益）总计	3 223 200	

表 8-5 中有关项目编制方法如下：
①货币资金项目金额 = 8 600 + 1 316 120 = 1 324 720(元)
②存货项目金额 = 27 000 + 224 000 = 251 000(元)
③固定资产项目金额 = 808 000 - 105 040 = 702 960(元)
④未分配利润项目金额 = 502 974 + 1 080 000 = 1 582 974(元)

第三节 利润表

一、利润表的概念

利润表又称损益表、收益表，是指反映企业在一定会计期间经营成果的报表。它是根据"收入 - 费用 = 利润"的会计等式设计的，属于动态报表。通过利润表，可以了解企业的经营成果以及盈亏形成情况、了解资本的保值增值情况，借以评价企业管理者的经营业绩；通过对不同时期报表数据的对比，进行企业获利能力分析，借以预测企业的未来收益能力及发展趋势。

二、利润表的格式

利润表包括单步式和多步式两种格式。单步式利润表，是将企业本期发生的全部收入和全部支出相抵计算企业损益；多步式利润表，是按照企业利润形成环节，按照营业利润、利润总额、净利润和每股收益的顺序来分步计算财务成果，从而详细地揭示了企业利润的形成过程和主要影响因素。我国企业会计准则规定，利润表采用多步式。

三、利润表的结构

利润表一般包括表首、正表两部分。其中，表首概括说明报表名称、编制单位、编制日期、报表编号、货币名称和计量单位。

在利润表中，收入按照重要性程度列示，主要包括营业收入、公允价值变动净收益、投资收益和营业外收入；费用则按照性质列示，并与相关收入相配比，主要包括营业成本、税金及附加、销售费用、管理费用、财务费用、资产减值损失、营业外支出和所得税费用等；利润则按照形成过程列示，依次是营业利润、利润总额、净利润和每股收益。

多步式利润表按照四个步骤计算最终成果，即：

第一步，从营业收入出发，减去营业成本、税金及附加、销售费用、管理费用、研发费用、财务费用、资产减值损失、信用减值损失，加上其他收益、投资收益(减去投资损失)、公允价值变动收益(减去公允价值变动损失)、资产处置收益(减去资产处置损失)，确定营业利润。计算公式为：

营业利润 = 营业收入 − 营业成本 − 税金及附加 − 销售费用 − 管理费用 − 研发费用 − 财务费用 − 资产减值损失 − 信用减值损失 + 其他收益 + 投资收益(− 投资损失) + 公允价值变动收益(− 公允价值变动损失) + 资产处置收益(− 资产处置损失)

第二步,从营业利润开始,加上营业外收入,减去营业外支出,确定利润总额。计算公式为:

利润总额 = 营业利润 + 营业外收入 − 营业外支出

第三步,在利润总额的基础上,扣除所得税费用后,确定企业的净利润。计算公式为:

净利润 = 利润总额 − 所得税费用

第四步,根据净利润,计算每股收益。

利润表的具体格式如表 8 − 6 所示。

表 8 − 6　　　　　　　　　　　利润表　　　　　　　　　　会企 02 表

编制单位:　　　　　　　　　　　年　　月　　　　　　　　　　单位:元

项目	本期金额	上期金额
一、营业收入		
减:营业成本		
税金及附加		
销售费用		
管理费用		
研发费用		
财务费用		
其中:利息费用		
利息收入		
加:其他收益		
投资收益(损失以" − "号填列)		
其中:对联营企业和合营企业的投资收益		
以摊余成本计量的金融资产终止确认收益(损失以" − "号填列)		
净敞口套期收益(损失以" − "号填列)		
公允价值变动收益(损失以" − "号填列)		
信用减值损失(损失以" − "号填列)		
资产减值损失(损失以" − "号填列)		
资产处置收益(损失以" − "号填列)		
二、营业利润(亏损以" − "号填列)		
加:营业外收入		

续表

项目	本期金额	上期金额
减:营业外支出		
三、利润总额(亏损总额以"-"号填列)		
减:所得税费用		
四、净利润(净亏损以"-"号填列)		
（一)持续经营净利润(净亏损以"-"号填列)		
（二)终止经营净利润(净亏损以"-"号填列)		
五、其他综合收益的税后净额		
（一)不能重分类进损益的其他综合收益		
1.重新计量设定受益计划变动额		
2.权益法下不能转损益的其他综合收益		
……		
（二)将重分类进损益的其他综合收益		
1.权益法下可转损益的其他综合收益		
2.其他债权投资公允价值变动		
3.金融资产重分类计入其他综合收益的金额		
……		
六、综合收益总额		
七、每股收益:		
（一)基本每股收益		
（二)稀释每股收益		

四、利润表的编制说明

(一)"上期金额"栏的填列方法

"上期金额"栏应根据上年该期利润表"本期金额"栏内所列数字填列。如果上年该期利润表规定的各个项目的名称和内容同本期不一致,应对上年该期利润表各项目的名称和数字按本期的规定进行调整,填入利润表"上期金额"栏内。

(二)"本期金额"栏的填列方法

"本期金额"栏根据"主营业务收入""主营业务成本""税金及附加""销售费用""管理费用""财务费用""资产减值损失""公允价值变动损益""投资收益""营业外收入""营业外支出""所得税费用"等科目的发生额分析填列。其中,"营业利润""利润总额""净利润"等项目根据该表中相关项目计算填列。利润表"本期金额"各项目的内容及填列方法具体说明如下：

（1）营业收入项目：反映企业经营主要业务和其他业务所确认的收入总额。应根据"主营业务收入"科目和"其他业务收入"科目的发生额之和填列。

（2）营业成本项目：反映企业经营主要业务和其他业务发生的实际成本，应根据"主营业务成本"和"其他业务成本"科目的发生额之和填列。

（3）税金及附加项目：反映企业经营业务应负担的消费税、城市维护建设税、资源税、土地使用税和教育费附加等。应根据"税金及附加"科目的发生额填列。

（4）销售费用项目：反映企业在销售商品及商品流通企业在购入商品等过程中发生的费用。应根据"销售费用"科目的发生额填列。

（5）管理费用项目：反映企业发生的管理费用。应根据"管理费用"科目的发生额填列。

（6）财务费用项目：反映企业发生的财务费用。应根据"财务费用"科目的发生额填列。

①"财务费用"项目下的"利息费用"项目，反映企业为筹集生产经营所需资金等而发生的应予费用化的利息支出。该项目应根据"财务费用"科目的相关明细科目的发生额分析填列。该项目作为"财务费用"项目的其中项，以正数填列。

②"财务费用"项目下的"利息收入"项目，反映企业按照相关会计准则确认的应冲减财务费用的利息收入。该项目应根据"财务费用"科目的相关明细科目的发生额分析填列。该项目作为"财务费用"项目的其中项，以正数填列。

（7）投资收益项目：反映企业以各种方式对外投资所取得的收益。应根据"投资收益"科目的发生额分析填列，如为投资损失，以"－"号填列。

（8）营业利润项目：反映企业实现的营业利润。如为亏损则以"－"列示。

（9）营业外收入和营业外支出：反映企业发生的与其生产经营无直接关系的各项收入和支出。这两个项目分别根据"营业外收入"和"营业外支出"科目的发生额分析填列。

（10）利润总额项目：反映企业实现的利润总额。如为亏损则以"－"列示。

（11）所得税费用项目：反映企业根据所得税准则确认的应从当期利润总额中扣除的所得税费用。应根据"所得税费用"科目的发生额填列。

（12）净利润项目：反映企业实现的净利润。如为亏损则以"－"列示。

五、利润表的编制实例

【例8-4】编制肇庆华丽服装有限公司2019年4月份的利润表。资料如下：

肇庆华丽服装有限公司2019年4月核对无误的所有损益类账户的累计发生额见表8-7。

表 8-7　　　　肇庆市华丽服装有限公司损益类科目累计发生额

2019 年 4 月　　　　　　　　　　　单位:元

科目名称	借方发生额	贷方发生额
主营业务收入		576 000
营业外收入		20 000
主营业务成本	315 000	
税金及附加	6 838	
销售费用	27 200	
管理费用	46 030	
财务费用	300	
营业外支出	10 000	
所得税费用	47 658	

根据表 8-7 编制利润表,如表 8-8 所示。

相应的计算过程如下:

营业利润 = 576 000 - 315 000 - 6 838 - 27 200 - 46 030 - 300 = 180 632(元)

利润总额 = 180 632 + 20 000 - 10 000 = 190 632(元)

所得税费用 = 190 632 × 25% = 47 658(元)

净利润 = 190 632 - 47 658 = 142 974(元)

表 8-8　　　　　　　　　　　利润表　　　　　　　　　　　会企 02 表

编制单位:肇庆华丽服装有限公司　　2019 年 4 月　　　　　　　　单位:元

项目	本期金额	上期金额
一、营业收入	576 000	
减:营业成本	315 000	
税金及附加	6 838	
销售费用	27 200	
管理费用	46 030	
研发费用		
财务费用	300	
其中:利息费用		
利息收入		
加:其他收益		
投资收益(损失以"-"号填列)		
其中:对联营企业和合营企业的投资收益		

续表

项目	本期金额	上期金额
以摊余成本计量的金融资产终止确认收益(损失以"-"号填列)		
净敞口套期收益(损失以"-"号填列)		
公允价值变动收益(损失以"-"号填列)		
信用减值损失(损失以"-"号填列)		
资产减值损失(损失以"-"号填列)		
资产处置收益(损失以"-"号填列)		
二、营业利润(亏损以"-"号填列)	180 632	
加:营业外收入	20 000	
减:营业外支出	10 000	
三、利润总额(亏损总额以"-"号填列)	190 632	
减:所得税费用	47 658	
四、净利润(净亏损以"-"号填列)	142 974	
(一)持续经营净利润(净亏损以"-"号填列)		
(二)终止经营净利润(净亏损以"-"号填列)		
五、其他综合收益的税后净额		
(一)不能重分类进损益的其他综合收益		
1. 重新计量设定受益计划变动额		
2. 权益法下不能转损益的其他综合收益		
……		
(二)将重分类进损益的其他综合收益		
1. 权益法下可转损益的其他综合收益		
2. 其他债权投资公允价值变动		
3. 金融资产重分类计入其他综合收益的金额		
……		
六、综合收益总额		
七、每股收益:		
(一)基本每股收益		
(二)稀释每股收益		

第四节　现金流量表

一、现金流量表及其意义

现金流量表,是以现金为基础编制的,反映企业在一定会计期间的现金及现金等价物(简称为现金)的流入和流出信息的会计报表,属于动态报表。

现金流量表的作用主要表现在:

(1)提供企业的现金流量信息,有助于使用者评估企业的偿还债务能力和对所有者分配股利及利润的能力。现金流量表反映企业经营活动、投资活动和筹资活动等所引起的现金流动情况,包括现金流入量、现金流出量和现金净流量等情况,从而有利于报表阅读者对该企业的偿债能力和支付能力的了解。企业的偿债能力和支付能力直接取决于企业可用于支付的资产以及能够迅速转化为支付能力的资产数额。现金资产项目是决定一个企业偿债能力和支付能力大小及其变化的关键,企业的现金数额越大,现金净流量越多,其偿债能力和支付能力就越强。所以现金流量表可以提供真实的企业偿债能力和支付能力信息。

(2)提供一个企业的现金流量信息,有助于确定净利润与相关的现金收支产生差异的原因,评价企业的经营质量和真实的盈利能力。

利润表提供的净利润是在权责发生制基础上确定的,不能提供经营活动引起的现金流入和现金流出信息,不是企业具体已收到的现金利润和收益;而现金流量表反映经营活动所实际产生的净现金流量,并在补充资料部分将企业的净利润与经营活动现金净流量进行比较和调整,可以看出差异及差异发生的原因。所以现金流量表有助于确定净利润与相关的现金收支产生差异的原因,评价企业真实的盈利能力。

(3)提供一个企业的现金流量信息,能更好地帮助投资者、债权人和其他人士评价企业未来获取现金流量的能力。

现金流量表所反映的现金流量包括经营活动的现金流量、投资活动的现金流量和筹资活动的现金流量三部分内容,但在这三项内容中,经营活动的现金流量在本质上是最主要的,并具有较强的再生性,对企业未来的现金流量具有极大的预测价值。在企业全部现金流量中,营业活动的现金流量所占的比重越大,企业未来现金流量就越稳定,现金流量的质量就越高。可以根据现金流量表所提供的现金流量信息直接预测企业未来的现金流量,从而预测企业未来的获取现金的能力。

(4)提供一个企业的现金流量信息,能够恰当地评估当期的现金与非现金投资和理财事项对企业财务状况的影响。

现金流量表提供一定时期现金流入和流出的动态财务信息,显示企业在报告期内由经营活动、投资活动和筹资活动获得多少现金和现金等价物,以及企业是如何运用这些现金的,揭示企业理财活动对企业资产、负债、所有者权益的影响及影响程度,使报表使用者能够恰当地评估当期的现金与非现金投资和理财事项对企业财务状况的影响。

现金流量表的编制基础是现金及现金等价物。现金,是指企业库存现金以及可以随时用于支付的存款等,具体包括现金、银行存款和其他货币资金等。现金等价物,是指企业持有的期限短(通常为3个月以内)、流动性强、易于转换为已知金额现金、价值变动风险很小的投资,通常不包括股票投资。

二、现金流量表的格式

一般企业现金流量表格式如表8-9所示。

表8-9　　　　　　　　　现金流量表　　　　　　　会企3表
　　　　　　　　　　　　　年　月　日　　　　　　　　单位:元

项目	本期金额	上期金额
一、经营活动产生的现金流量:		
销售商品、提供劳务收到的现金		
收到的税费返还		
收到其他与经营活动有关的现金		
经营活动现金流入小计		
购买商品、接受劳务支付的现金		
支付给职工以及为职工支付的现金		
支付的各项税费		
支付其他与经营活动有关的现金		
经营活动现金流出小计		
经营活动产生的现金流量净额		
二、投资活动产生的现金流量:		
收回投资收到的现金		
取得投资收益收到的现金		
处置固定资产、无形资产和其他长期资产收回的现金净额		
处置子公司及其他营业单位收到的现金净额		
收到其他与投资活动有关的现金		
投资活动现金流入小计		
购建固定资产、无形资产和其他长期资产支付的现金		
投资支付的现金		
取得子公司及其他营业单位支付的现金净额		
支付其他与投资活动有关的现金		
投资活动现金流出小计		
投资活动产生的现金流量净额		
三、筹资活动产生的现金流量:		
吸收投资收到的现金		
取得借款收到的现金		
收到其他与筹资活动有关的现金		
筹资活动现金流入小计		
偿还债务支付的现金		

续表

项目	本期金额	上期金额
分配股利、利润或偿付利息支付的现金		
支付其他与筹资活动有关的现金		
筹资活动现金流出小计		
筹资活动产生的现金流量净额		
四、汇率变动对现金及现金等价物的影响		
五、现金及现金等价物净增加额		
加：期初现金及现金等价物余额		
六、期末现金及现金等价物余额		

实训任务

实训任务一：资产负债表的编制

资料1：长河工厂2019年7月份各账户期末余额表（见表8-10）。

表8-10　　　　　　　　总账账户期末余额

2019年7月31日

会计科目	期末余额 借方	期末余额 贷方	会计科目	期末余额 借方	期末余额 贷方
库存现金	350		短期借款		61 000
银行存款	76 700		应付账款		4 050
应收票据	6 500		其他应付款		8 700
应收账款	7 000		应付职工薪酬		11 100
其他应收款	750		应交税费		20 650
原材料	349 800		实收资本		721 000
库存商品	50 400		盈余公积		38 000
生产成本	37 000		利润分配	95 785	
固定资产	628 500		本年利润		157 785
累计折旧		230 500			
合计	1 252 785				1 252 785

要求：请完成长河工厂2019年7月份的资产负债表（表8-11）。

表 8-11　　　　　　　　　资产负债表(简表)　　　　　　　　会企01表
编制单位:长河工厂　　　　　2019年7月31日　　　　　　　　　单位:元

资产	期末余额	年初余额	负债及所有者权益	期末余额	年初余额
流动资产:			流动负债:		
货币资金			短期借款		
应收票据			应付票据		
应收账款			应付账款		
预付款项			预收款项		
应收股利			应付职工薪酬		
其他应收款			应交税费		
存货			应付股利		
流动资产合计			其他应付款		
非流动资产:		略	流动负债合计		略
长期应收款			非流动负债:		
长期股权投资			长期借款		
固定资产			非流动负债合计		
在建工程			负债合计		
工程物资			所有者权益:		
固定资产清理			实收资本		
无形资产			资本公积		
长期待摊费用			盈余公积		
非流动资产合计			未分配利润		
			所有者权益合计		
资产总计			负债和所有者权益总计		

资料2:华天公司2019年10月份的余额试算平衡表如表8-12所示。

表 8-12　　　　　　　　　　余额试算平衡表
　　　　　　　　　　　　　　2019年10月31日

会计科目	期末余额	
	借方	贷方
库存现金	380	
银行存款	65 000	
其他货币资金	1 220	
应收账款	36 400	
坏账准备		500
原材料	27 400	

续表

会计科目	期末余额	
	借方	贷方
库存商品	41 500	
材料成本差异		1 900
固定资产	324 500	
累计折旧		14 500
固定资产清理		5 000
长期待摊费用	39 300	
应付账款		31 400
预收账款		4 200
长期借款		118 000
实收资本		300 000
盈余公积		1 500
利润分配		8 700
本年利润		50 000
合计	535 700	535 700

补充资料：

(1)长期待摊费用中包含将于半年内摊销的金额3 000元。

(2)长期借款期末余额中将于一年到期归还的长期借款数为50 000元。

(3)应收账款有关明细账期末余额情况为：

应收账款——A公司贷方余额5 000元

应收账款——B公司借方余额41 400元

(4)应付账款有关明细账期末余额情况为：

应付账款——C公司贷方余额39 500元

应付账款——D公司借方余额8 100元

(5)预收账款有关明细账期末余额情况为：

预收账款——E公司贷方余额7 200元

预收账款——F公司借方余额3 000元

要求：

1.请根据上述资料,计算华天公司10月31日资产负债表中下列报表项目的期末数。

(1)货币资金=( )元　　　　(2)应收账款=( )元

(3)预付账款=( )元　　　　(4)存货=( )元

(5) 应付账款 =（　　　　）元

2. 根据上述资料,填制资产负债表(表8-13)。

表8-13　　　　　　　　　　　　　资产负债表　　　　　　　　　　　会企01表

编制单位：　　　　　　　　　　　　　年　　　月　　　日　　　　　　　　　　单位:元

资产	期末余额	上年年末余额	负债和所有者权益（或股东权益）	期末余额	上年年末余额
流动资产：			流动负债：		
货币资金			短期借款		
交易性金融资产			交易性金融负债		
衍生金融资产			衍生金融负债		
应收票据			应付票据		
应收账款			应付账款		
应收款项融资			预收款项		
预付款项			合同负债		
其他应收款			应付职工薪酬		
存货			应交税费		
合同资产			其他应付款		
持有待售资产			持有待售负债		
一年内到期的非流动资产			一年内到期的非流动负债		
其他流动资产			其他流动负债		
流动资产合计			流动负债合计		
非流动资产：			非流动负债：		
债权投资			长期借款		
其他债权投资			应付债券		
长期应收款			其中:优先股		
长期股权投资			永续债		
其他权益工具投资			租赁负债		
其他非流动金融资产			长期应付款		
投资性房地产			预计负债		
固定资产			递延收益		
在建工程			递延所得税负债		
生产性生物资产			其他非流动负债		
油气资产			非流动负债合计		

续表

资产	期末余额	上年年末余额	负债和所有者权益（或股东权益）	期末余额	上年年末余额
使用权资产			负债合计		
无形资产			所有者权益（或股东权益：）		
开发支出			实收资本（或股本）		
商誉			其他权益工具		
长期待摊费用			其中:优先股		
递延所得税资产			永续债		
其他非流动资产			资本公积		
非流动资产合计			减:库存股		
			其他综合收益		
			专项储备		
			盈余公积		
			未分配利润		
			所有者权益（或股东权益）合计		
资产总计			负债和所有者权益（或股东权益）总计		

实训任务二：利润表的编制

资料：长河工厂2019年度利润表科目本年累计发生额资料如表8-14所示。

表8-14   2019年利润表科目本年累计发生额

科目名称	借方发生额	贷方发生额
主营业务收入		2 062 500
主营业务成本	1 575 000	
营业税金及附加	3 045	
其他业务收入		30 000
其他业务成本	7 500	
销售费用	112 500	
管理费用	195 000	
财务费用	67 500	
投资收益		151 500

续表

科目名称	借方发生额	贷方发生额
营业外收入		11 250
营业外支出	45 000	
所得税费用	74 850	

要求:根据上述会计资料,编制该工厂2019年度的利润表(表8-15)。

表8-15　　　　　　　　　　利润表

编制单位:　　　　　　　　　　　　年　　　月　　　　　　　　　　　　单位:元

项目	本期金额	上期金额
一、营业收入		
减:营业成本		
税金及附加		
销售费用		
管理费用		
研发费用		
财务费用		
其中:利息费用		
利息收入		
加:其他收益		
投资收益(损失以"-"号填列)		
其中:对联营企业和合营企业的投资收益		
以摊余成本计量的金融资产终止确认收益(损失以"-"号填列)		
净敞口套期收益(损失以"-"号填列)		
公允价值变动收益(损失以"-"号填列)		
信用减值损失(损失以"-"号填列)		
资产减值损失(损失以"-"号填列)		
资产处置收益(损失以"-"号填列)		
二、营业利润(亏损以"-"号填列)		
加:营业外收入		
减:营业外支出		
三、利润总额(亏损总额以"-"号填列)		
减:所得税费用		

续表

项目	本期金额	上期金额
四、净利润(净亏损以"－"号填列)		
(一)持续经营净利润(净亏损以"－"号填列)		
(二)终止经营净利润(净亏损以"－"号填列)		
五、其他综合收益的税后净额		
(一)不能重分类进损益的其他综合收益		
1.重新计量设定受益计划变动额		
2.权益法下不能转损益的其他综合收益		
……		
(二)将重分类进损益的其他综合收益		
1.权益法下可转损益的其他综合收益		
2.其他债权投资公允价值变动		
3.金融资产重分类计入其他综合收益的金额		
……		
六、综合收益总额		
七、每股收益:		
(一)基本每股收益		
(二)稀释每股收益		

章节习题

第一章同步练习

一、单项选择题

1. 会计的基本职能是( )。
   A. 核算与监督   B. 反映与分析   C. 反映与预测   D. 控制与监督
2. 会计核算和监督的内容是特定主体的( )。
   A. 经济资源   B. 资金运动   C. 实物运动   D. 经济活动
3. 下列各项中,不属于企业资金循环和周转环节的是( )。
   A. 分配过程   B. 生产过程   C. 销售过程   D. 供应过程
4. 企业会计的确认、计量和报告应当以( )为基础。
   A. 历史成本   B. 权责发生制   C. 复式记账   D. 收付实现制
5. 某企业2018年12月份发生下列支出:(1)年初支付本年度保险费2 400元,本月摊销200元;(2)支付下年第一季度房屋租金3 000元;(3)支付本月办公开支800元,按照权责发生制要求,本月费用为( )元。
   A. 1 000   B. 800   C. 3 200   D. 3 000
6. 界定从事会计工作和提供会计信息的空间范围的会计基本前提是( )。
   A. 会计职能   B. 会计主体   C. 会计内容   D. 会计对象
7. 我国会计分期采用公历日期,会计年度是指( )
   A. 自公历1月1日起至12月31日   B. 自4月1日起至来年3月31日
   C. 自10月1日起至来年9月30日   D. 自6月1日起至来年5月31日
8. 会计主要的计量单位是( )。
   A. 货币   B. 劳动量   C. 实物   D. 人民币
9. 根据可靠性要求,会计核算应当以( )的经济业务为依据,如实反映财务状况经营成果。
   A. 实际发生   B. 以前发生   C. 已经发生   D. 未来发生
10. 按应收账款的一定比例计提坏账准备是贯彻( )要求。
    A. 历史成本   B. 谨慎性   C. 客观性   D. 重要性
11. 下列各会计要素中,( )不是反映企业一定日期的财务状况的会计要素。
    A. 资产   B. 负债   C. 收入   D. 所有者权益
12. 投资人投入的资金和债权人投资金,投入企业后,形成企业的( )。

A. 成本　　　　　B. 费用　　　　　C. 资产　　　　　D. 负债

13. 下列各项中,属于企业资产的是(　　)。
A. 应付账款　　　　　　　　B. 购入的设备
C. 预收账款　　　　　　　　D. 即将购入的原材料

14. 企业的原材料属于会计要素中的(　　)。
A. 资产　　　　B. 负债　　　　C. 所有者权益　　D. 权益

15. 下列项目不属于流动资产的是(　　)。
A. 货币资金　　B. 交易性金融资产　C. 存货　　　D. 固定资产

16. 负债是指由于过去交易或事项所引起的企业的(　　)。
A. 过去义务　　B. 现时义务　　C. 将来义务　　D. 永久义务

17. 下列项目中,不属于长期负债的有(　　)。
A. 应付账款　　B. 长期应付款　　C. 长期借款　　D. 应付债券

18. 企业所有者权益在数量上等于(　　)。
A. 企业流动负债减去长期负债后的差额
B. 企业流动资产减去流动负债后的差额
C. 企业全部资产减去全部负债后的差额
D. 企业长期负债减去流动负债后的差额

19. 下列不属于企业的日常活动的是(　　)。
A. 工业企业的产品生产和销售商品　　B. 安装公司提供安装服务
C. 商业流通企业的商品购销活动　　　D. 工业企业出售闲置固定资产

20. 下列项目中,不属于收入范围的是(　　)。
A. 商品销售收入　B. 提供劳务收入　C. 租金收入　　D. 罚款收入

21. 下列不属于期间费用的是(　　)。
A. 管理费用　　B. 制造费用　　C. 销售费用　　D. 财务费用

22. 资产按照购置时支付的现金或者现金等价物的金额或者按照购置资产时所付出对价的公允价值计量的计量属性是(　　)。
A. 历史成本　　B. 重置成本　　C. 可变现净值　　D. 公允价值

23. 资产按照现在购买相同或者相似资产所需支付的现金或者现金等价物的金额计量的会计计量属性是(　　)。
A. 历史成本　　B. 重置成本　　C. 公允价值　　D. 现值

24. 以下有关"资产=负债+所有者权益"等式表述不正确的有(　　)。
A. 是编制资产负债表的理论基础
B. 表明了企业一定时期的财务状况
C. 反映了资产、负债、所有者权益三要素之间的内在联系和数量关系
D. 上述等式也称为静态会计恒等式

25. 下列经济业务会引起资产和所有者权益同时增加的是(　　)。

A. 赊购原材料

B. 接受投资者投入的现金资产

C. 向银行借入长期借款

D. 用银行存款归还企业的银行短期借款

26. 银行将短期借款转为对本公司的投资,这项经济业务将引起本公司（　　）。

A. 资产减少、所有者权益增加　　　　B. 负债增加、所有者权益减少

C. 负债减少,所有者权益增加　　　　D. 负债减少,资产增加

27. 某企业本期期初资产总额为100 000元,本期期末负债总额比期初减少10 000元,所有者权益比期初增加30 000元,该企业末资产总额是（　　）元。

A. 90 000　　　　B. 100 000　　　　C. 120 000　　　　D. 130 000

28. 某公司资产总额为20万元,负债总额为5万元,以银行存款2万元偿还短期借款,并以银行存款2万元购买设备(不考虑增值税)。则上述业务入账后该公司的负债总额为（　　）万元。

A. 2　　　　B. 3　　　　C. 25　　　　D. 15

29. 某企业6月初的资产总额为15万元,负债总额为5万元。6月份发生下列业务:取得收入共计6万元,发生费用共计4万元,则6月底该企业的所有者权益总额为（　　）。

A. 12万元　　　　B. 17万　　　　C. 16万元　　　　D. 10万元

30. 某公司2018年初资产总额5 000 000元,负债总额2 000 000元,当年接受投资者投资500 000元,从银行借款1 000 000元。该公司2018年末所有者权益应为（　　）元。

A. 2 500 000　　　　B. 1 500 000　　　　C. 3 500 000　　　　D. 5 000 000

二、多项选择题

1. 下列关于会计特征的表述中,正确的有（　　）。

A. 会计是一种经济管理活动

B. 会计具有会计核算和监督的基本职能

C. 会计采用一系列专门的方法

D. 会计以货币作为主要计量单位

2. 下列各项中,属于会计核算与会计监督职能关系的有（　　）。

A. 会计监督是会计核算的质量保障

B. 会计核算是会计监督的基础

C. 会计核算和会计监督是相辅相成、辩证统一的关系

D. 会计监督是会计核算的基础

3. 下列属于会计信息使用者的是（　　）。

A. 股东　　　　B. 债权人

C. 政府与有关部门　　　　　　　D. 社会公众

4. 会计核算的基本前提包括(　　)。
A. 会计主体　　B. 持续经营　　C. 会计期间　　D. 货币计量

5. 会计核算方法包括(　　)。
A. 设置会计科目与账户　　　　B. 登记账簿
C. 成本计算　　　　　　　　　D. 编制财务会计报告

6. 会计信息质量要求包括(　　)等。
A. 可靠性　　B. 相关性　　C. 重要性　　D. 完整性

7. 下列属于动态要素的是(　　)。
A. 收入　　B. 费用　　C. 负债　　D. 利润

8. 下列各项中,属于资产要素特点的有(　　)。
A. 必须是经济资源　　　　　　B. 必须是有形的
C. 必须预期能给企业带来经济利益　　D. 必须是企业拥有或控制的

9. 下列会计科目中,(　　)属于流动资产。
A. 原材料　　　　　　　　　　B. 库存商品
C. 预付账款　　　　　　　　　D. 债权投资

10. 下列关于负债的表述中,正确的有(　　)。
A. 负债预期会导致经济利益流出企业
B. 负债表现为债权人对企业净资产的索取权
C. 负债是企业过去的交易或事项形成的
D. 负债按流动性分类可分为流动负债和非流动负债

11. 下列属于所有者投入的资本的有(　　)。
A. 企业拥有的固定资产　　　　B. 资本溢价
C. 盈余公积　　　　　　　　　D. 实收资本

12. 下列各项中,属于留存收益的有(　　)。
A. 盈余公积　　B. 未分配利润　　C. 资本公积　　D. 实收资本

13. 下列各项中,属于费用要素特点的有(　　)。
A. 企业在日常活动中发生的经济利益的总流入
B. 会导致所有者权益减少
C. 与向所有者分配利润无关
D. 会导致所有者权益增加

14. 企业的利润一般包括(　　)。
A. 营业利润　　B. 利润总额　　C. 净利润　　D. 期间费用

15. 下列会计等式中属于正确的会计等式有(　　)。
A. 资产 = 权益
B. 资产 = 负债 + 所有者权益

C. 收入 – 费用 = 利润

D. 资产 = 负债 + 所有者权益 + (收入 – 费用)

16. 下列选项中,以"资产 = 负债 + 所有者权益"这一会计等式为理论依据的有(   )。

    A. 平行登记   B. 复式记账

    C. 编制资产负债表   D. 成本计算

17. 下列各项经济业务中,能引起会计等式左右两边会计要素同时变动的有(   )。

    A. 收到某单位前欠货款存入银行

    B. 以银行存款偿还短期借款

    C. 收到某单位投入机器设备一台

    D. 以银行存款购买材料(不考虑增值税)

18. 下列各项经济业务中,能引起资产和负债总额同时增加的有(   )。

    A. 从银行借款存入企业的存款账户

    B. 用银行存款偿还所欠货款

    C. 企业赊购材料一批

    D. 收到投资人投入的资金存入银行

19. 下列经济业务中. 属于资产内部增减变动的有(   )。

    A. 购买一批材料,款项尚未支付

    B. 购买一批材料,以银行存款支付货款(不考虑增值税)

    C. 从银行提取现金备用

    D. 接受现金捐赠,款项存入银行

三、判断题

1. 我国企业会计采用的计量单位只有一种,即货币计量。(   )

2. 会计核算和监督的内容就是指企业发生的所有的经济活动。(   )

3. 法人可以作为会计主体,但会计主体不一定是法人。(   )

4. 由于有了持续经营这个会计核算的基本假设,才产生了当期与其他期间的区别,从而出现了权责发生制与收付实现制的区别。(   )

5. 可比性要求企业在任何时候都不能变更会计政策和会计方法。(   )

6. 资产、负债和所有者权益三项会计要素是资金运动的动态表现,反映企业的财务状况,是资产负债表的基本要素。(   )

7. 预收账款和预付账款均属于负债。(   )

8. 所有者权益包括所有的利得和损失。(   )

9. 企业出租专利技术,收取的租金不得确认为收入。(   )

10. 企业行政管理部门领用材料,价值3 000元,这3 000元材料费应确认为企业的费用。(   )

11. 利润总额是指主营业务利润加上营业外收入,减去营业外支出后的金额。(   )

12. 在公允价值计量下,资产按照现在购买相同或者相似资产所需支付的现金或者现金等价物的金额计量。(   )

13. 经济业务的发生可能引起资产与权益总额发生变化,但是不会破坏基本会计等式的平衡关系。(   )

14. 当企业本期收入大于费用时,表示企业取得了盈利,最终导致企业所有者权益的增加。(   )

15. 企业银行存款提现,该业务会引起资产与负债的同时减少。(   )

第二章同步练习

一、单项选择题

1. (   )是对会计要素的具体内容进行分类核算的项目。
   A. 会计对象　　B. 会计科目　　C. 会计账户　　D. 明细分类账

2. 所设置的会计科目应符合单位自身特点,满足单位实际需要,这一点符合(   )原则。
   A. 实用性　　B. 合法性　　C. 谨慎性　　D. 相关性

3. "原材料"科目按所归属的会计要素分类,属于(   )类科目。
   A. 资产　　B. 负债　　C. 所有者权益　　D. 成本

4. "短期借款"科目属于(   )。
   A. 资产类账户　　B. 负债科目
   C. 所有者权益科目　　D. 成本类科目

5. 下列会计科目中,属于所有者权益类科目的是(   )。
   A. 营业外收入　　B. 生产成本　　C. 应收账款　　D. 利润分配

6. "本年利润"科目属于(   )。
   A. 损益类科目　　B. 收入类科目
   C. 所有者权益类科目　　D. 资产类科目

7. 下列项目中,与"制造费用"属于同一类科目的是(   )。
   A. 固定资产　　B. 其他业务成本　　C. 生产成本　　D. 主营业务成本

8. "主营业务收入"科目按其所归属的会计要素不同,属于(   )类科目。
   A. 资产　　B. 负债　　C. 成本　　D. 损益

9. "财务费用"科目属于(   )。
   A. 资产类科目　　B. 成本类科目　　C. 负债类科目　　D. 损益类科目

10. 下列各项中,(   )不属于总分类科目。
    A. 销售费用　　B. 应收账款　　C. 辅助材料　　D. 工程物资

11.账户是根据( )设置的、具有一定格式和结构,用于分类反映会计要素增减变动情况及其结果的载体。
   A.会计对象　　　B.会计信息　　　C.会计科目　　　D.会计要素

12.( )是用来抵减被调整账户的余额,以确定被调整账户实有数额而设置的独立账户。
   A.备抵账户　　　　　　　　　B.所有者权益账户
   C.资产账户　　　　　　　　　D.负债账户

13.总分类账户对其所属明细分类账起着( )作用。
   A.补充　　　　　B.辅助　　　　　C.说明　　　　　D.统驭和控制

14.账户的左方和右方,哪一方登记增加,哪一方登记减少,取决于( )。
   A.所记经济业务的重要程度　　　B.开设账户时间的长短
   C.所记金额的大小　　　　　　　D.所记录的经济业务和账户的性质

15.账户的余额按照表示的时间不同可以分为( )。
   A.期初余额和本期增加发生额　　B.期初余额和本期减少发生额
   C.本期增加发生额和本期减少发生额　D.期初余额和期末余额

16.某账户的期初余额为500元,期末余额为5 000元,本期减少发生额为800元,则本期增加发生额为( )元。
   A.3 500　　　　B.300　　　　　C.4 700　　　　D.5 300

17.目前我国采用的复式记账法主要是( )。
   A.单式记账法　　B.增减记账法　　C.收付记账法　　D.借贷记账法

18.在借贷记账法下,资产类账户的期末余额一般在( )。
   A.借方　　　　　　　　　　　B.贷方
   C.在借方,也可以在贷方　　　D.无余额

19."银行存款"账户期初余额为1 700元,本期增加额为45 000元,减少额为9 000元,则期末余额( )。
   A.借方余额34 300元　　　　　B.贷方余额34 300元
   C.贷方余额37 700元　　　　　D.借方余额37 700元

20."负债类"账户的本期减少数和期末余额分别反映在( )。
   A.借方　　　　　B.贷方　　　　　C.借方和贷方　　D.贷方和借方

21.某企业月初的短期借款账户为贷方余额60万元,本月向银行借入期限为6个月的借款20万元,归还以前的短期借款30万元,则本月末短期借款账户的余额为( )万元。
   A.贷方80　　　　B.贷方50　　　　C.借方50　　　　D.贷方30

22.一般情况下,"实收资本"科目的期末余额应该在( )。
   A.在借方　　　　B.在贷方　　　　C.在借方或贷方　D.无余额

23.收入类账户期末一般( )。

A. 余额在借方　　　　　　　　B. 余额在贷方

C. 无余额　　　　　　　　　　D. 余额在借方或贷方

24. 在借贷记账法下，费用类账户的借方登记增加额；贷方登记减少额。本期费用净额在期末转入(　　)账户，用以计算当期损益，结转后无余额。

A. 利润分配　　　　　　　　　B. 未分配利润

C. 本年利润　　　　　　　　　D. 税金及附加

25. 下列账户中，期末结转后无余额的账户有(　　)。

A. 实收资本　　B. 应付账款　　C. 固定资产　　D. 管理费用

26. 账户的对应关系是指采用借贷记账法对每笔交易或事项进行记录时，相关账户之间形成的(　　)的相互关系。

A. 应借、应贷　　B. 应增、应减　　C. 应加、应减　　D. 应收、应付

27. 下列会计分录形式中，属于简单会计分录的是(　　)。

A. 一借一贷　　B. 一借多贷　　C. 一贷多借　　D. 多借多贷

28. 发生额试算平衡的直接依据是(　　)。

A. 资产－负债＋所有者权益　　B. 收入－费用－利润

C. 借贷记账法的记账规则　　　D. 复式记账法

29. 下列关于试算平衡法的表述中，不正确的是(　　)。

A. 包括发生额试算平衡法和余额试算平衡法

B. 试算不平衡．表明账户记录肯定有错误

C. 试算平衡，说明账户记录一定正确

D. 发生额试算平衡法的理论依据是"有借必有贷、借贷必相等"

30. 下列错误能够通过试算平衡发现的是(　　)。

A. 漏记某个会计科目　　　　　B. 漏记某项经济业务

C. 错记某项经济业务　　　　　D. 借贷方向颠倒

二、多项选择题

1. 属于负债类会计科目的有(　　)。

A. 应收账款　　B. 预收账款　　C. 预付账款　　D. 应付账款

2. 下列各项中属于成本类科目的有(　　)。

A. 制造费用　　B. 生产成本　　C. 销售费用　　D. 管理费用

3. 下列(　　)期末没有余额。

A. 应收账款　　B. 主营业务收入　　C. 管理费用　　D. 其他业务成本

4. 会计科目按其提供指标详细程度可分为(　　)。

A. 总分类科目　　B. 资产类科目　　C. 明细分类科目　　D. 损益类科目

5. 以下有关明细分类科目的表述中，正确的有(　　)。

A. 明细分类科目也称一级会计科目

B. 明细分类科目是对总分类科目做进一步分类的科目

C. 明细分类科目是对会计要素具体内容进行总括分类的科目

D. 明细分类科目是能提供更加详细更加具体会计信息的科目

6. 账户通常包括的内容有( )。
   A. 账户名称　　　B. 日期　　　　C. 凭证字号　　　D. 金额

7. 下列各项中,关于账户和会计科目说法正确的有( )。
   A. 两者反映的具体经济内容是相同的
   B. 两者的性质相同
   C. 账户是会计科目的名称是设置账户的依据
   D. 会计科目和账户一样都有一定的格式和结构

8. 与单式记账法相比,复式记账法的优点是( )。
   A. 有一套完整的账户体系
   B. 可以清楚地反映经济业务的来龙去脉
   C. 可以对记录的结果进行试算平衡,以检查账户记录是否正确
   D. 记账手续简单

9. 复式记账方法包括( )
   A. 借贷记账法　　B. 增减记账法　　C. 收付记账法　　D. 平行记账法

10. 下列属于成本科目的有( )。
    A. 制造费用　　　B. 管理费用　　　C. 生产成本　　　D. 在途物资

11. 根据核算的经济内容,账户分为( )。
    A. 资产类账户　　　　　　　　　B. 负债类账户
    C. 共同类账户　　　　　　　　　D. 所有者权益类账户

12. 借贷记账法下账户的借方用以反映( )。
    A. 资产增加　　B. 负债增加　　C. 所有者权益减少　D. 收入增加

13. 在借贷记账法下,账户的贷方应登记( )。
    A. 负债、收入的增加数　　　　　B. 负债、收入的减少数
    C. 资产、成本的减少数　　　　　D. 资产、成本的增加数

14. 年末结账后,下列会计科目中一般没有余额的有( )。
    A. 本年利润　　　B. 制造费用　　　C. 应付账款　　　D. 主营业务收入

15. 下列关于借贷记账法的说法中正确的有( )。
    A. 借贷记账法下哪一方登记增加,哪一方登记减少取决于账户的性质和类型
    B. 可以进行发生额试算平衡和余额试算平衡
    C. 以"有借必有贷,借贷必相等"作为记账规则
    D. 以"借""贷"作为记账符号

16. 会计分录应由( )要素构成。
    A. 应借应贷方向　　　　　　　　B. 附件
    C. 相互对应的会计科目　　　　　D. 金额

17. 经济业务发生后,可以编制的会计分录有( )。
   A. 多借多贷　　　B. 一借多贷　　　C. 多借一贷　　　D. 一借一贷
18. 借贷记账法的试算平衡方法包括( )。
   A. 增加额试算平衡法　　　　　B. 减少额试算平衡法
   C. 发生额试算平衡法　　　　　D. 余额试算平衡法
19. 以下错误不能通过试算平衡发现的有( )。
   A. 某项经济业务借贷方金额登记了两遍
   B. 漏记了一项经济业务
   C. 借方金额记错,贷方金额正确
   D. 借贷方向颠倒
20. 总分类账和明细分类账平行登记的要点( )。
   A. 方向相同　　　B. 期间一致　　　C. 金额相等　　　D. 同时登记

三、判断题
1. 企业只能使用国家统一的会计制度规定的会计科目,不可以自行制定会计科目。( )
2. 明细分类科目对总分类科目起着补充说明和统驭控制的作用。( )
3. 账户是根据会计要素设置的,具有一定的格式和结构。( )
4. 如果某一账户的期初余额为 20 000 元,本期增加发生额为 10 000 元,本期减少发生额为 4 000 元,则期末余额为 6 000 元。( )
5. 账户的余额总是和账户的增加额方向一致。( )
6. 运用单式记账法记录经济业务,可以反映每项经济业务的来龙去脉,可以检查每笔业务是否合理、合法。( )
7. 借贷记账法下,借方表示增加,贷方表示减少。( )
8. 某企业银行存款期初借方余额为 10 万元,本期借方发生额为 5 万元,本期贷方发生额为 3 万元,则期末借方余额为 12 万元。( )
9. "应付账款"账户的期末余额 = 期初余额 + 本期贷方发生额 − 本期借方发生额。( )
10. 在借贷记账法下,负债类、所有者权益类的账户,期末是肯定有余额的。( )
11. 借贷记账法的记账规则为:有借必有贷,借贷必相等。即对于每一笔经济业务都只要在两个账户中以借方和贷方相等的金额进行登记。( )
12. 企业可以将不同类型的经济业务合并在一起,这样可以形成复合会计分录。( )
13. 发生额试算平衡是根据资产与权益的恒等关系,检验本期发生额记录是否正确的方法。( )
14. 试算平衡了,说明账户记录是绝对正确的。( )

15. 平行登记是指对所发生的每项经济业务都要以记账凭证为依据,一方面记入有关总分类账户,另一方面记入所属明细分类账户的方法。（   ）

第三章同步练习

一、单项选择题

1. 企业的资金筹集业务按(　　)分为所有者权益筹资和负债筹资。
   A. 资金来源　　　B. 资金运用　　　C. 资金分配　　　D. 资金的占用

2. (　　)是指企业的投资者按照企业章程、合同或协议的约定,实际投入企业的资本金以及按照有关规定由资本公积、盈余公积等转增资本的资金。
   A. 实收资本　　　B. 未分配利润　　　C. 资本溢价　　　D. 银行存款

3. (　　)账户用以核算企业收到投资者出资额超出其在注册资本或股本中所占部分以及直接计入所有者权益的利得和损失。
   A. 实收资本　　　B. 资本公积　　　C. 盈余公积　　　D. 未分配利润

4. 某企业发行 10 000 股新股,每股面值为 1 元,发行价为每股 5 元,则计入资本公积的数额为(　　)元。
   A. 10 000　　　B. 50 000　　　C. 40 000　　　D. 20 000

5. 2018 年 7 月 10 日,A 公司收到投资者王某投入的一台不需安装的新机器,用于 A 公司制造甲产品。投资合同约定:该机器作价50 000元。假定不产生溢价,则 A 公司收到该机器时应当编制的会计分录是(　　)（不考虑增值税）。

   A. 借:实收资本——王某　　　　　　　　　　　　50 000
   　　贷:固定资产　　　　　　　　　　　　　　　　50 000

   B. 借:库存商品　　　　　　　　　　　　　　　　50 000
   　　贷:实收资本——王某　　　　　　　　　　　　50 000

   C. 借:长期股权投资　　　　　　　　　　　　　　50 000
   　　贷:固定资产——王某　　　　　　　　　　　　50 000

   D. 借:固定资产　　　　　　　　　　　　　　　　50 000
   　　贷:实收资本——王某　　　　　　　　　　　　50 000

6. (　　)是指企业为了满足其生产经营对资金的临时性需要而向银行或其他金融机构等借入的偿还期限在一年以内(含一年)的各种借款。
   A. 短期借款　　　B. 长期借款　　　C. 应付债券　　　D. 应付账款

7. 某企业从银行借入期限为 9 个月的借款 10 000 元,存入银行,应编制会计分录为(　　)。

   A. 借:银行存款　　　　　　　　　　　　　　　　10 000
   　　贷:短期借款　　　　　　　　　　　　　　　　10 000

   B. 借:银行存款　　　　　　　　　　　　　　　　10 000

　　　　贷：长期借款　　　　　　　　　　　　　　　　　　　　10 000
　　C.借：长期借款　　　　　　　　　　　　　　　　　　　　10 000
　　　　贷：银行存款　　　　　　　　　　　　　　　　　　　　10 000
　　D.借：短期借款　　　　　　　　　　　　　　　　　　　　10 000
　　　　贷：银行存款　　　　　　　　　　　　　　　　　　　　10 000

8. 企业按季计提银行借款利息时,应贷记(　　)账户核算。
　　A.应付利息　　　B.预提费用　　　C.财务费用　　　D.管理费用

9. 下列项目中不属于外购材料成本的是(　　)。
　　A.运杂费　　　　　　　　　　　B.装卸费
　　C.运输途中的合理损耗　　　　　D.入库后的保管费用

10. 某企业为增值税一般纳税人,购入材料一批,增值税专用发票上标明的价款为100万元,增值税为13万元,另支付材料的保险费2万元、包装物押金3万元。该批材料的采购成本为(　　)万元。
　　A.100　　　B.102　　　C.113　　　D.10

11. 实际成本法下,已经付款购买但尚未入库的材料,应该通过(　　)账户进行核算。
　　A.材料采购　　　B.原材料　　　C.工程物资　　　D.在途物资

12. 某增值税一般纳税人,购入甲材料一批,取得的增值税专用发票上记载的价格为50 000元,增值税额6 500元,款项以银行存款来支付,材料同日验收入库。该企业的会计处理正确的是(　　)。
　　A.借：原材料——甲材料　　　　　　　　　　　　　　　　56 500
　　　　贷：银行存款　　　　　　　　　　　　　　　　　　　56 500
　　B.借：原材料——甲材料　　　　　　　　　　　　　　　　50 000
　　　　应交税费——应交增值税（进项税额）　　　　　　　　6 500
　　　　贷：库存现金　　　　　　　　　　　　　　　　　　　56 500
　　C.借：原材料——甲材料　　　　　　　　　　　　　　　　50 000
　　　　应交税费——应交增值税（进项税额）　　　　　　　　6 500
　　　　贷：应付票据　　　　　　　　　　　　　　　　　　　56 500
　　D.借：原材料——甲材料　　　　　　　　　　　　　　　　50 000
　　　　应交税费——应交增值税（进项税额）　　　　　　　　6 500
　　　　贷：银行存款　　　　　　　　　　　　　　　　　　　56 500

13. 企业"应付账款"账户的借方余额反映的是(　　)。
　　A.应付未付供货单位的款项　　　B.预收购货单位的款项
　　C.预付供货单位的货款　　　　　D.应收购货单位的货款

14. "应付账款"账户期初贷方余额为78 000元,本期借方发生额为230 000元,贷方发生额为200 000元。下列关于余额的表述中,正确的是(　　)。

A. 贷方 88 000 元   B. 贷方 48 000 元
C. 借方 30 000 元   D. 借方 278 000 元

15. (　　)是制造企业经营的核心,在这一过程中,通过各种生产要素的结合,制造出各种产品,产品生产过程就是生产消耗过程。
  A. 生产业务   B. 销售业务   C. 采购业务   D. 资金筹集业务

16. 下列费用中,不构成产品成本,而应直接计入当期损益的是(　　)。
  A. 直接材料费   B. 期间费用   C. 直接人工费   D. 制造费用

17. 某生产企业根据"发料凭证汇总表"的记录,2019 年 4 月,生产车间生产 A 产品领用甲材料20 000元,车间管理部门领用甲材料5 000元,企业行政管理部门领用甲材料2 000元。该企业的会计处理正确的是(　　)。

  A. 借:生产成本——A 产品   25 000
    管理费用   2 000
    贷:原材料   27 000

  B. 借:生产成本——A 产品   20 000
    管理费用   7 000
    贷:原材料   27 000

  C. 借:生产成本——A 产品   20 000
    制造费用   5 000
    管理费用   2 000
    贷:原材料   27 000

  D. 借:生产成本——A 产品   27 000
    贷:原材料   27 000

18. 下列不通过制造费用核算的是(　　)。
  A. 生产用设备的日常修理费用   B. 车间的折旧费
  C. 车间的办公费   D. 车间的机物料消耗

19. 应在"应付职工薪酬"账户贷方登记的是(　　)。
  A. 本月实际支付的工资数   B. 本月应分配的工资总额
  C. 本月结转的代扣款项   D. 本月多支付的工资数

20. 分配生产车间直接参加产品生产工人的职工薪酬时,应借记的账户是(　　)。
  A. 生产成本   B. 制造费用   C. 管理费用   D. 应付职工薪酬

21. 乙企业行政部职工小王出差回来,报销差旅费4 600元(原向财务部预借5 000元),经审核无误,交回剩余现金 400 元,应编制的会计分录为(　　)。
  A. 借:销售费用   4 600
    库存现金   400
    贷:其他应收款——小王   5 000

B. 借:销售费用 4 600
　　　库存现金 400
　　贷:应收账款——小王 5 000
C. 借:管理费用 4 600
　　　库存现金 400
　　贷:其他应收款——小王 5 000
D. 借:管理费用 4 600
　　　库存现金 400
　　贷:应收账款——小王 5 000

22. 下列各项属于工业企业主营业务收入的是( )。
　A. 经营性出租固定资产取得的收入　B. 出售固定资产取得的净收益
　C. 转让无形资产使用权取得的收入　D. 劳务收入

23. 某公司3月份发生如下业务:销售商品收入20万元,已经收款15万元,收回上月欠货款2万元,则本月结转至本年利润的主营业务收入金额为( )。
　A.15万元　　　B.22万元　　　C.17万元　　　D.20万元

24. 企业出租包装物收取的租金应当( )。
　A. 计入主营业务收入　　B. 计入其他业务收入
　C. 计入营业外收入　　　D. 冲减管理费用

25. 下列不确认收入的是( )。
　A. 销售原材料　　　　　B. 销售包装物
　C. 在建工程领用原材料　D. 出租包装物

26. 下列项目中,不通过"应收账款"账户核算的是( )。
　A. 销售商品应收的款项　B. 销售原材料应收的款项
　C. 提供劳务应收的款项　D. 应收的各种赔款

27. 下述各项目中,应计入"销售费用"账户的是( )。
　A. 为销售产品而发生的广告费　B. 销售产品的价款
　C. 已销产品的生产成本　　　　D. 销售产品所收取的税款

28. 下列应计入利润表"税金及附加"项目的是( )。
　A. 增值税、消费税
　B. 消费税、印花税
　C. 城市维护建设税、教育费附加
　D. 资源税、个人所得税

29. 企业3月份发生城市维护建设税100元,教育费附件30元,房产税20元,车船税为40元,则根据此资料,应计入税金及附加的科目金额为( )元。
　A.130　　　　B.150　　　　C.190　　　　D.60

30. 下列各项中,( )不应计入营业成本。

A. 商品销售成本　　　　　　B. 原材料销售成本
C. 出租包装物的成本　　　　D. 计提应收账款坏账准备

31. "期间费用"账户期末应( )。
A. 有借方余额　　　　　　　B. 有贷方余额
C. 有时在借方,有时在贷方出现余额　D. 无余额

32. 某企业本月主营业务收入为1 000 000元,其他业务收入为80 000元,营业外收入为90 000元,主营业务成本为760 000元,其他业务成本为50 000元,税金及附加为30 000元,营业外支出为75 000元,管理费用为40 000元,销售费用为30 000元,财务费用为15 000元,所得税费用为75 000元。则该企业本月营业利润为( )元。
A. 170 000　　　B. 155 000　　　C. 25 000　　　D. 80 000

33. 下列项目中不应记入"营业外收入"科目的是( )。
A. 政府补助利得　　　　　　B. 接受捐赠
C. 盘盈的固定资产　　　　　D. 处理固定资产净收益

34. 企业发生因债权人撤销而无法支付的应付账款时,应将其计入( )。
A. 资本公积　　B. 其他应付款　　C. 营业外收入　　D. 营业外支出

35. 企业计算应交所得税时,应借记的科目是( )。
A. "利润分配"　　　　　　　B. "所得税费用"
C. "应交税费"　　　　　　　D. "税金及附加"

36. 假设企业全年应纳税所得额为180 000元,按税法规定25%的税率计算应纳所得税额,下列账务处理中正确的是( )。

A. 借:所得税费用　　　　　　　　　　　　　　　　45 000
　　贷:银行存款　　　　　　　　　　　　　　　　　　45 000
B. 借:税金及附加　　　　　　　　　　　　　　　　45 000
　　贷:应交税费——应交所得税　　　　　　　　　　　45 000
C. 借:税金及附加　　　　　　　　　　　　　　　　45 000
　　贷:银行存款　　　　　　　　　　　　　　　　　　45 000
D. 借:所得税费用　　　　　　　　　　　　　　　　45 000
　　贷:应交税费——应交所得税　　　　　　　　　　　45 000

37. 下列关于利润分配的顺序正确的是( )。
A. 计算可供分配利润、提取法定盈余公积、提取任意盈余公积、向投资者分配利润
B. 提取法定盈余公积、计算可供分配利润、提取任意盈余公积、向投资者分配利润
C. 提取任意盈余公积、提取法定盈余公积、计算可供分配利润、向投资者分配利润

D. 向投资者分配利润、提取法定盈余公积、提取任意盈余公积、计算可供分配利润

38. 某公司年初未分配利润为借方余额 900 万元，本年实现净利润 700 万元。若按 10% 计提法定盈余公积，则本年应提取的法定盈余公积为（　　）万元。
　　A. 70　　　　　　B. 90　　　　　　C. 20　　　　　　D. 0

39. 企业提取的法定盈余公积不得用于（　　）。
　　A. 弥补亏损　　　　　　　　　　B. 转增资本
　　C. 发放现金股利或利润　　　　　D. 职工集体福利设施

40. 利润分配账户的年末借方余额表示（　　）。
　　A. 本期实现的净利润　　　　　　B. 本期发生的净亏损
　　C. 累计尚未分配的利润　　　　　D. 累计尚未弥补的亏损

二、多项选择题

1. 投资者可以以（　　）投资。
　　A. 货币资金　　B. 存货　　　　C. 固定资产　　D. 非现金资产

2. 一般来讲，所有者权益包括（　　）。
　　A. 投入资本　　B. 资本公积　　C. 盈余公积　　D. 未分配利润

3. 企业收到投资者投入资本，可能涉及的所有者权益科目有（　　）。
　　A. 实收资本　　B. 资本公积　　C. 固定资产　　D. 投资收益

4. 采购材料的实际成本包括（　　）。
　　A. 材料买价　　　　　　　　　　B. 增值税进项税额
　　C. 运输费　　　　　　　　　　　D. 包装费

5. 实际成本法下，"原材料"科目用于核算各种库存材料的收发和使用情况。该科目（　　）。
　　A. 借方登记入库材料的实际成本
　　B. 贷方登记发出材料的实际成本
　　C. 期末余额在借方，反映企业库存材料的实际成本
　　D. 期末余额在贷方，反映企业多领的库存材料的实际成本

6. 产品的生产成本一般包括（　　）。
　　A. 直接材料　　B. 直接人工　　C. 制造费用　　D. 管理费用

7. 下列各项中属于制造费用的有（　　）。
　　A. 生产工人的工资及福利费　　　B. 车间管理人员的工资
　　C. 企业管理部门房屋折旧费　　　D. 车间照明用电费

8. 下列各项费用，应通过"管理费用"科目核算的有（　　）。
　　A. 诉讼费　　　　　　　　　　　B. 研究费用
　　C. 排污费　　　　　　　　　　　D. 日常经营活动聘请中介机构费

9. 下列各项中，属于企业应付职工薪酬的有（　　）。

A. 工会经费　　　　　　　　　B. 企业医务人员的工资
C. 住房公积金　　　　　　　　D. 辞退福利

10. "应付职工薪酬"账户的借方登记支付给职工的工资,贷方按照工资用途分配汇入(　　)。
A. "生产成本"账户　　　　　　B. "管理费用"账户
C. "制造费用"账户　　　　　　D. "库存商品"账户

11. 计提固定资产折旧时,与"累计折旧"账户对应的账户可能有(　　)。
A. 生产成本　　B. 制造费用　　C. 管理费用　　D. 固定资产

12. 制造费用在进行分配时,可以采用的分配标准为(　　)。
A. 机器工时　　　　　　　　　B. 生产工人工时
C. 生产工人的工资　　　　　　D. 约当分配

13. 下列关于生产成本结转的表述中,正确的有(　　)。
A. 月末产品全部完工,则生产成本明细账归集的费用总额即为完工产品总成本
B. 月末产品全部未完工,则生产成本明细账归集的费用总额即为在产品总成本
C. 月末产品部分未完工,则应视同完工,全部作为完工产品成本
D. 月末产品部分未完工,应采取适当的分配方法在完工产品和在产品之间进行分配

14. 企业结转生产完工验收入库产品的生产成本时,编制会计分录涉及的账户有(　　)。
A. 生产成本　　B. 制造费用　　C. 主营业务成本　　D. 库存商品

15. 下列各项属于其他业务收入的有(　　)。
A. 固定资产出售净收益　　　　B. 无形资产出租收入
C. 包装物出租收入　　　　　　D. 材料销售收入

16. 下列选项中,通过"其他业务成本"账户核算的有(　　)。
A. 出租无形资产的摊销额　　　B. 销售材料的成本
C. 出租包装物的成本或摊销额　D. 销售商品的成本

17. 应收账款的入账价值包括(　　)。
A. 增值税销项税额　　　　　　B. 增值税进项税额
C. 代购货方垫付的包装费　　　D. 代购货方垫付的运杂费

18. 工业企业在经营活动中,需要在"销售费用"账户中核算的有(　　)。
A. 广告费　　　　　　　　　　B. 展览费
C. 专设销售机构的人员工资　　D. 专设销售机构的房屋租金

19. 下列说法正确的有(　　)。
A. 企业向购货单位预收的款项,记入"预收账款"的贷方

B. 企业实现的其他业务收入,记入"其他业务收入"的贷方
　　C. 企业收到的应收票据的面值,记入"应收票据"的贷方
　　D. 期末转入"本年利润"账户的主营业务成本,记入"主营业务成本"的贷方
20. 以下项目中,会影响营业利润计算的有(　　)。
　　A. 营业外收入　　B. 税金及附加　　C. 营业成本　　D. 销售费用
21. 下列科目属于期间费用的有(　　)
　　A. 管理费用　　B. 销售费用　　C. 制造费用　　D. 财务费用
22. 下列项目中,应记入"营业外支出"账户的有(　　)。
　　A. 广告费　　B. 借款利息　　C. 固定资产盘亏　　D. 捐赠支出
23. 下列各项中,会影响企业利润总额的有(　　)。
　　A. 营业利润　　B. 投资收益　　C. 营业外收入　　D. 所得税费用
24. 为了核算企业利润分配的过程、去向和结果,企业应设置的科目有(　　)。
　　A. 利润分配　　B. 管理费用　　C. 盈余公积　　D. 应付股利
25. 利润分配的明细科目包括(　　)。
　　A. 提取任意盈余公积　　　　B. 盈余公积补亏
　　C. 未分配利润　　　　　　　D. 转作股本的股利

三、判断题

1. "盈余公积"账户属于所有者权益类账户,该账户借方登记提取的盈余公积,贷方登记实际使用的盈余公积。期末借方余额反映结余的盈余公积。(　　)
2. "固定资产"账户的期末借方余额,反映期末实有固定资产的净值。(　　)
3. 短期借款的利息可以预提,也可以在实际支付时直接计入当期损益。(　　)
4. 期限在一年以上(包括一年)的各种借款均为长期借款。(　　)
5. 长期借款是为了满足生产经营周期资金不足的临时需要而借入的款项。(　　)
6. 企业发生的采购费用如果能够分清为哪种材料采购而发生,可直接记入该材料的实际采购成本;否则,应依据购入材料的重量、体积、买价等分配标准,在购入的各种材料之间进行分配,以便分别记入各种材料的实际采购成本。(　　)
7. 预付账款核算企业按照合同规定预付的款项,属于企业的一项负债。(　　)
8. 生产车间领用的原材料应计入"生产成本"账户的借方。(　　)
9. 行政管理部门领用的原材料应计入"制造费用"账户的借方。(　　)
10. 车间管理人员薪酬和企业管理部门人员薪酬能够计入产品成本。(　　)
11. 企业发生的职工培训费应计入产品的制造成本。(　　)
12. 管理费用的发生额会直接影响到当期产品成本和当期利润总额。(　　)
13. "累计折旧"账户是"固定资产"账户的备抵账户。(　　)

14. 为核算各种商品的收发和使用情况,企业应当设置"库存商品"科目,其期末余额通常在借方。(   )

15. 企业本期预收的销货款,属企业本期的收入。(   )

16. 商品取得的收入均属于"主营业务收入",而提供劳务取得的收入则属于"其他业务收入"。(   )

17. "税金及附加"账户在期末结转时,借记"税金及附加"科目,贷记"本年利润"科目。(   )

18. 企业的利得和损失包括直接计入所有者权益的利得和损失以及直接计入当期利润的利得和损失。(   )

19. 企业期末结转利润时,应将收入类科目的金额转入"本年利润"科目的借方,费用类科目的金额转入"本年利润"科目的贷方,结平损益类科目。(   )

20. 投资收益属于损益类账户,借方登记实现的投资收益和期末转入"本年利润"账户的投资净损失;贷方登记发生的投资损失和期末转入"本年利润"账户的投资净损失。期末结转后,该账户无余额。(   )

21. 利润总额 = 营业利润 + 营业外收入 – 营业外支出。(   )

22. 所得税费用是企业的一项费用支出,而非利润分配。(   )

23. 企业计算所得税费用时应以净利润为基础,根据适用税率计算确定。(   )

24. "利润分配——未分配利润"明细账户的借方余额为未弥补亏损。(   )

25. 向投资者支付分配的利润不影响所有者权益总额。(   )

第四章同步练习

一、单项选择题

1. 会计账簿是指由一定格式账页组成的,以经过审核的(   )为依据,全面、系统、连续地记录各项经济业务的簿籍。

    A. 原始凭证　　　B. 记账凭证　　　C. 会计凭证　　　D. 账页

2. 下列关于会计账簿的说法中,不正确的有(   )。

    A. 由一定格式账页组成

    B. 以经过审核的记账凭证为依据

    C. 全面、系统、连续地记录各项经济业务的簿籍

    D. 编制会计报表的基础

3. 将账簿划分为序时账簿、分类账簿和备查账簿的依据是(   )。

    A. 账簿的用途　　　　　　　B. 账页的格式

    C. 账簿的外形特征　　　　　D. 账簿的性质

4. 按照经济业务发生或完成时间的先后顺序逐日逐笔进行登记的账簿称为

( )。

   A. 序时账簿　　　　B. 总分类账簿　　　　C. 明细分类账簿　　　D. 备查账簿

5. "租入固定资产登记簿"属于( )。

   A. 分类账簿　　　　B. 序时账　　　　　　C. 备查账簿　　　　　D. 卡片账簿

6. 账簿按( )不同,可分为订本账、活页账和卡片账。

   A. 作用　　　　　　B. 账页格式　　　　　C. 用途　　　　　　　D. 外形特征

7. 总分类账及特种日记账的外形特征一般为( )。

   A. 活页式　　　　　B. 卡片式　　　　　　C. 订本式　　　　　　D. 任意外形

8. 下列账簿中,一般采用活页账形式登记的是( )。

   A. 银行存款日记账　　　　　　　　　　B. 总分类账
   C. 明细分类账　　　　　　　　　　　　D. 库存现金日记账

9. 下列账簿中可以采用卡片账的是( )。

   A. 原材料总分类账　　　　　　　　　　B. 现金日记账
   C. 固定资产明细分类账　　　　　　　　D. 固定资产总分类账

10. 应付账款明细分类账一般应采用( )格式。

   A. 三栏式　　　　　B. 数量金额式　　　　C. 多栏式　　　　　　D. 横线登记式

11. "管理费用"明细账应采用( )。

   A. 三栏式　　　　　B. 多栏式　　　　　　C. 数量金额式　　　　D. 横线登记式

12. 下列明细分类账中,一般不宜采用三栏式账页格式的是( )。

   A. 应收账款明细账　　　　　　　　　　B. 应付账款明细账
   C. 实收资本明细账　　　　　　　　　　D. 原材料明细账

13. "原材料""库存商品"等存货类明细账,一般采用( )账簿。

   A. 三栏式　　　　　B. 多栏式　　　　　　C. 数量金额式　　　　D. 横线登记式

14. 关于三栏式账簿,错误的是( )。

   A. 三栏式账簿是设有借方、贷方和余额三个基本栏目的账簿
   B. 各种收入、费用类明细账都采用三栏式账簿
   C. 三栏式账簿又分为设对方科目和不设对方科目两种
   D. 有"对方科目"栏的,称为设对方科目的三栏式账簿

15. 下面关于账页格式的选择,表述错误的是( )。

   A. 库存现金日记账的格式主要有三栏式和多栏式
   B. 总分类账以及资本、债权、债务明细账一般采用三栏式
   C. 收入、成本、费用明细账一般采用三栏式
   D. 原材料、库存商品等存货明细账一般采用数量金额式

二、多项选择题

1. 设置和登记账簿的作用,以下正确的是( )。

   A. 记载和储存会计信息　　　　　　　　B. 分类和汇总会计信息

C. 检查和校正会计信息　　　　　　D. 编报和输出会计信息

2. 会计账簿的基本内容有(　　)。
   A. 封面　　　　B. 封底　　　　C. 扉页　　　　D. 账页

3. 常见的特种日记账主要是指(　　)。
   A. 现金日记账　　　　　　　　　B. 银行存款日记账
   C. 收入日记账　　　　　　　　　D. 固定资产日记账

4. 必须采用订本账的有(　　)。
   A. 总分类账　　　　　　　　　　B. 明细分类账
   C. 现金日记账　　　　　　　　　D. 银行存款日记账

5. 活页式账簿的主要缺点有(　　)。
   A. 使用不灵活,不便于分工　　　　B. 账页易散失
   C. 账页容易被抽换　　　　　　　D. 不能有效防止记账差错

6. 下列各账户中,只需反映金额指标的有(　　)。
   A. 实收资本账户　　　　　　　　B. 原材料账户
   C. 库存商品账户　　　　　　　　D. 短期借款账户

7. 下列账簿中,一般采用多栏式的有(　　)。
   A. 收入明细账　　B. 债权明细账　　C. 费用明细账　　D. 债务明细账

8. 下列账簿中,属于按照账页格式的不同分类的有(　　)。
   A. 横线登记式账簿　　　　　　　B. 三栏式账簿
   C. 数量金额式账簿　　　　　　　D. 多栏式账簿

9. 横线登记式账页主要适用于登记(　　)。
   A. 材料采购　　B. 在途物资　　C. 应收票据　　D. 管理费用

10. 关于明细分类账,正确的说法是(　　)。
    A. 明细分类账是根据二级账户或明细账户开设账页,分类、连续地登记经济业务以提供明细核算资料的账簿
    B. 明细分类账所提供的资料也是编制会计报表的依据之一
    C. 明细分类账一般采用订本式账簿
    D. 有的明细分类账可以采用卡片式账簿

三、判断题

1. 设置和登记账簿是编制会计报表的基础,是连接会计凭证与会计报表的中间环节。(　　)

2. 有些企业可以不设置总分类账。(　　)

3. 主要账簿中不予登记或登记不详细的经济业务,可以在备查账簿中予以登记。(　　)

4. 使用订本账时,要为每一账户预留若干空白账页。(　　)

5. 活页账无论是在账簿登记完毕之前还是之后,账页都不固定装订在一起,而

是装在活页账夹中。( )

6. 三栏式或多栏式现金日记账,可以使用活页账。( )
7. 费用明细账一般均采用三栏式账簿。( )
8. 多栏式明细分类账一般将该账户登记增加的一方设为多栏方向。( )
9. 所有的会计账簿均应按件交纳印花税,即每本粘贴 5 元面值的印花。( )
10. 凡是三栏式账簿在摘要栏和借方科目栏之间均有"对方科目"一栏。( )

第五章同步练习

一、单项选择题

1. 会计日常核算工作的起点是( )。
   A. 取得和填制会计凭证　　　　B. 财产清查
   C. 设置会计科目和账户　　　　D. 登记会计账簿
2. 会计凭证按其( )的不同,分为原始凭证和记账凭证。
   A. 填制的程序和用途　　　　　B. 填制的手续
   C. 来源　　　　　　　　　　　D. 记账凭证
3. 在每项经济业务发生或完成时取得或填制的会计凭证是( )。
   A. 原始凭证　B. 转账凭证　　C. 收款凭证　　D. 付款凭证
4. 下列不属于原始凭证的是( )。
   A. 发货票据　B. 借款借据　　C. 经济合同　　D. 运费结算凭证
5. 按照原始凭证来源不同的分类原则,该公司取得的增值税专用发票属于( )。
   A. 一次凭证　　　　　　　　　B. 累计凭证
   C. 外来原始凭证　　　　　　　D. 自制原始凭证
6. 原始凭证按格式不同,可以分为( )。
   A. 通用凭证和专用凭证　　　　B. 一次凭证和累计凭证
   C. 累计凭证和汇总凭证　　　　D. 自制原始凭证和外来原始凭证
7. 下列属于通用凭证的是( )。
   A. 工资结算单　　　　　　　　B. 折旧计算表
   C. 增值税专用发票　　　　　　D. 差旅费报销单
8. 下列属于累计凭证的是( )。
   A. 领料单　　　　　　　　　　B. 限额领料单
   C. 耗用材料汇总表　　　　　　D. 工资汇总表
9. 差旅费报销单按填制的手续及内容分类,属于原始凭证中的( )。

A. 一次凭证　　B. 累计凭证　　C. 汇总凭证　　D. 专用凭证

10. 填制原始凭证时,"￥458.00"的大写金额的规范书写是(　　)。
   A. 人民币肆佰伍拾捌元　　　　B. 人民币肆佰伍拾捌元零分
   C. 人民币肆百伍拾捌元整　　　　D. 人民币肆佰伍拾捌元整

11. 审核原始凭证所记录的经济业务是否符合企业生产经营活动的需要,是否符合有关的计划和预算,属于(　　)审核。
   A. 合理性　　B. 合法性　　C. 真实性　　D. 完整性

12. 审核原始凭证是否填列齐全,手续是否完备,有关经办人员是否都已签名或盖章等,这是审核原始凭证的(　　)。
   A. 合法性　　B. 合理性　　C. 完整性　　D. 及时性

13. 在审核原始凭证时,对于内容不完整、填写有错误或手续不完备的原始凭证,应该(　　)。
   A. 拒绝办理,并向本单位负责人报告
   B. 予以抵制,对经办人员进行批评
   C. 由会计人员重新编制或予以更正
   D. 予以退回,要求更正、补充或重开,再办理正式会计手续

14. 会计人员对真实合法但小写金额错误的原始凭证应(　　)。
   A. 直接据以编制记账凭证　　　　B. 将金额更正后据以编制记账凭证
   C. 退回出具单位重新开具　　　　D. 不予受理,并向单位负责人报告

15. 记账凭证的填制是由(　　)完成的。
   A. 出纳人员　　B. 会计人员　　C. 经办人员　　D. 主管人员

16. 记账凭证按凭证的用途可分为(　　)。
   A. 收款凭证、付款凭证和转账凭证　　B. 一次凭证、累计凭证和汇总凭证
   C. 复式记账凭证和单式记账凭证　　D. 通用记账凭证和专用记账凭证

17. 下列关于记账凭证填制基本要求的表述中,错误的是(　　)。
   A. 记账凭证可以根据若干张同类原始凭证汇总编制
   B. 记账凭证的书写应清楚、规范
   C. 所有记账凭证都必须附有原始凭证
   D. 填制记账凭证时若发现错误,应当重新填制

18. (　　)是用来记录现金和银行存款收款业务的记账凭证。
   A. 收款凭证　　B. 付款凭证　　C. 转账凭证　　D. 复式记账

19. 企业出售产品一批,售价5 000元,收到一张转账支票送存银行。这笔业务应编制的记账凭证为(　　)。
   A. 收款凭证　　B. 付款凭证　　C. 转账凭证　　D. 以上均可

20. 下列业务中,(　　)应编制付款凭证。
   A. 收回前欠货款30 000元

B. 购入材料 10 000元,货款未付

C. 以银行存款归还前欠货款50 000元

D. 接受投资者投入280 000元

21. 开出转账支票支付购买材料价款50 000元时,应编制( )。

 A. 收款凭证 B. 付款凭证 C. 转账凭证 D. 累计凭证

22. 将库存现金送存银行,应填制的记账凭证是( )。

 A. 库存现金收款凭证   B. 库存现金付款凭证

 C. 银行存款收款凭证   D. 银行存款付款凭证

23. 下列对转账凭证中所涉及的业务表述正确的是( )。

 A. 此业务不是会计所反映的内容

 B. 直接引起现金或银行存款减少的业务

 C. 直接引起现金或银行存款增加的业务

 D. 与现金和银行存款收付无关的业务

24. 接收外单位投资的材料一批,应填制( )。

 A. 收款凭证 B. 付款凭证 C. 转账凭证 D. 汇总凭证

25. 下列业务,应该填制转账凭证的是( )。

 A. 出售材料一批,款未收   B. 从银行提取现金

 C. 出租设备,收到一张转账支票 D. 报废一台电脑,出售残料收到现金

二、多项选择题

1. 会计凭证在会计核算中的作用有( )。

 A. 记录经济业务,提供记账依据 B. 明确经济责任,强化内部控制

 C. 监督经济活动,控制经济运行 D. 预测经济前景,提高经济效益

2. 以下属于原始凭证的有( )。

 A. 火车票   B. 领料单

 C. 增值税专用发票   D. 产品入库单

3. 下列属于外来原始凭证的有( )。

 A. 本单位开具的销售发票   B. 供货单位开具的发票

 C. 职工出差取得的飞机票和火车票 D. 银行收付款通知单

4. 折旧计算表属于( )。

 A. 自制原始凭证 B. 外来原始凭证 C. 通用凭证 D. 专用凭证

5. 下列属于一次凭证的有( )。

 A. 收据   B. 发货票 C. 工资结算单 D. 工资汇总表

6. 以下属于汇总原始凭证的有( )。

 A. 汇总收款凭证 B. 收料凭证汇总表 C. 收据   D. 销售日报

7. 原始凭证的基本内容包括( )。

 A. 原始凭证名称   B. 接受原始凭证的单位名称

C. 经济业务的性质　　　　　　D. 数量和单价

8. 在原始凭证上书写阿拉伯数字,正确的有(　　)。

A. 金额数字一律填写到角、分

B. 无角分的,角位和分位可写"00"或者符号"-"

C. 有角无分的,分位应当写"0"

D. 有角无分的,分位也可以用符号"-"代替

9. 关于原始凭证的填制,下列说法中正确的有(　　)。

A. 原始凭证上填制的经济业务内容和数字必须真实可靠

B. 原始凭证应在经济业务发生或完成时填制

C. 外来原始凭证,必须盖有填制单位的公章

D. 加盖了"作废"戳记的原始凭证,应连同其存根一起保管,不得撕毁

10. 原始凭证的审核内容包括:审核原始凭证(　　)等方面。

A. 真实性　　　　　　　　　　B. 合法性、合理性

C. 正确性、及时性　　　　　　D. 完整性

11. 记账凭证的基本内容包括(　　)。

A. 填制凭证的日期　　　　　　B. 凭证编号

C. 金额　　　　　　　　　　　D. 所附原始凭证张数

12. 付款凭证的贷方科目不可能是(　　)。

A. 应付账款　　B. 主营业务收入　　C. 银行存款　　D. 应付票据

13. 内下列属于记账凭证审核容的有(　　)。

A. 内容是否真实　　　　　　　B. 科目是否正确

C. 书写是否规范　　　　　　　D. 项目是否齐全

14. 下列关于会计凭证的传递,说法正确的有(　　)。

A. 会计凭证的传递是指在单位内部有关部门和人员之间的传送程序

B. 会计凭证的传递,应当满足内部控制的要求

C. 会计凭证的传递程序和方法由国家统一规定

D. 会计凭证的传递包括传递程序和传递时间

15. 下列关于会计凭证的保管,说法正确的有(　　)。

A. 会计凭证应定期装订成册,防止散失

B. 会计凭证应加贴封条,防止抽换凭证

C. 出纳人员不得兼管会计档案

D. 会计凭证在保管期满之前不得任意销毁

三、判断题

1. 填制和审核会计凭证是会计核算方法之一,是会计核算的初始环节,是一项重要的基础性会计工作。(　　)

2. 会计凭证是记录经济业务事项发生或完成情况的书面证明,也是登记账簿

的依据。(   )

3.原始凭证是会计核算的原始资料和重要依据,是登记会计账簿的直接依据。(   )

4.自制的原始凭证,应有经办人员和经办单位负责人的签名或盖章。(   )

5.一张原始凭证所列的支出需要由几个单位共同负担时,应当由保存该原始凭证的单位将该原始的复印件交给其他应负担的单位。(   )

6.填制记账凭证时若发生错误,应当进行更正,不得重新填制。(   )

7.对于真实、合法、合理但内容不够完善、填写有错误的原始凭证,会计机构和会计人员不予以接受。(   )

8.会计分录应编制在记账凭证上。(   )

9.记账凭证填制完经济业务事项后,如有空行,应当自金额栏最后一笔金额数字下的空行处至合计数上的空行处划线注销。(   )

10.若一笔经济业务涉及的会计科目较多,需填制多张记账凭证的,可采用"分数编号法"。(   )

11.除结账和更正错误的记账凭证可以不附原始凭证外,其他记账凭证必须附有原始凭证。(   )

12.记账凭证所附原始凭证张数的计算,一般以原始凭证的自然张数为准。(   )

13.出纳人员在办理收款或付款后,应在原始凭证上加盖"收讫"或"付讫"的戳记,以避免重收重付。(   )

14.会计凭证的传递是会计核算得以正常、有效进行的前提。(   )

15.其他单位如有特殊原因确实需要使用原始凭证时,经本单位会计机构负责人(会计主管人员)批准,可以向外单位提供原始凭证复印件。(   )

第六章同步练习

一、单项选择题

1.在登记账簿过程中,每一账页的最后一行及下一页第一行都要办理转页手续,是为了(   )。

A.便于查账　　　　　　　　B.防止遗漏
C.防止隔页　　　　　　　　D.保持记录的连续性

2.下列关于会计账簿的登记要求,不正确的是(   )。

A.账簿中书写的文字和数字一般应占格距的1/2

B.凡需结出余额的账户,若没有余额应该在"借或贷"栏目内写"平"字,并在"余额"栏用"θ"表示

C.在不设借贷等栏的多栏式账页中,登记减少数可以用红字表示

D. 为了使账簿记录清晰,防止涂改,记账时可以采用蓝色或者黑色的圆珠笔

3. 下列做法中,不符合会计账簿的记账规则的是(　　)。

A. 使用圆珠笔登账

B. 账簿中书写的文字和数字一般应占格距的1/2

C. 登记后在记账凭证上注明已经登账的符号

D. 按账簿页次顺序连续登记,不跳行隔页

4. 下列日期中,(　　)应填写在库存现金日记账日期栏。

A. 当月1日　　　　　　　　B. 当月末日期

C. 登记账簿的日期　　　　　D. 记账凭证的日期

5. 从银行提取现金,登记现金日记账的依据是(　　)。

A. 库存现金收款凭证　　　　B. 银行存款收款凭证

C. 库存现金付款凭证　　　　D. 银行存款付款凭证

6. 下列既可以作为登记总账依据,又可以作为登记明细账依据的是(　　)。

A. 记账凭证　　　B. 汇总记账凭证　　　C. 原始凭证　　　D. 科目汇总表

7. 关于明细分类账的登记方法,下列表述错误的是(　　)。

A. 不同类型经济业务的明细分类账,可根据管理需要,依据记账凭证、原始凭证或汇总原始凭证逐日逐笔或定期汇总登记

B. 固定资产、债权、债务等明细可以定期汇总登记

C. 库存商品、原材料、产成品收发明细账可以逐笔登记

D. 收入、费用明细账可以定期汇总登记

8. 总分类账的登记方法,取决于所采用的(　　)。

A. 账簿体系　　　　　　　　B. 会计凭证的类别

C. 会计科目的设置　　　　　D. 账务处理程序

9. 各种账务处理程序之间的区别主要在于(　　)。

A. 总账的格式不同　　　　　B. 编制财务报表的依据不同

C. 登记总分类账的依据不同　D. 会计凭证的种类不同

10. 不同账务处理程序下,财务报表是根据(　　)编制的。

A. 日记账、总分类账和明细账　B. 日记账和明细分类账

C. 明细账和总分类账　　　　　D. 日记账和总分类账

11. (　　)是最基本的一种账务处理程序。

A. 日记总账账务处理程序　　B. 汇总记账凭证账务处理程序

C. 科目汇总表账务处理程序　D. 记账凭证账务处理程序

12. 规模较小、业务量较少的单位适用(　　)。

A. 记账凭证账务处理程序　　B. 汇总记账凭证账务处理程序

C. 多栏式日记账账务处理程序　D. 科目汇总表账务处理程序

13. 下列属于记账凭证账务处理程序主要缺点的是(　　)。

A. 不能体现账户的对应关系　　　　B. 不便于会计合理分工
C. 方法不易掌握　　　　　　　　　D. 登记总分类账的工作量较大

14. 汇总记账凭证是依据(　　)编制的。
A. 记账凭证　　　　　　　　　　　B. 原始凭证
C. 原始凭证汇总表　　　　　　　　D. 各种总分类账

15. 汇总记账凭证账务处理程序的特点是根据(　　)登记总分类账。
A. 记账凭证　　B. 汇总记账凭证　　C. 科目汇总表　　D. 原始凭证

16. 汇总记账凭证账务处理程序的优点是(　　)。
A. 详细反映经济业务的发生情况　　B. 可以做到试算平衡
C. 便于了解账户之间的对应关系　　D. 处理程序简单

17. 科目汇总表是依据(　　)编制的。
A. 记账凭证　　　　　　　　　　　B. 原始凭证
C. 原始凭证汇总表　　　　　　　　D. 各种总分类账

18. 采用科目汇总表账务处理程序,(　　)是其登记总分类账的直接依据。
A. 汇总记账凭证　　B. 科目汇总表　　C. 记账凭证　　D. 原始凭证

19. 根据科目汇总表登记总分类账在简化登记总分类账工作的同时也起到了(　　)的作用。
A. 简化财务报表的编制　　　　　　B. 反映账户对应关系
C. 简化明细账工作　　　　　　　　D. 发生额试算平衡

20. 在科目汇总表账务处理程序下,一般应采用(　　)记账凭证。
A. 一借多贷　　B. 多借多贷　　C. 一借一贷　　D. 一贷多借

21. 更正错账时,划线更正法的适用范围是(　　)。
A. 记账凭证上会计科目或记账方向错误,导致账簿记录错误
B. 记账凭证正确,在记账时发生错误,导致账簿记录错误
C. 记账凭证上会计科目或记账方向正确,所记金额大于应记金额,导致账簿记录错误
D. 记账凭证上会计科目或记账方向正确,所记金额小于应记金额,导致账簿记录错误

22. 企业开出转账支票1 680元购买办公用品,编制记账凭证时,误记金额为1 860元,科目及方向无误并已记账,应采用的更正方法是(　　)。
A. 补充登记180元　　　　　　　　B. 红字冲销180元
C. 在凭证中划线更正　　　　　　　D. 把错误凭证撕掉重编

23. 下列错账中,可以采用补充登记法更正的是(　　)。
A. 记账后发现记账凭证填写的会计科目无误,只是所记金额小于应记金额
B. 在结账前发现账簿记录有文字或数字错误,而记账凭证没有错误
C. 记账后在当年内发现记账凭证所记的会计科目错误

D. 记账后在当年内发现记账凭证所记金额大于应记金额

24. 记账之后,发现记账凭证中将20 000元误写为2 000元,会计科目名称及应记方向无误,应采用的错账更正方法是(　　)。

A. 划线更正法　　B. 红字更正法　　C. 补充登记法　　D. 红字冲销法

二、多项选择题

1. 下列情况中,可以用红色墨水记账的有(　　)。

A. 在不设借贷等栏的多栏式账页中,登记减少数

B. 按照红字冲账的记账凭证,冲销错误记录

C. 在三栏式账户的余额栏前,如未印明余额方向的,在余额栏内登记负数余额

D. 根据国家统一的会计制度的规定可以用红字登记的其他会计记录

2. 登记会计账簿时,下列说法正确的有(　　)。

A. 一律使用蓝黑墨水钢笔书写　　　B. 月末结账划线可用红色墨水笔

C. 在某些特定条件下可使用铅笔　　D. 在规定范围内可以使用红色墨水

3. 对于会计账簿的登记要求,以下说法正确的是(　　)。

A. 需注明记账符号　　　　　　B. 书写不得留空

C. 顺序连续登记　　　　　　　D. 不得使用红色墨水登记

4. 下列各项中,(　　)可以作为银行存款日记账的记账依据。

A. 库存现金收款凭证　　　　　B. 库存现金付款凭证

C. 银行存款收款凭证　　　　　D. 银行存款付款凭证

5. 下列登记银行存款日记账的方法中正确的有(　　)。

A. 逐日逐笔登记并逐日结出余额

B. 根据企业在银行开立的账户和币种分别设置日记账

C. 使用订本账

D. 业务量少的单位用银行对账单代替日记账

6. 下列可以作为登记明细账依据的有(　　)。

A. 记账凭证　　B. 原始凭证　　C. 汇总原始凭证　　D. 汇总记账凭证

7. 根据明细分类账的登记方法,下列明细账中应该逐日逐笔登记的是(　　)。

A. 收入明细账　　　　　　　　B. 原材料明细账

C. 固定资产明细账　　　　　　D. 债权、债务明细账

8. 下列(　　)明细账既可逐日逐笔登记,也可定期汇总登记。

A. 固定资产　　B. 库存商品　　C. 应收账款　　D. 管理费用

9. 在我国,常用的账务处理程序主要有(　　)。

A. 记账凭证账务处理程序　　　B. 汇总记账凭证账务处理程序

C. 多栏式日记账账务处理程序　D. 科目汇总表账务处理程序

10. 不同账务处理程序所具有的相同之处有(　　)。

A. 填制记账凭证的直接依据相同

B. 编制财务报表的直接依据相同

C. 登记明细分类账簿的直接依据相同

D. 登记总分类账簿的直接依据相同

11. 在不同的账务处理程序下,登记总分类账的依据可以有( )。

A. 记账凭证　　B. 汇总记账凭证　　C. 科目汇总表　　D. 汇总原始凭证

12. 以下属于记账凭证账务处理程序优点的有( )。

A. 简单明了、易于理解

B. 总分类账可较详细地记录经济业务的发生情况

C. 便于进行会计科目的试算平衡

D. 减轻了登记总分类账的工作量

13. 对于汇总记账凭证核算形式,下列说法错误的有( )。

A. 登记总分类账的工作量大

B. 不能体现账户之间的对应关系

C. 明细账与总分类账无法核对

D. 当转账凭证较多时,汇总转账凭证的编制工作量较大

14. 在科目汇总表账务处理程序下,记账凭证是( )的依据。

A. 登记现金日记账　　　　　　B. 登记总分类账

C. 登记明细分类账　　　　　　D. 编制科目汇总表

15. 科目汇总表账务处理程序的特点有( )。

A. 能够反映账户之间的对应关系

B. 不能反映账户间的对应关系

C. 能反映各账户一定时期内的借方发生额和贷方发生额,进行试算平衡

D. 只适用于小规模、业务少的企业

16. 下列属于错账产生的原因的有( )。

A. 重记　　　　B. 漏记　　　　C. 数字颠倒　　　　D. 数字记错

17. 错账更正的方法一般有( )。

A. 平行登记法　　B. 划线更正法　　C. 补充登记法　　D. 红字更正法

18. 下列各种工作的错误,应当用红字更正法予以更正的有( )。

A. 在账簿中将2 500元误记为2 550元,记账凭证正确无误

B. 在填制记账凭证时,误将"应收账款"科目填为"其他应收款",并已登记入账

C. 在填制记账凭证时,误将3 000元填作300元,尚未入账

D. 记账凭证中的借贷方向用错,并已入账

19. 填制记账凭证若发生错误,且已经登记入账,下面更正方法正确的有( )。

A. 用涂改液进行更正

B. 先用红字填写一张与原内容相同的记账凭证,在摘要栏注明"注销某月某

日某号凭证"字样。同时再用蓝字重新填制一张正确的记账凭证

C.如果会计科目没有错误,只是金额错误,也可将正确数字与错误数字之间的差额,另编一张调整的记账凭证,调增金额用蓝字,调减金额用红字

D.发现以前年度记账凭证有错误的,不涉及损益类科目,科目正确,金额少记,应当按少记的金额用蓝字填制一张与原记账凭证应借、应贷科目完全相同的记账凭证

三、判断题

1.除结账和更正错账外,一律不得用红色墨水登记账簿。(　)

2.在登记各种账簿时,可以根据需要隔页、跳行。(　)

3.每一账页登记完毕结转下页时,应当结出本页合计数及余额,写在本页最后一行和下页第一行有关栏内,并在摘要栏内注明"过次页"和"承前页"字样。(　)

4.在记账过程中,可能由于种种原因会使账簿记录发生错误。对于发生的账簿记录错误,应采用正确、规范的方法予以更正,不得涂改、挖补、刮擦或者用药水消除字迹,不得重新抄写。(　)

5.现金日记账是由出纳人员根据审核无误的现金收、付款凭证和转账凭证按照经济业务的发生顺序,逐日、逐笔序时登记。(　)

6.银行存款日记账格式与现金日记账相同,即可以采用三栏式,也可以采用多栏式,但必须都使用订本账。(　)

7.现金日记账和银行存款日记账不论在何种会计核算形式下,都是根据收款凭证和付款凭证逐日逐笔顺序登记的。(　)

8.明细账一般是逐笔登记,也可以定期汇总登记。(　)

9.固定资产、债权、债务、库存商品、原材料、产成品等明细账应逐日逐笔登记。(　)

10."制造费用"账户的明细分类核算,可以采用借方多栏式明细分类的账页格式。(　)

11.总分类账登记的依据和方法,主要取决于企业的特点和管理需要。(　)

12.会计凭证、会计账簿、财务报表之间的结合方式不同,构成不同的账务处理程序。(　)

13.记账凭证账务处理程序的主要特点就是直接根据各种记账凭证登记总分类账。(　)

14.在记账凭证账务处理程序下,其记账凭证必须采用收款凭证、付款凭证和转账凭证三种格式。(　)

15.记账凭证账务处理程序一般适用于规模小、业务复杂、凭证较多的单位。(　)

16.汇总记账凭证账务处理程序就是将各种原始凭证汇总后填制记账凭证,据

以登记总分类账的账务处理程序。（　　）

17. 汇总记账凭证账务处理程序既能保持账户的对应关系，又能减轻登记总分类账的工作量。（　　）

18. 汇总记账凭证账务处理程序可以清晰地反映账户之间的对应关系，可以做到试算平衡，保证总分类账登记的正确性。（　　）

19. 科目汇总表账务处理程序只适用于经济业务不太复杂的中小型单位。（　　）

20. 科目汇总表可以反映账户之间的对应关系，但不能起到试算平衡的作用。（　　）

21. 科目汇总表账务处理程序与汇总记账凭证账务处理程序的适用范围是完全相同的。（　　）

22. 由于记账凭证错误而造成的账簿记录错误，应采用划线更正法进行更正。（　　）

23. 补充登记法一般适用于记账凭证所记会计科目无误，只是所记金额大于应记金额，从而引起的记账错误。（　　）

第七章同步练习

一、单项选择题

1. 对账就是核对账目，其主要内容包括（　　）。
   A. 账实核对、账表核对、账账核对　　B. 账账核对、账证核对、账表核对
   C. 账账核对、账证核对、表表核对　　D. 账证核对、账账核对、账实核对

2. 下列项目中，属于账证核对内容的是（　　）。
   A. 会计账簿与记账凭证核对
   B. 总分类账簿与所属明细分类账簿核对
   C. 原始凭证与记账凭证核对
   D. 银行存款日记账与银行对账单核对

3. 下列各项中，不属于账账核对内容的是（　　）。
   A. 所有总账账户的借方发生额合计与所有总账账户的贷方发生额合计核对
   B. 本单位的应收账款账面余额与对方单位的应付账款账面余额之间核对
   C. 现金日记账和银行存款日记账的余额与其总账账户余额核对
   D. 会计部门有关财产物资明细账余额与保管、使用部门的财产物资明细账余额之间核对

4. 下列对账工作中属于账实核对的是（　　）。
   A. 银行存款日记账与银行对账单核对
   B. 总分类账与所属明细分类账核对

C. 会计部门的财产物资明细账与财产物资保管部门的有关明细账相核对
D. 总分类账与日记账核对

5. 出纳人员每天工作结束前都要将现金日记账结清并与库存现金实存数核对,这属于( )。
   A. 账账核对   B. 账证核对   C. 账实核对   D. 账表核对

6. 财产清查是通过实地盘点、查证核对来查明( )是否符的一种方法。
   A. 账证   B. 账账   C. 账存数实存数   D. 账表

7. 以下情况中,宜采用局部清查的是( )。
   A. 年终决算前进行的清查   B. 企业清产核资时进行的清查
   C. 企业更换存货保管人员时   D. 企业改组为股份制企业前进行清查

8. 一般来说,在企业撤销、合并和改变隶属关系前,应对财产进行( )。
   A. 全面清查   B. 局部清查   C. 实地盘点   D. 定期清查

9. 某企业在遭受洪灾后,对其受损的财产物资进行的清查,属于( )。
   A. 局部清查和定期清查   B. 全面清查和定期清查
   C. 局部清查和不定期清查   D. 全面清查和不定期清查

10. 采用"实地盘存制",平时对财产物资的记录( )
    A. 只登记收入数,不登记发出数   B. 只登记发出数,不登记收入数
    C. 先登记收入数,后登记发出数   D. 先登记发出数,后登记收入数

11. 对库存现金的清查应采用的方法是( )。
    A. 实地盘点法   B. 技术推算法   C. 倒挤法   D. 抽查法

12. 库存现金清查盘点时,( )必须在场。
    A. 记账人员   B. 出纳人员   C. 单位领导   D. 会计主管

13. 银行存款常用的清查方法是( )。
    A. 实地盘点法   B. 账单核对法   C. 技术推算法   D. 发函询证法

14. 对企业与其开户银行之间的未达账项,进行账务处理的时间是( )。
    A. 编好银行存款余额调节表时   B. 查明未达账项时
    C. 收到银行对账单时   D. 实际收到有关结算凭证时

15. 月末企业银行存款日记账余额为180 000元,银行对账单余额为170 000元,经过未达账项调节后的余额为160 000元,则对账日企业可以动用的银行存款实有数额为( )元。
    A. 180 000   B. 160 000   C. 170 000   D. 不能确定

16. 企业12月31日银行存款日记账的余额为150 000元,经逐笔核对,未达账项如下:银行已收,企业未收的92 000元;银行已付,企业未付的2 000元。调整后的企业银行存款余额应为( )元。
    A. 240 000   B. 60 000   C. 56 000   D. 244 000

17. 在财产清查中,实物盘点的结果应如实登记在( )。

A. 盘存单 B. 账存实存对比表
C. 对账单 D. 盘盈盘亏报告表

18. 对于大量堆积的煤炭清查,一般采用( )法进行清查。
A. 实地盘点 B. 抽查检验 C. 技术推算 D. 发函询证

19. 下列各项中,采用与对方核对账目的方法清查的是( )。
A. 固定资产 B. 存货 C. 库存现金 D. 往来款项

20. 对于应收账款进行清查应采用的方法是( )。
A. 技术推算法 B. 实地盘点法 C. 发函询证法 D. 抽查法

21. 下列表述中,正确的是( )。
A. 库存现金应每日清查一次 B. 银行存款每月至少同银行核对两次
C. 贵重物品每天应盘点一次 D. 债权债务每年至少核对二至三次

22. "待处理财产损溢"账户属于( )账户。
A. 损益类 B. 资产类 C. 成本类 D. 所有者权益类

23. 对于"待处理财产损溢"科目,下列说法中不正确的是( )。
A. 该科目贷方登记财产物资盘亏、毁损的金额;盘盈的转销额
B. 处理前的借方余额反映企业尚未处理的财产的净损失
C. 该科目年末应无余额
D. 该科目借方登记财产物资盘亏、毁损的金额;盘盈的转销额

24. 无法查明原因的现金盘盈应该记入( )科目。
A. 管理费用 B. 营业外收入 C. 销售费用 D. 其他业务收入

25. 实际发生坏账和计提坏账准备均会使用的会计科目是( )。
A. 资产减值损失 B. 应收账款 C. 坏账准备 D. 其他应收款

26. 对于盘盈的固定资产应( )
A. 记入"以前年度损益调整" B. 记入"营业外收入"
C. 冲减"管理费用" D. 记入"主营业务收入"

27. 在财产清查中发现盘亏一台设备,其账面原值为80 000元,已提折旧20 000元,则该企业记入"待处理财产损溢"账户的金额为( )元。
A. 80 000 B. 20 000 C. 60 000 D. 100 000

28. 某企业本期期末盘亏原材料原因已经查明,属于自然损耗,经批准后,会计人员应编制的会计分录为( )。
A. 借:待处理财产损溢 B. 借:待处理财产损溢
  贷:原材料   贷:管理费用
C. 借:管理费用 D. 借:营业外支出
  贷:待处理财产损溢   贷:待处理财产损溢

29. 下列关于结账说法错误的是( )。
A. 结账前,应将本期内发生的经济业务全部计入有关账簿,若预计本期不会

再发生任何业务可以提前结账

B. 结账前应根据权责发生制要求调整有关账项

C. 结账前要将损益类科目全部转入"本年利润"账户

D. 在本期全部经济业务登记入账的基础上,需要结算出资产、负债和所有者权益科目的本期发生和余额,并结转下期

30. 年终结账,将余额结转下年时( )。

A. 不需要编制记账凭证,但应将上年科目的余额结平

B. 应编制记账凭证,并将上年科目的余额结平

C. 不需要编制记账凭证,只要将上年科目的余额直接结转下年即可

D. 应编制记账凭证予以结转

31. 年终结账时,要在总账摘要栏内注明"本年合计"字样,结出全年发生额和年末余额,并在合计数( )。

A. 上方通栏划单红线　　　　B. 下方通栏划单红线

C. 上方通栏划双红线　　　　D. 下方通栏划双红线

32. 关于需要结计本年累计发生额的账户,结计"过次页"的本页合计数,下列说法中,正确的是( )。

A. 自年初起至本日止累计数　　B. 自年初起至本页末止累计数

C. 自月初至本页末止累计数　　D. 自本页初至本页末止累计数

33. 在登记账簿时,每记满一页时,应( )。

A. 计算本页的发生额

B. 计算本页的余额

C. 计算本页的发生额和余额,同时在摘要栏注明"过次页"字样

D. 不计算本页的发生额和余额,但应在摘要栏注明"过次页"字样

34. 下列账簿中,不需要每年进行更换的账簿是( )。

A. 现金日记账　　　　　　　B. 银行存款日记账

C. 总账　　　　　　　　　　D. 固定资产明细账

35. 会计账簿暂由本单位财务会计部门保管( ),期满之后,由财务会计部门编造清册移交本单位的档案部门保管。

A. 1 年　　　B. 3 年　　　C. 5 年　　　D. 10 年

二、多项选择题

1. 账账核对包括( )的核对是否相等。

A. 所有总账的借方发生额合计与贷方发生额合计

B. 总账余额和所属明细账余额

C. 现金日记账和银行存款日记账余额与其总账余额

D. 银行存款日记账和银行对账单

2. 财产清查的意义有( )。

A. 确保会计资料真实可靠 　　　　B. 保障财产物资的安全完整
C. 提高资金使用效益 　　　　D. 保证账实相符

3. 下列各项中,需要对财产物资进行不定期局部清查的有(　　)。
A. 库存现金、财产物资保管人员更换时
B. 年终决算之前
C. 发生自然灾害造成部分财产物资损失时
D. 企业进行清产核资时

4. 出纳人员每天工作结束前都要将现金日记账结清并与库存现金实存数核对,这属于(　　)。
A. 定期清查　　B. 不定期清查　　C. 全面清查　　D. 局部清查

5. 由于仓库保管员变动对其保管的全部存货进行盘点属于(　　)。
A. 定期清查　　B. 不定期清查　　C. 全面清查　　D. 局部清查

6. 财产物资的盘存制度有(　　)。
A. 权责发生制　　B. 收付实现制　　C. 永续盘存制　　D. 实地盘存制

7. 下列未达账项中,使企业银行存款日记账的余额小于银行对账单余额的未达账项有(　　)。
A. 企业已收款记账而银行尚未收款记账
B. 企业已付款记账而银行尚未付款记账
C. 银行已收款记账而企业尚未收款记账
D. 银行已付款记账而企业尚未付款记账

8. 假设不存在记账错误,关于银行存款余额调节表,下列说法正确的有(　　)。
A. 调节后的余额表示企业可以实际动用的银行存款数额
B. 该表是通知银行更正错误的依据
C. 不能够作为调整本单位银行存款日记账记录的原始凭证
D. 是更正本单位银行存数日记账记录的依据

9. 常用的实物资产的清查方法包括(　　)。
A. 技术推算法　　B. 实地盘点法　　C. 发函询证法　　D. 账目核对法

10. 下列记录中可以作为调整账面金额的原始凭证有(　　)。
A. 盘存单 　　　　B. 实存账存对比表
C. 银行存款余额调节表 　　　　D. 现金盘点报告表

11. "待处理财产损溢"账户借方登记的有(　　)。
A. 等待批准处理的财产盘亏、毁损　　B. 经批准转销的财产盘亏、毁损
C. 等待批准处理的财产盘盈　　D. 经批准转销的财产盘盈

12. 下列说法不正确的是(　　)。
A. 财产清查结束后,对于账实不符的情况,财务部门应当立即调整账面记录

B. 在处理建议得到批准之前,财务部门不得进行任何财务处理

C. 调整盘亏财产的账面价值时,使用的对方科目是"待处理财产损溢"

D. "待处理财产损溢"科目月末应无余额

13. 财产清查中,对于已查明的资产盘亏或毁损,报经批准后,根据不同原因可能记入的账户有(   )。

  A. 其他应收款　　　B. 营业外支出　　　C. 应收账款　　　D. 管理费用

14. 结账是一项将账簿记录定期结算清楚的账务工作。在一定时期结束,为了编制财务报表,需要进行结账,具体包括(   )。

  A. 月结　　　　　B. 季结　　　　　C. 年结　　　　　D. 半月结

15. 下列结账方法中,正确的有(   )。

  A. 现金、银行存款日记账,每月要结出本月发生额和余额,在摘要栏内注明"本月合计"字样,并在下面通栏划单红线

  B. 需要结计本年累计发生额的明细账,每月结账时,应在"本月合计"行下结出自年初起至本月末的累计发生额

  C. 总账账户平时只需结出月末余额。年终结账时,将所有总账账户结出全年发生额和年末余额,在摘要栏内注明"本年合计"字样,并在合计数下通栏划双红线

  D. 年度终了时,对有余额的账户,要将其余额结转下年,并在摘要栏注明"结转下年"字样

16. 下列需要划双红线的有(   )。

  A. 在"本月合计"的下面　　　　　B. 在"本年累计"的下面

  C. 在12月末的"本年累计"的下面　　D. 在"本年合计"下面

17. 结账时,正确的做法有(   )。

  A. 结出当月发生额的,在"本月合计"下面通栏划单红线

  B. 总账账户平时只需要结出月末余额

  C. 12月末,结出全年累计发生额的,在下面通栏划单红线

  D. 12月末,结出全年累计发生额的.在下面通栏划双红线

18. 下列关于账户结计发生额的说法中,正确的有(   )。

  A. 需要结计本月发生额的账户,结计"过次页"的本页合计数应当为自本月初起至本页末止的发生额合计数

  B. 需要结计本年累计发生额的账户,结计"过次页"的本页合计数应当为自年初起至本页末止的累计数

  C. 既不需要结计本月发生额,也不需要结计本年累计发生额的账户,可以只将每页末的余额结转次页

  D. 既不需要结计本月发生额,也不需要结计本年累计发生额的账户,结计"过次页"的本页合计数应当为自年初起至本页末止的发生额合计数

19. 下面关于会计账簿的更换叙述正确的有(   )。

A. 新账簿建立登记完毕,要进行账账核对,并要与上年度财务报表的所有数据资料完全核对一致,

B. 在建立新账前,要对原有各种账簿的账户进行结账、注明"结转下年余额"

C. 建立新账时,在新账簿扉页要填写单位名称、开始启用日期、页数、账簿目录等,并由记账人员签章

D. 固定资产明细账或租入固定资产登记簿等备查账簿可以跨年度使用,不必每年更换一次

20. 关于会计账簿的更换,正确的说法有( )。

A. 会计账簿的更换通常在新会计年度建账时进行

B. 总账、日记账和多数明细账应每年更换一次

C. 变动较小的明细账可以连续使用

D. 各种备查账簿可以连续使用

三、判断题

1. 对账就是核对账目,就是账簿和账簿之间进行核对。( )

2. 会计部门的财产物资明细账期末余额与财产物资使用部门的财产物资明细账期末余额相核对,属于账实核对。( )

3. 从财产清查的对象和范围看,全面清查只有在年终进行。( )

4. 财产定期清查一般不在期末进行。( )

5. 企业采用永续盘存制,仍需对财产物资进行实地盘点,以查明账实是否相符。( )

6. 企业的存货一般应采用永续盘存制,对于价值低、品种杂、进出频繁,特别是易腐烂变质的鲜活商品可以采用实地盘存制。( )

7. 永续盘存制的计算公式为:期初结存数 + 本期收入数 − 期末实存数 = 本期发出数。( )

8. 实地盘存制,是指企业对各项财产物资收入和发出的数量和金额,都必须根据原始凭证和记账凭证在有关账簿中进行连续登记,并随时结出账面余额的一种盘存制度。( )

9. 对存放的大宗物资的清查应采用技术推算法进行盘点,确定其实存数。( )

10. 盘点实物时,发现账面数大于实存数,即为盘盈。( )

11. 库存现金的清查包括出纳人员每日的清点核对和清查小组定期和不定期的清查。( )

12. 银行存款日记账的账面余额,应同开户银行寄送企业的银行对账单相核对,一般至少一年核对一次。( )

13. 对银行存款进行清查时,如果存在账实不符现象,肯定是由未达账项引起的。( )

14. 未达账项仅仅是指企业未收到凭证而未入账的款项。( )
15. 在处理建议得到批准之前,财务部门不得进行任何账务处理。( )
16. "待处理财产损溢"账户期末处理结转后应无余额。( )
17. 对已确认为坏账的应收账款,意味着企业放弃了追索权。( )
18. 存货盘亏、毁损的净损失一律记入"管理费用"科目。( )
19. 经批准转销固定资产盘亏净损失时,账务处理应借记"营业外支出"账户,贷记"固定资产清理"账户。( )
20. 结账的内容通常包括两个方面:一是结清各种损益类账户,并据以计算确定本期利润;二是结出各资产、负债和所有者权益的本期发生额和期末余额。( )
21. 新旧账簿有关账户之间的结转余额,需要编制记账凭证。( )
22. 对需要结计本年累计发生额的账户,结计"过次页"的本页合计数应为年初起至本月末止的累计数。( )
23. 所有的账簿每年都要更换新账。( )
24. 财产物资明细账和债权债务明细账必须每年度更换一次。( )

第八章同步练习

一、单项选择题

1. ( )是企业对外提供的反映企业某一特定日期财务状况和某一会计期间经营成果、现金流量情况的书面文件。
   A. 资产负债表　　B. 利润表　　C. 报表附注　　D. 财务报表
2. 财务报表中各项目数字的直接来源是( )。
   A. 原始凭证　　B. 日记账　　C. 记账凭证　　D. 账簿记录
3. 中期账务报表可以不提供的报表是( )。
   A. 资产负债表　　　　　　B. 利润表
   C. 所有者权益变动表　　　D. 现金流量表
4. 在下列各个财务报表中,属于企业对外提供的静态报表是( )。
   A. 利润表　　　　　　　　B. 所有者权益变动表
   C. 现金流量表　　　　　　D. 资产负债表
5. 编制财务报表时,以"资产=负债+所有者权益"这一会计等式作为编制依据的财务报表是( )。
   A. 利润表　　　　　　　　B. 所有者权益变动表
   C. 资产负债表　　　　　　D. 现金流量表
6. 可以反映企业的短期偿债能力和长期偿债能力的报表是( )。
   A. 利润表　　　　　　　　B. 所有者权益变动表

C. 资产负债表 D. 现金流量表
7. 资产负债表中的资产项目应按其( )大小顺序排列。
   A. 流动性 B. 重要性 C. 变动性 D. 盈利性
8. 在资产负债表中,资产按照其流动性排列时,下列排列方法正确的是( )。
   A. 存货、无形资产、货币资金、交易性金融资产
   B. 交易性金融资产、存货、无形资产、货币资金
   C. 无形资产、货币资金、交易性金融资产、存货
   D. 货币资金、交易性金融资产、存货、无形资产
9. 下列资产项目中,属于非流动资产项目的是( )。
   A. 应收票据 B. 交易性金融资产
   C. 无形资产 D. 存货
10. 依照我国的会计准则,资产负债表采用的格式为( )。
    A. 单步报告式 B. 多步报告式 C. 账户式 D. 混合式
11. 下列各项中,属于直接根据总分类账户余额填列的资产负债表项目是( )。
    A. 应付票据 B. 应收账款 C. 未分配利润 D. 存货
12. 编制资产负债表时,根据明细账户的余额计算填列的项目是( )。
    A. 货币资金 B. 应付账款 C. 存货 D. 应付票据
13. H公司年末"应收账款"科目的借方余额为100万元(其明细科目没有贷方余额),"预收账款"科目贷方余额为150万元,其中,明细账的借方余额为15万元,贷方余额为165万元。"应收账款"对应的"坏账准备"期末余额为8万元,该企业年末资产负债表中"应收账款"项目的金额为( )万元。
    A. 165 B. 150 C. 115 D. 107
14. 某企业期末"应付账款"账户为贷方余额26万元,其所属明细账户的贷方余额合计为33万元,所属明细账户的借方余额合计为7万元;"预付账款"账户为借方余额15万元,所属明细账户的借方余额合计为20万元,所属明细账户的贷方余额合计为5万元。则该企业资产负债表中"应付账款"和"预付账款"两个项目的期末数分别应为( )万元。
    A. 38和27 B. 33和20 C. 53和12 D. 26和15
15. 某企业"原材料"期末余额100 000元,"生产成本"期末余额50 000元,"库存商品"期末余额120 000元,"存货跌价准备"期末余额10 000元。则资产负债表"存货"项目应填列的是( )元。
    A. 300 000 B. 260 000 C. 280 000 D. 270 000
16. 某企业期末流动资产余额2 388 692元,非流动资产余额5 361 000元,流动负债余额1 937 917元,非流动负债余额1 067 900元,该企业期末所有者权益为

( )。

  A. 5 811 775　　　B. 4 743 875　　　C. 6 681 792　　　D. 2 355 183

17. 编制财务报表时,以"收入—费用＝利润"这一会计等式作为编制依据的财务报表是( )。

  A. 利润表　　　　　　　　　　B. 所有者权益变动表
  C. 资产负债表　　　　　　　　D. 现金流量表

18. 依照我国的会计准则,利润表采用的格式为( )。

  A. 单步式　　　B. 多步式　　　C. 账户式　　　D. 混合式

19. 利润表主要是根据( )编制的。

  A. 资产、负债及所有者权益各账户的本期发生额
  B. 资产、负债及所有者权益各账户的期末余额
  C. 损益类各账户的本期发生额
  D. 损益类各账户的期末余额

20. 多步式利润表中的利润总额是以( )为基础来计算的。

  A. 营业收入　　　B. 营业成本　　　C. 投资收益　　　D. 营业利润

21. 下列各项中,不会引起利润总额增减变化的是( )。

  A. 销售费用　　　B. 管理费用　　　C. 所得税费用　　　D. 营业外支出

22. 在利润表上,利润总额减去( )后,得出净利润。

  A. 管理费用　　　B. 资产减值损失　　　C. 营业外支出　　　D. 所得税费用

23. 某企业本月主营业务收入为1 000 000元,其他业务收入为80 000元,营业外收入为90 000元,主营业务成本为760 000元,其他业务成本为50 000元,税金及附加为30 000元,营业外支出为75 000元,管理费用为40 000元,销售费用为30 000元,财务费用为15 000元,所得税费用为75 000元。则该企业本月营业利润为( )元。

  A. 170 000　　　B. 155 000　　　C. 25 000　　　D. 80 000

24. 某公司本会计期间的主营业务收入为1 700万元,主营业务成本为1 190万元,税金及附加为170万元,销售费用为110万元,管理费用为100万元,财务费用为19万元,营业外收入为16万元,营业外支出为25万元,其他业务收入为200万元,其他业务成本为100万元,应交所得税按利润总额的25%计算,其营业利润、利润总额、企业净利润分别为( )。

  A. 111万元、232万元、174万元　　　B. 211万元、202万元、151.5万元
  C. 356万元、232万元、74万元　　　D. 111万元、202万元、151.5万元

二、多项选择题

1. 企业财务会计报表按其编报的期间不同,分为( )。

  A. 半年度报表　　　B. 月度报表　　　C. 季度报表　　　D. 年度报表

2. 下列各项中,属于财务报表编制基本要求的为( )。

A. 至少按年编制财务报表
B. 项目列报遵守重要性原则
C. 保持各个会计期间财务报表项目列报的一致性
D. 各项目之间的金额不得相互抵销

3. 下列各项中,列示在资产负债表左方的有(　　)。
　A. 固定资产　　　B. 无形资产　　　C. 非流动资产　　　D. 流动资产

4. 编制资产负债表时,需根据一个或几个总账科目的余额填列的项目有(　　)。
　A. 货币资金　　　B. 预付款项　　　C. 存货　　　D. 短期借款

5. 资产负债表中的"货币资金"项目,应根据(　　)科目期末余额的合计数填列。
　A. 备用金　　　B. 库存现金　　　C. 银行存款　　　D. 其他货币资金

6. 资产负债表中的"预付款项"项目,应根据(　　)之和填列。
　A. "预付账款"明细科目的借方余额　　B. "预付账款"明细科目的贷方余额
　C. "应付账款"明细科目的贷方余额　　D. "应付账款"明细科目的借方余额

7. 资产负债表中的"存货"项目反映的内容包括(　　)。
　A. 库存商品　　　B. 材料成本差异　　　C. 委托加工物资　　　D. 生产成本

8. 下列账户中,可能影响资产负债表中"应付账款"项目金额的有(　　)。
　A. 应收账款　　　B. 预收账款　　　C. 应付账款　　　D. 预付账款

9. 下列各项中,属于利润表提供的信息有(　　)。
　A. 实现的营业收入　　　　　B. 发生的营业成本
　C. 营业利润　　　　　　　　D. 企业的净利润或亏损总额

10. 以下属于利润表中应当单独列示的项目的有(　　)。
　A. 营业收入　　　　　　　　B. 投资收益
　C. 主营业务成本　　　　　　D. 税金及附加

11. 利润表的金额栏分为(　　)。
　A. 本期金额　　　B. 上期金额　　　C. 期初金额　　　D. 期末余额

12. 利润表中的"营业成本"项目填列的依据有(　　)。
　A. "营业外支出"发生额　　　　B. "主营业务成本"发生额
　C. "其他业务成本"发生额　　　D. "税金及附加"发生额

13. 下列各项中,会影响营业利润计算的有(　　)。
　A. 营业外收入　　　　　　　B. 税金及附加
　C. 营业成本　　　　　　　　D. 销售费用

14. 多步式利润表可以反映企业的(　　)等项目。
　A. 所得税费用　　　B. 营业利润　　　C. 利润总额　　　D. 净利润

15. 下列等式正确的有(　　)。

A. 资产 = 负债 + 所有者权益

B. 营业利润 = 主营业务收入 + 其他业务收入 - 主营业务成本 - 其他业务成本 + 投资收益 + 公允价值变动收益 - 营业外支出

C. 利润总额 = 营业利润 + 营业外收入 - 营业外支出

D. 净利润 = 利润总额 - 所得税费用

三、判断题

1. 财务会计报告是由企业根据经过审核的会计凭证编制的。（   ）

2. 财务会计报表至少应当包括资产负债表、利润表、现金流量表、所有者权益变动表和附注。（   ）

3. 附注主要包括两部分：一是会计报表中各要素的补充说明；二是对在会计报表中无法详细描述的其他财务信息的补充说明。（   ）

4. 按编报主体不同，财务报表可分为个别财务报表和合并财务报表。（   ）

5. 各项目之间的金额应该相互抵销是财务报表编制的基本要求之一。（   ）

6. 资产负债表是总括反映企业特定日期资产、负债和所有者权益情况的动态报表，通过它可以了解企业的资产构成、资金的来源构成和企业债务的偿还能力。（   ）

7. 账户式资产负债表分左右两方，左方为负债及所有者权益项目，右方为资产项目，各项资产、负债和所有者权益按流动性排列，所有者权益项目按稳定性排列。（   ）

8. 应收款项、预付款项及预收款项等都应在资产负债表中的资产类中单独列示。（   ）

9. 资产负债表中"固定资产"项目应根据"固定资产"账户余额减去"累计折旧""固定资产减值准备"等账户的期末余额后的金额填列。（   ）

10. 资产负债表中负债项目是按流动性由小到大的顺序排列的。（   ）

11. 利润表是反映企业一定日期财务状况的财务报表。（   ）

12. 利润表可以帮助报表使用者分析企业某一特定日期的经营成果和利润的未来发展趋势。（   ）

13. 利润表的格式主要有多步式和单步式两种，我国采用多步式。（   ）

14. 利润表中的各项目应根据有关损益类账户的本期发生额或余额分析计算填列。（   ）

15. 利润表中"营业成本"项目，反映企业销售产品和提供劳务等主要经营业务的各项销售费用和实际成本。（   ）

总复习题

一、单项选择题(每题1分,20题,共20分。每题只有一个正确答案)

1. 2019年1月1日,某公司借入一笔短期借款,共计180 000元,期限9个月,年利率4%,该借款的本金到期后一次归还,利息分月预提,按季支付。1月末,计提本月应付利息会计分录以下正确的是(　　)。

 A. 借:应付利息 600　　　　　　　　B. 借:管理费用 600
  贷:银行存款 600　　　　　　　　　贷:应付利息 600
 C. 借:财务费用 600　　　　　　　　D. 借:财务费用 600
  贷:短期借款 600　　　　　　　　　贷:应付利息 600

2. 以下会计科目中,期末一般没有余额的是(　　)。
 A. 管理费用　　B. 实收资本　　C. 生产成本　　D. 未分配利润

3. 下列(　　)不是会计科目按其反映的经济内容分类的项目。
 A. 利润类　　B. 资产类　　C. 所有者权益类　　D. 成本类

4. 无法查明原因的现金盘盈应该记入(　　)科目。
 A. 财务费用　　B. 主营业务收入　　C. 销售费用　　D. 营业外收入

5. 以下经济业务描述中,在会计分录中借"应付账款"科目的是(　　)。
 A. 预付供应商货款　　　　　　　　B. 支付本月应交税费
 C. 购买商品尚未支付货款　　　　　D. 银行存款支付前欠供应商货款损失

6. 以下各选项中,不应计入营业外支出的是(　　)。
 A. 债务重组损失　　　　　　　　　B. 公益性捐赠支出
 C. 出售原材料　　　　　　　　　　D. 非流动资产损毁报废损失

7. 下列项目中,不属于收入范围的是(　　)。
 A. 劳务收入　　B. 租金收入　　C. 商品销售收入　　D. 代收款项

8. 以下对会计恒等式"资产=负债+所有者权益"的描述中,不正确的是(　　)。
 A. 表明某一会计主体在某一特定时点企业资产的基本状况
 B. 资产、负债及所有者权益是构成资产负债表的三个基本要素
 C. 资产和负债是构成资产负债表的最基本要素
 D. 反映了资金运动三个静态要素之间的内在联

9. 下列应该使用多栏式账簿的是(　　)。
 A. 应收账款明细账　　　　　　　　B. 库存商品明细账
 C. 原材料明细账　　　　　　　　　D. 管理费用明细账

10. 企业核算应交纳的增值税,用到的会计科目是(　　)。

A. 应付账款　　　B. 应收账款　　　C. 应交税费　　　D. 预付账款

11. 特定主体的资金运动不包括的环节是(　　)。

A. 资金的投入　　B. 资金的增值　　C. 资金的运用　　D. 资金的退出

12. 衡量不同单位经营业绩,最直接、最有效的方法是选取(　　)进行计量。

A. 货币　　　　　B. 实物　　　　　C. 时间　　　　　D. 劳动

13. 某企业 2014 年 8 月份购入一台不需安装的设备,因暂时不需用,截至当年年底该企业会计人员尚未将其入账,这违背了(　　)要求。

A. 重要性　　　　B. 客观性　　　　C. 及时性　　　　D. 明晰性

14. 对于次要的会计事项,在不影响会计信息真实性和不至于误导财务会计报告使用者作出正确判断的前提下,作适当简化处理,符合会计核算的(　　)原则。

A. 及时性　　　　B. 重要性　　　　C. 明晰性　　　　D. 实质重于形式

15. 下列会计分录形式中,属于简单会计分录的是(　　)。

A. 一借一贷　　　B. 一借多贷　　　C. 一贷多借　　　D. 多借多贷

16. 企业计提坏账准备,应贷记的科目是(　　)。

A. 管理费用　　　B. 营业外支出　　C. 资产减值损失　D. 坏账准备

17. 关于净利润的计算,下列公式中正确的是(　　)。

A. 净利润 = 利润总额 + 营业外收入 − 营业外支出

B. 净利润 = 营业收入 − 营业成本 − 税金及附加 − 销售费用 − 管理费用 − 财务费用 − 研发费用 − 资产减值损失 − 信用减值报失 + 其他收益 + 投资收益(−损失) + 公允价值变动收益(−损失) + 资产处置收益(−损失)

C. 净利润 = 利润总额 − 所得税费用

D. 净利润 = 利润总额 + 所得税费用

18. 关于记账凭证的审核,下列表述不正确的是(　　)。

A. 记账凭证的审核要看其内容是否真实

B. 发现以前年度记账凭证有错误的,应当用红字填制一张更正的记账凭证

C. 必须审核会计科目是否正确

D. 必须审核记账凭证项目是否齐全

19. (　　)是指从会计凭证的取得或填制时起至归档保管过程中,在单位内部有关部门和人员之间的传送程序。

A. 会计凭证的填制　　　　　　　B. 会计凭证的审核

C. 会计凭证的传递　　　　　　　D. 会计凭证的保管

20. 下列关于会计账簿更换与保管不正确的做法是(　　)。

A. 会计账簿的更换通常在新会计年度建账时进行

B. 为明确会计人员责任,登记某种账簿的人员,不必对该账簿的保管负责,应由保管会计档案的人员负责

C. 每日登记账簿,注意书写整齐清洁,不得涂污,避免账页破损,保持账本完整

D. 按有关规定使用账簿,账簿不得外借

二、多项选择题(每题 2 分,20 题,共 40 分。每题有两个或两个以上正确答案,多选少均不得分。)

1. 2019 年 3 月 20 日,甲公司从乙公司购入原材料 500 000 元,已验收入库,货款已以银行存款支付 380 000 元,尚欠 120 000 元。会计分录为:(　　)。

　　A. 贷:银行存款 380 000　　　　　　B. 贷:应收账款 120 000

　　C. 贷:应付账款 120 000　　　　　　D. 借:原材料 500 000

2. 下列账簿中,通常采用三栏式账页格式的有(　　)。

　　A. 现金日记账　　　　　　　　　　B. 管理费用明细账

　　C. 总分类账　　　　　　　　　　　D. 银行存款日记账

3. 会计科目与会计账户的一致性主要表现在(　　)。

　　A. 两者名称一致　　　　　　　　　B. 两者反映的经济内容一致

　　C. 会计科目是设置会计账户的依据　D. 两者的基本结构一致

4. 企业以现金 25 000 元捐赠给灾区,会计分录为:(　　)。

　　A. 借:库存现金 25 000　　　　　　B. 借:营业外支出 25 000

　　C. 借:管理费用 25 000　　　　　　D. 贷:库存现金 25 000

5. 企业的利润一般包括(　　)。

　　A. 营业利润　　B. 利润总额　　C. 净利润　　D. 期间费用

6. 下列各项中,属于会计核算与会计监督职能关系的有(　　)。

　　A. 会计监督是会计核算的质量保障

　　B. 会计核算是会计监督的基础

　　C. 会计核算和会计监督是相辅相成、辩证统一的关系

　　D. 会计监督是会计核算的基础

7. 企业用银行存款偿还应付账款,会导致(　　)。

　　A. 权益增加　　B. 负债减少　　C. 负债增加　　D. 资产减少

8. 以下对于复式记账特点的描述中,正确的有(　　)。

　　A. 可以保持资金平衡关系　　　　　B. 可以全面反映企业的经济活动

　　C. 可以使记账手续更为简单　　　　D. 具有一套完整的账户

9. 反映企业财务状况的会计要素是(　　)。

　　A. 资产　　　B. 负债　　　C. 费用　　　D. 未分配利润

10. 以下对于"库存现金"科目的描述中,正确的有(　　)。

　　A. 为了满足企业经营过程中零星支付需要而保留的现金

　　B. 贷方登记现金的减少

　　C. 借方登记现金的增加

　　D. 期初借方余额表示目前企业持有的现金余额

11. 会计核算的基本前提包括( )。
A. 会计主体　　B. 持续经营　　C. 会计期间　　D. 货币计量

12. 根据权责发生制原则,应计入本期的收入和费用的有( )。
A. 前期提供劳务未收款,本期收款　　B. 本期销售商品一批,尚未收款
C. 本期耗用的水电费,尚未支付　　D. 预付下一年的报刊费

13. 留存收益是企业历年实现的净利润留存于企业的部分,主要包括( )。
A. 本年利润　　B. 资本公积　　C. 盈余公积　　D. 未分配利润

14. 下列属于会计计量属性的有( )。
A. 历史成本　　B. 权责发生制　　C. 可变现净值　　D. 公允价值

15. 下列关于借贷记账法的说法中正确的有( )。
A. 借贷记账法下哪一方登记增加,哪一方登记减少取决于账户的性质和类型
B. 可以进行发生额试算平衡和余额试算平衡
C. 以"有借必有贷,借贷必相等"作为记账规则
D. 以"借""贷"作为记账符号

16. 会计科目按所提供信息的详细程度及其统驭关系的,可分为( )。
A. 总分类科目　　B. 明细类科目　　C. 资产类科目　　D. 权益类科目

17. 下列记录中可以作为调整账面金额的原始凭证有( )。
A. 盘存单　　B. 实存账存对比表
C. 银行存款余额调节表　　D. 现金盘点报告表

18. 收款凭证左上角的借方科目可能是( )。
A. 银行存款　　B. 其他货币资金　　C. 库存现金　　D. 货币资金

19. 在科目汇总表账务处理程序下,记账凭证是( )的依据。
A. 登记现金日记账　　B. 登记总分类账
C. 登记明细分类账　　D. 编制科目汇总表

20. 为了核算企业利润分配的过程、去向和结果,企业应设置的科目有( )。
A. 利润分配　　B. 管理费用　　C. 盈余公积　　D. 应付利润

三、判断题(每题1分,20题,共20分。)

1. 与会计科目的分类相对应,账户也可以分为总分类账户和明细分类账户。( )

2. 库存现金的清查包括出纳人员每日的清点核对和清查小组定期和不定期的清查。( )

3. "本年利润"账户是指将收入与费用进行配比的账户,因此属于损益类账户。( )

4. 转账凭证与收、付款凭证的不同点在于转账凭证左上角没有设置相关科目。( )

5. 明细账一般是逐笔登记,也可以定期汇总登记。(   )

6. 科目汇总表账务处理程序是在记账凭证财务处理程序基础上发展而来的。(   )

7. 试算平衡了,说明账户记录是绝对正确的。(   )

8. 营业利润是以主营业务利润为基础,加上其他业务利润,减去销售费用、管理费用和财务费用,再加上营业外收入减去营业外支出计算出来的。(   )

9. 月结时,收入、费用类账户需要结出本月发生额和余额,记入最后一笔借方和贷方栏内,并在摘要栏内注明"本月合计"字样,同时在该行下画双道红线,以完成月结工作。(   )

10. 非正常原因造成的存货盘亏损失经批准后应该计入营业外支出。(   )

11. 投入单位的资金包括投资者投入的资金和向债权人借入的资金,前者形成所有者权益,后者形成债权人权益,两者统称为权益。(   )

12. 反映企业资本的科目有"实收资本""资本公积"等。(   )

13. 资产必须是现实的资产,而不能是预期的资产。(   )

14. 费用是企业日常活动中发生的、会导致所有者权益减少的、与向所有者分配利润无关的经济利益的总流出。(   )

15. "制造费用"属于费用要素,损益类科目。(   )

16. 记账方法按登记经济交易与事项的方式不同,可以分为复式记账法与借贷记账法。(   )

17. 对于不真实、不合法的原始凭证,会计机构、会计人员有权不予接受,并向单位负责人报告。(   )

18. 实际工作中,大多数单位都使用复式凭证。(   )

19. 为便于管理,"应收账款""预收账款"明细账必须采用多栏式账页格式。(   )

20. 为了保证会计信息的可比性,总分类科目应符合国家统一会计制度规定。(   )

四、计算分析题(每小题2分,10小题,共20分)

1. 美联公司2019年有关损益类科目的年末余额如下:

科目名称	结账前余额(单位:元)
主营业务收入	4 500 000(贷)
其他业务收入	525 000(贷)
投资收益	450 000(贷)
营业外收入	37 500(贷)
主营业务成本	3 450 000(借)
其他业务成本	300 000(借)

11. 会计核算的基本前提包括( )。
A. 会计主体   B. 持续经营   C. 会计期间   D. 货币计量
12. 根据权责发生制原则,应计入本期的收入和费用的有( )。
A. 前期提供劳务未收款,本期收款   B. 本期销售商品一批,尚未收款
C. 本期耗用的水电费,尚未支付   D. 预付下一年的报刊费
13. 留存收益是企业历年实现的净利润留存于企业的部分,主要包括( )。
A. 本年利润   B. 资本公积   C. 盈余公积   D. 未分配利润
14. 下列属于会计计量属性的有( )。
A. 历史成本   B. 权责发生制   C. 可变现净值   D. 公允价值
15. 下列关于借贷记账法的说法中正确的有( )。
A. 借贷记账法下哪一方登记增加,哪一方登记减少取决于账户的性质和类型
B. 可以进行发生额试算平衡和余额试算平衡
C. 以"有借必有贷,借贷必相等"作为记账规则
D. 以"借""贷"作为记账符号
16. 会计科目按所提供信息的详细程度及其统驭关系的,可分为( )。
A. 总分类科目   B. 明细类科目   C. 资产类科目   D. 权益类科目
17. 下列记录中可以作为调整账面金额的原始凭证有( )。
A. 盘存单   B. 实存账存对比表
C. 银行存款余额调节表   D. 现金盘点报告表
18. 收款凭证左上角的借方科目可能是( )。
A. 银行存款   B. 其他货币资金   C. 库存现金   D. 货币资金
19. 在科目汇总表账务处理程序下,记账凭证是( )的依据。
A. 登记现金日记账   B. 登记总分类账
C. 登记明细分类账   D. 编制科目汇总表
20. 为了核算企业利润分配的过程、去向和结果,企业应设置的科目有( )。
A. 利润分配   B. 管理费用   C. 盈余公积   D. 应付利润

三、判断题(每题1分,20题,共20分。)
1. 与会计科目的分类相对应,账户也可以分为总分类账户和明细分类账户。( )
2. 库存现金的清查包括出纳人员每日的清点核对和清查小组定期和不定期的清查。( )
3. "本年利润"账户是指将收入与费用进行配比的账户,因此属于损益类账户。( )
4. 转账凭证与收、付款凭证的不同点在于转账凭证左上角没有设置相关科目。( )

5. 明细账一般是逐笔登记,也可以定期汇总登记。(　　)

6. 科目汇总表账务处理程序是在记账凭证财务处理程序基础上发展而来的。(　　)

7. 试算平衡了,说明账户记录是绝对正确的。(　　)

8. 营业利润是以主营业务利润为基础,加上其他业务利润,减去销售费用、管理费用和财务费用,再加上营业外收入减去营业外支出计算出来的。(　　)

9. 月结时,收入、费用类账户需要结出本月发生额和余额,记入最后一笔借方和贷方栏内,并在摘要栏内注明"本月合计"字样,同时在该行下画双道红线,以完成月结工作。(　　)

10. 非正常原因造成的存货盘亏损失经批准后应该计入营业外支出。(　　)

11. 投入单位的资金包括投资者投入的资金和向债权人借入的资金,前者形成所有者权益,后者形成债权人权益,两者统称为权益。(　　)

12. 反映企业资本的科目有"实收资本""资本公积"等。(　　)

13. 资产必须是现实的资产,而不能是预期的资产。(　　)

14. 费用是企业日常活动中发生的、会导致所有者权益减少的、与向所有者分配利润无关的经济利益的总流出。(　　)

15. "制造费用"属于费用要素,损益类科目。(　　)

16. 记账方法按登记经济交易与事项的方式不同,可以分为复式记账法与借贷记账法。(　　)

17. 对于不真实、不合法的原始凭证,会计机构、会计人员有权不予接受,并向单位负责人报告。(　　)

18. 实际工作中,大多数单位都使用复式凭证。(　　)

19. 为便于管理,"应收账款""预收账款"明细账必须采用多栏式账页格式。(　　)

20. 为了保证会计信息的可比性,总分类科目应符合国家统一会计制度规定。(　　)

四、计算分析题(每小题2分,10小题,共20分)

1. 美联公司2019年有关损益类科目的年末余额如下:

科目名称	结账前余额(单位:元)
主营业务收入	4 500 000(贷)
其他业务收入	525 000(贷)
投资收益	450 000(贷)
营业外收入	37 500(贷)
主营业务成本	3 450 000(借)
其他业务成本	300 000(借)

续表

科目名称	结账前余额(单位:元)
税金及附加	601 000(借)
销售费用	375 000(借)
管理费用	450 000(借)
财务费用	75 000(借)
营业外支出	150 000(借)

美联公司适用的所得税率为25%,假定当年不存在纳税调整事项。美联公司按当年净利润的10%提取法定盈余公积,按当年净利润的5%提取任意盈余公积,并决定向投资者分配利润50 000元。(题目中金额保留两位小数)

要求:

(1)编制美联公司年末结转各损益类科目余额的会计分录;

(2)计算美联公司2019年应交所得税金额;

(3)编制美联公司确认并结转所得税费用的会计分录;

(4)编制美联公司将"本年利润"科目余额转入"利润分配——未分配利润"科目的会计分录;

(5)编制美联公司提取盈余公积和宣告分配利润的会计分录。

2. 华天公司2019年12月最后三天的银行存款日记账和银行对账单的有关记录如下:

(1)华天公司银行存款日记账的记录:

日期	摘要	金额
12月29日	因销售商品收到98#转账支票一张	15 000
12月29日	开出78#现金支票一张	1 000
12月30日	收到A公司交来的355#转账支票一张	3 800
12月30日	开出105#转账支票以支付货款	17 100
12月31日	开出106#转账支票支付明年报刊订阅费	500
	月末余额	153 200

(2)银行对账单的记录:

日期	摘要	金额
12月29日	支付78#现金支票	1 000
12月30日	收到98#转账支票	15 000

续表

日期	摘要	金额
12月30日	收到托收的货款	25 000
12月30日	支付105#转账支票	17 100
12月31日	结转银行结算手续费	100
	月末余额	174 800

要求：根据上述资料，代华天公司完成以下银行存款余额调节表的编制。

银行存款余额调节表

编制单位：华天公司　　　　2019年12月31日　　　　　　　　单位：元

项目	金额	项目	金额
企业银行存款日记账余额	153 200	银行对账单余额	174 800
加：银行已收企业未收的款项合计	(1)(　)	加：企业已收银行未收的款项合计	(3)(　)
减：银行已付企业未付的款项合计	100	减：企业已付银行未付的款项合计	(4)(　)
调节后余额	(2)(　)	调节后余额	(5)(　)

参考文献

[1] 中华人民共和国财政部. 企业会计准则[M]. 上海:立信会计出版社,2015.
[2] 会计从业资格无纸化考试辅导教材编写组. 会计基础[M]. 北京:中国财政经济出版社,2014.
[3] 兰丽丽,张建清. 会计基础与实务[M]. 北京:中国人民大学出版社,2014.
[4] 孟繁金,赵英. 基础会计[M]. 北京:中国财政经济出版,2010.
[5] 赵宝芳. 基础会计[M]. 北京:中国铁道出版社,2012.
[6] 刘国艳. 会计基础实训教程[M]. 北京:科学出版社,2014.
[7] 李长青,王永德. 初级会计学[M]. 北京:高等教育出版社,2013.
[8] 程运森. 企业财务会计[M]. 北京:中国财政经济出版社,2010.